우리집 인문학
세계소설

일러두기

1. 단행본은《 》, 신문·잡지·시·영화·그림·노래·글 등은 〈 〉로 표기했습니다.

2. 작품의 서술 방식을 살리고자 구어체 표현, 비속어, 방언 등을 사용했습니다.

3. 이 책에 수록된 모든 작품은 원문을 그대로 수록하고자 했으나, 출처가 여러 개인 경우 교과서를 기준으로 삼아 일부 내용이 다를 수 있습니다. 또한 문장 구조와 맞춤법 규칙에도 예외를 적용했습니다.

4. 이 책에 수록된 대부분의 작품에는 인물관계도가 포함되어 있습니다. 등장인물이 나오지 않는 책에는 인물관계도를 넣지 않았음을 밝힙니다.

우리 집 인문학: 세계소설

초판 1쇄 인쇄 2026년 1월 28일
초판 1쇄 발행 2026년 2월 11일

지은이 김문영
감　수 임기환
펴낸이 고영성

책임편집 고나희 ｜ **디자인** studio forb
본문 일러스트 불곰

펴낸곳 　　주식회사 상상스퀘어
출판등록 　2021년 4월 29일 제2021-000079호
주소 　　　경기도 성남시 분당구 성남대로 52, 그랜드프라자 604호
팩스 　　　02-6499-3031
이메일 　　publication@sangsangsquare.com
홈페이지 　www.sangsangsquare-books.com

ISBN 979-11-24248-01-0 (세트)
ISBN 979-11-24248-03-4 44300

- 상상스퀘어는 출간 도서를 한국작은도서관협회에 기부하고 있습니다.
- 이 책은 저작권법에 따라 보호를 받는 저작물이므로 무단 전재와 복제를 금지하며, 이 책 내용의 전부 또는 일부를 사용하려면 반드시 저작권자와 상상스퀘어의 서면 동의를 받아야 합니다.
- 파손된 책은 구입하신 서점에서 교환해 드리며 책값은 뒤표지에 있습니다.

우리집 인문학

세계소설

세계소설이 묻고

역사가 답하다

김문영 지음

임기환 감수

상상스퀘어

스스로 생각하고 판단하는 힘을 기르는 계기

"《일리아스》에서는 신들이 왜 계속 싸우는 거예요?"

"로빈후드는 도둑인데 왜 영웅이에요?"

"샤일록은 정말 나쁜 사람인가요?"

아이들이 세계문학을 읽으며 던지는 이런 질문들 앞에서 선뜻 대답하기 어려웠던 경험, 혹시 있으신가요? 작품 속 인물들의 행동이나 갈등이 지금의 우리에게는 이상하게 느껴질 때가 많죠. 그럴 때마다 "그냥 옛날이야기니까"라고 넘어가기엔 뭔가 아쉬웠을 거예요.

세계문학은 단순히 재미있는 이야기가 아니에요. 각각의 작품에 그 시대의 역사와 문화, 사람들의 생각과 고민이 고스란히 담겨 있거든요. 《일리아스》를 제대로 이해하려면 에게 문명을 알아야 하고, 로빈후드의 매력을 느끼려면 중세 유럽의 봉건제도를 이해해야 하며, 《베니스의 상인》의 복잡한 갈등을 파악하려면 당시 유럽의 반유대주의 역사를 알아야 해요.

바로 이런 이유로 《우리 집 인문학: 세계소설》을 기획했어요.

이 책은 어떻게 구성되었나요?

이 책의 가장 큰 특징은 '세계소설이 묻다 → 소설을 탐구하다 → 역사가 답하다'라는 3단계 구성이에요.

'세계소설이 묻다'에서는 각 작품의 줄거리를 쉽고 재미있게 소개해요. 마치 아이에게 이야기를 들려주듯 구어체로 쓰여 있어서, 원작을 읽지 않았어도 작품의 핵심을 파악할 수 있어요. 그리고 각 장 마지막에는 생각해볼 만한 질문을 던져놓았어요.

'소설을 탐구하다'에서는 작품이 쓰인 배경과 작가에 대해 알아봐요. 작가가 왜 이런 이야기를 쓸 수밖에 없었는지, 당시 사회는 어떤 상황이었는지를 구체적으로 설명해요. 예를 들어 마키아벨리가 《군주론》을 쓸 당시 이탈리아는 여러 도시국가로 분열되어 있었고, 외국의 침입에 시달리고 있었다는 것처럼요.

'역사가 답하다'에서는 본격적으로 역사적 배경지식을 다뤄요. 에게 문명이 어떻게 발전했는지, 중세 유럽의 봉건제도는 왜 생겨났는지, 르네상스 시대 베니스가 왜 그토록 번영할 수 있었는지 등을 자세히 설명해요. 역사 다큐멘터리를 보는 것처럼 생생하게 그 시대로 떠나는 시간 여행을 할 수 있어요.

이 책의 매력은 무엇인가요?

아는 만큼 보이는 세계문학이 이 책의 매력이에요. 세계문학은 인류 공통의 유산이에요. 수천 년 전 사람들이 고민했던 문제들이 지금도 여전히 우리의 고민이기도 하죠. 사랑과 배신, 정의와 복수, 이상과 현실 사이의 갈등 같은 것들 말이에요.

하지만 그 시대의 역사와 문화를 모르면 작품의 진짜 의미를 놓치기 쉬워요. 안경 없이 보면 흐릿하게 보이는 것처럼요. 이 책이 바로 안경 역할을 해줄 거예요. 이 책을 다 읽고 나면, 세계문학을 바라보는 여러분의 시각이 확실히 달라져 있을 거예요.

함께 읽으면 더 재미있어요

부모와 아이가 함께 읽으며 대화를 나누면 재미가 배가 되죠.

"《로빈후드》를 읽어 봤는데, 정말 중세 시대에는 이렇게 살았을까?"

"마키아벨리 생각이 맞는 것 같아? 목적이 수단을 정당화할 수 있을까?"

"만약 네가 샤일록이었다면 어떻게 했을 것 같아?"

이런 질문들을 주고받다 보면, 아이는 단순히 책을 읽는 것에서 그치지 않고 스스로 생각하고 판단하는 힘을 기를 수 있어요. 부모도 아이와 함께 세계사를 다시 공부하며 새로운 지식을 얻는 즐거움을 느낄 수 있죠.

자, 그럼 이제《일리아스》의 트로이 전쟁터부터 시작해서 루쉰의 중국까지, 시공간을 넘나드는 특별한 여행을 떠나 볼까요? 세계문학과 역사가 만나는 놀라운 이야기들이 여러분을 기다리고 있어요!

차례

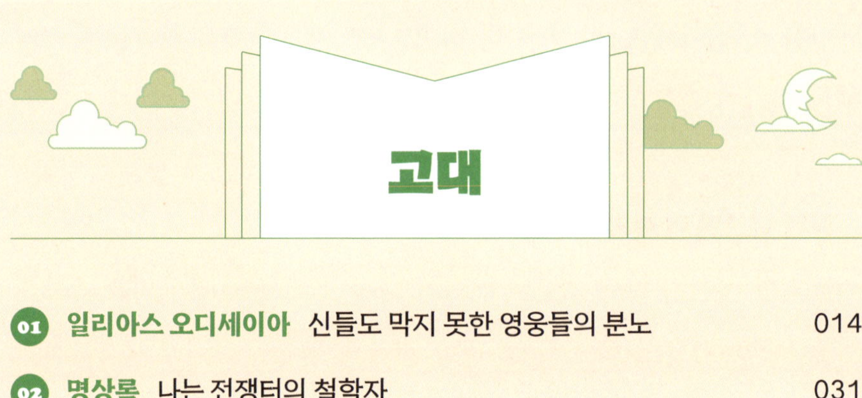

차례

들어가며 　스스로 생각하고 판단하는 힘을 기르는 계기　　　　　005

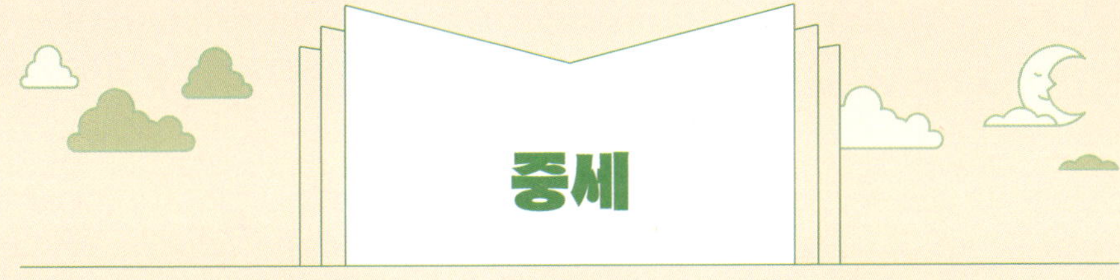

중세

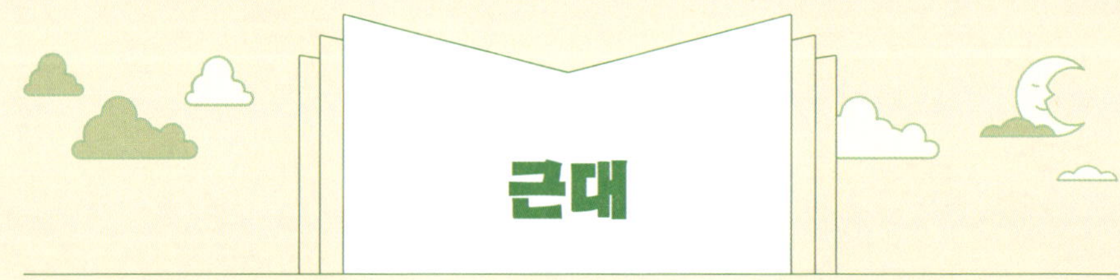

근대

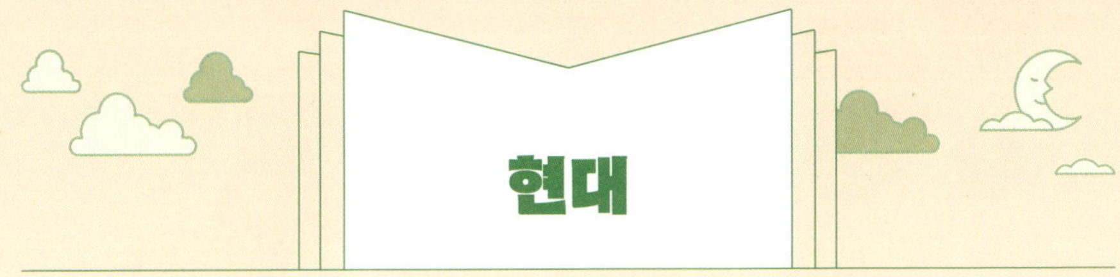

현대

고대

일리아스, 오디세이아
신들도 막지 못한 영웅들의 분노

승리란 이 사람에게서 저 사람에게로
늘 자리를 옮기는 법이니까요.

《일리아스》, 호메로스, 천병희 번역, 숲, 2015

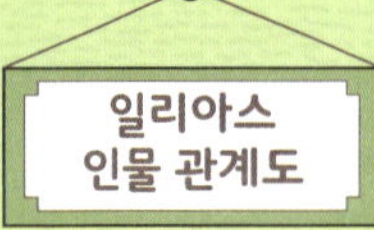

트로이 왕자

아내

아킬레스의
조력자

트로이 전쟁
참전자

헬레네의 남편
스파르타 왕

신들의 심기를 건드려
그의 귀향길이 험난해졌다.

《오디세이아》, 호메로스, 박문재 번역, 현대지성, 2025

《일리아스》

그리스와 트로이는 10년째 전쟁을 치르고 있었어요. 이 전쟁의 원인은 '사과' 때문이었죠. 여신 테티스와 프티아의 왕이던 펠레우스의 결혼식 날, 유일하게 초대받지 못한 불화의 여신 에리스는 황금 사과 하나를 따 와서 "가장 아름다운 여신께 드리는 선물입니다"라고 말하고 떠나 버려요. 헤라, 아테나, 아프로디테 세 여신은 자기가 가장 아름다우니 사과는 자기 것이라고 실랑이를 벌였고, 세 여신 중 누가 제일 아름다운지를 결정하는 심판을 트로이의 왕자 파리스에게 맡겼죠.

헤라는 자신을 뽑아 준다면 파리스를 아시아와 유럽 전역의 왕이 되게 해주겠다고 했고, 아테나는 어떤 전쟁에서도 승리하도록 해주겠다, 아프로디테는 가장 아름다운 여인을 아내로 맞이하도록 해주겠다고 했어요. 결국 트로이의 왕자 파리스는 아프로디테가 가장 아름답다고 판정했죠. 약속대로 파리스는 가장 아름다운 여인을 아내로 맞게 되었는데, 그녀는 바로 헬레네였어요. 문제는 헬레네가 스파르타의 왕 메넬라오스의 왕비, 즉 유부녀였다는 것이죠.

분노한 메넬라오스와 그의 형 아가멤논은 그리스 전역의 영웅을 모아 트로이를 쳐들어가면서 트로이 전쟁이 시작되었어요. 그리스와 트로이의 10년 간의 대전쟁이 시작된 거죠. 그리스군의 최고 투사는 아킬레우스였는데, 그는 전쟁에서 미모의 여인을 포로로 잡았으나 그의 지휘관인 아가멤논에게 빼앗기게 돼요. 이에 분노한 아킬레우스는 전쟁에서 빠지겠다고 선포하고 싸움터에 나가지 않아요. 그리스 최고의 투사가 전쟁에서 빠졌으니, 그리스는 계속 밀릴 수밖에 없었어요.

그러자 트로이의 영웅 헥토르는 이때를 기회로 삼아 열심히 싸웠고, 그리스의 많은 군사가 죽어 갔어요. 이 모습을 보다 못한 아킬레우스의 친구인 파트로클로스는 아킬레우스의 갑옷을 빌려 입고 대신 싸움터에 나갔어요. 그 모습에 아킬레우스가 나타난 줄 알고 트로이 병사들은 도망갔지만, 헥토르는 아킬레우스가 아닌 것을 알고 파트로클로스와 대결해요. 파트로클로스는 헥토르에게 죽고 말아요.

아킬레우스는 친구의 죽음이 자기의 잘못이라 여겨 슬퍼하며 불의 신 헤파이스토스에게 부탁해 새로운 무기를 만들게 돼요. 그리고 다시 전쟁터에 나가 헥토르를 죽임으로써 친구의 원수를 갚게 되죠. 아킬레우스는 헥토르의 시체를 전차에 메어 끌고 다니는 잔인함을 보여줘요. 아킬레우스는 전쟁터에서 헥토르를 죽이고 돌아와 파트로클로스의 장례식을 치르게 되는데, 이때 헥토르의 아버지인 트로이의 왕 프리암이 적진까지 찾아와 아킬레우스에게 무릎을 꿇어요.

프리암은 아킬레우스의 손에 키스하면서 자기 아들 헥토르의 시체를 가져가 장례를 치를 수 있게 해달라고 간절히 빌죠. 아킬레우스는 적진까지 온 아버지의 마음에 감동하여 헥토르의 시체를 내어주었어요. 두 나라는 장례식이 거행되는 동안 휴전했어요.

헥토르가 죽은 뒤에도 전쟁은 끝나지 않았고, 결국 그리스의 전략가 오디세우스가 아이디어를 낸 트로이 목마 작전으로 트로이 성 내부로 그리스 정예군이 들어가면서 트로이 전쟁은 그리스의 승리로 끝나요.

《오디세우스》

그리스 서쪽에 자리한 이타카섬의 왕 오디세우스는 트로이 전쟁에 참전했어요. 트로이가 그리스군에 함락된 지 10년이 흘러 그리스군의 영웅은 모두 조국으로 돌아갔으나 오직 오디세우스만 돌아가지 못하고 있었어요. 그는 바다의 신 포세이돈의 아들인 폴리페모스의 눈을 멀게 만들었기에 신의 노여움을 사서 집에 돌아가지 못하고 있었죠.

그가 집을 비운 사이 고향에서는 사악한 귀족들이 그의 아내인 페넬로페에게 구혼하기 위해 모여들어요. 그들은 오디세우스 왕궁에서 멋대로 먹고 마시며 난장판을 벌이고 있었어요. 아들인 텔레마코스는 이제 겨우 성인이 된지라 막무가내인 그들을 물리치기에는 역부족이었어요. 그래서 그는 아버지를 찾아 나서는 긴 여행을 결심하게 됩니다.

하늘에서는 이 사건을 놓고 신들의 회의가 열렸어요. 결국 오디세우스는 그를 동정하는 여신 아테네의 도움을 받게 되지만 트로이에서 출발하여 고향으로 돌아가는 동안 수많은 위험을 겪게 돼요.

오디세우스는 칼립소라는 요정의 섬에 감금되었으나 뗏목을 타고 그 섬에서 탈출하여 파이아 케스 사람들이 사는 섬에 표류하게 됐고,

그들로부터 후한 대접을 받습니다. 부하들을 데리고 배로 출발하여 키콘 사람들과 전투를 벌였고, 하스의 열매를 먹는 로토파고스섬에 표류하기도 해요. 하스 열매는 한 번 먹으면 모든 것을 잃어버리는 열매였어요.

그 후 애꾸눈 거인족 큐크로푸스가 사는 섬에서 거인 중 한 명인 폴리페모스의 눈을 불로 달군 올리브 나무로 태워 버리고 겨우 도망쳐 나오기도 해요. 바람의 신 아이올로스의 섬에서는 항해하는 도중 선물로 받은 바람 주머니를 열었기에 배가 파손되어 식인종인 라이 슈트로건 사람들이 사는 섬에 표류하게 됩니다. 그 섬에서 탈출한 것은 오디세우스가 탄 배 한 척이었고, 뒤이어 마법의 여신 키르케가 살고 있는 섬에 도착하여 부하들이 돼지로 변하는 수난을 겪기도 하죠.

또 오디세우스는 아름다운 노래로 선원들을 유혹하는 사이렌들이 사는 바다 기슭을 통과하여 트리나 키 섬에 이르게 되지만, 거기에서 태양의 신인 헤어리스의 소를 죽인 죄로 폭풍우를 만나게 됩니다.

결국 오디세우스는 모든 부하를 잃고 혼자 살아남아 칼립소섬에 표류하게 됩니다. 거기에서 옛 부하 에우마이오스와 아들 텔레마코스를 만나 힘을 합하여 악한 구혼자들을 모두 죽여 복수하고, 가족과 만나 해피엔딩을 맞습니다.

Q. 영웅 아킬레우스와 오디세우스의 이야기를 통해 어떤 이야기를 하고 싶던 걸까요?

작품의 창작 배경 및 상황

《일리아스》와 《오디세이아》는 고대 그리스의 시인 호메로스가 쓴 서사시로, 기원전 8세기경 구전되던 신화와 전설을 바탕으로 만들어졌어요. 고대 그리스에서는 '음유시인'이라는 시인들이 거리를 돌아다니며 음악과 함께 여러 이야기를 전해 주었는데, 호메로스가 더 많은 사람에게 이 이야기를 알리고 싶어 글로 남긴 것이죠.

《일리아스》는 그리스 신화에 등장하는 트로이 전쟁의 가장 극적인 마지막 50일을 중심으로 한 서사시고, 《오디세이아》는 트로이 전쟁이 끝난 후에 그리스 영웅 오디세우스가 고향 이타카로 돌아가기까지 겪는 모험을 다룬 이야기예요. 용사들의 영웅담이면서 죽을 운명의 인간 모습이 묘사되는 등 비극적인 성격도 지니고 있어요.

그런데 끊임없이 인간의 일에 개입하는 신들의 모습은 당시 그리스인이 신을 인간의 특징을 지닌 존재로 보았다는 것, 즉 인간을 신만큼 중요시했다는 것을 의미해요.

두 작품 모두 그리스 문화의 정수를 보여 주는 동시에 인간의 감정과 경험, 운명에 대한 깊은 통찰을 담고 있어 고대 그리스 문학의 걸작으로 평가받고 있어요.

지은이 알아보기

호메로스Homer

고대 그리스의 전설적인 시인 호메로스의 대서사시 《일리아스》,《오디세이아》는 서양 문학의 기초이며, 오늘날까지도 전 세계적으로 사랑받고 있어요. 호메로스의 생애에 대한 정보는 거의 남아있지 않아요. 그래서 그에 대해 시각 장애가 있는 음유시인이었다, 여류 시인이어서 정체를 숨겼다는 등 여러 이야기가 있지만, 이 이야기들은 전설일 가능성이 높아요.

에게 문명의 탄생과 발전

에게 문명은 기원전 3000년경부터 에게해를 중심으로 발달한 고대 문명으로, 미노스 문명과 미케네 문명으로 나뉘어요. 미케네 문명은 에게해의 섬과 그리스 본토, 소아시아 서부 지역을 아우르며 고대 그리스 문화의 뿌리가 되었답니다.

미노스(크레타) 문명

미노스 문명은 크레타섬을 중심으로 기원전 2000년부터 번영한 해양 문명이에요. 크레타섬의 수도였던 크노소스 궁전은 미로처럼 복잡한 구조로 유명하며, 이곳에서는 미노타우로스 전설과 관련된 유적들이 발견되었어요. 미노스 문명은 해상 무역을 통해 번영했고, 독창적인 예술과 문화를 발전시켰답니다. 하지만 기원전 1450년경, 산토리니 화산 폭발과 미케네 문명의 침입으로 쇠퇴했어요.

미케네 문명

미케네 문명은 그리스 본토를 중심으로 기원전 1600년경부터 번성했어요. 이 문명은 강력한 왕국들로 이루어져 있었으며, 특히 미케네, 티린스, 피로스 같은 도시국가들이 대표적이에요. 미케네 문명은 청동기 시대의 무기 제작과 요새화된 도시 구조, 장례식용 금마스크와 같은 정교한 공예품으로 유명하답니다. 미케네 문명은 기원전 1200년경부터 쇠퇴했는데, 이는 자연재해와 이른바 '바다 민족'의 침입 때문으로 추정돼요.

아기 제우스가 자란 곳

제우스의 아버지 크로노스는 언젠가 자기 자식에 의해 왕좌에서 쫓겨날 운명이라는 신탁(신이 사람을 매개자로 하여 그의 뜻을 나타내거나 인간의 물음에 대답하는 일)을 듣고는 아내 레아가 자식을 낳을 때마다 곧바로 집어삼켜 버려요. 크로노스의 아내 레아는 더 이상 이 일을 지켜볼 수만은 없었어요. 그녀는 크로노스의 부모님인 우라노스와 가이아에게 도와달라고 간청했어요. 우라노스와 가이아는 막내가 태어나면 크로노스에게 돌덩이를 강보에 싸서 건네주라고 했죠. 크로노스는 의심 없이 돌덩이를 삼켰고, 레아는 막내로 태어난 제우스를 크레타로 데려가 숨겼고, 제우스는 그곳에서 성장합니다.

제우스가 크레타섬에서 성장했다는 것은 무엇을 의미할까요? 바로 기원전 20세기경 발칸 반도 북쪽에서 내려온 인도 유럽어 계통 종족에게 '하늘의 아버지'였던 이방의 신이 크레타섬 토착민들과 결합해 세상의 지배자인 신으로 재탄생한 것으로 볼 수 있죠. 우리나라 환웅이 토착 세력이었던 곰을 믿는 부족과 연합해 고조선을 지배하는 단군을 낳은 것처럼 말이에요. 크레타섬의 미노아 문명이 그리스 본토보다 먼저 문명화되었다는 것을 의미하기도 하고요.

유럽 문명의 발상지

바람둥이로 유명한 제우스는 페니키아의 공주 에우로페에게 반해 소로 변신해 접근해요. 에우로페는 제우스가 변신한 것인지 모른 채 소에 올라타, 제우스에게 납치되어 크레타섬으로 가게 돼요. 제우스는 거기서 사람으로 변신해 에우로페와 미노스, 라다만티스, 사르페돈 세 아들을 낳았어요. 그들이 다닌 지역은 에우로페의 이름을 따서 EUROPE, 바로 유럽의 어원이 되었어요. 이는 유럽 문명의 발상지가 크레타섬이라는 것을 의미하는 것이죠. 이후 제우스는 크레타의 왕 아스테리우스와 에우로페의 결혼을 주선해요. 그리고 자기 아들 미노스가 크레타 왕위를 계승하게 합니다.

크레타가 먼저 발전한 이유

미노스가 왕위에 오른 것에는 에피소드가 있어요. 크레타의 왕이던 아스테리오스 왕이 죽자, 세 아들 간에 왕위 다툼이 일어났어요. 이 과정에서 맏아들 미노스가 신의 뜻이 자신에게 있다며 왕위 계승을 주장했고, 이를 뒷받침할 확실한 증표로 "바다에서 나는 것이면 무엇이든 제물로 바치겠다고 약속"하면서 포세이돈 신에게 황소 한 마리를 보내

달라고 기도했어요. 바다를 헤치며 흰 소가 나타나자, 두 동생은 신의 뜻이 형에게 있다고 믿고 미노스의 왕위 계승을 인정했어요.

그런데 미노스는 크레타의 왕이 되면 포세이돈에게 받은 황소를 제물로 다시 바치겠다고 약속하고는, 정작 왕좌에 오른 뒤에는 황소가 탐이 나 빼돌리고 다른 소를 제물로 바쳤어요. 포세이돈은 화가 나서 미노스의 부인 파시파에가 황소와 사랑에 빠지게 했죠. 파시파에는 반인반수인 미노타우로스를 낳았어요. 미노스는 다이달로스에게 괴물을 안전하게 가둘 수 있는 미로를 만들라고 명령했어요. 그리고 아테네에 매년 미혼 여성 7명과 남성 7명을 조공으로 바치라고 요구한 데서도 크레타가 아테네(그리스) 문명보다 먼저 발전했음을 알 수 있어요.

당시 아테네의 왕자였던 테세우스는 조국의 젊은이들이 죽어 가는 것을 보고만 있을 수 없어서 크레타로 가 미노타우로스를 없애 버리기로 결심해요. 크레타에 도착한 그는 미로의 궁전에 던져졌으나 미노타우로스를 없애고 무사히 미로를 빠져나올 수 있었어요. 미노스의 딸 아리아드네 공주가 알려 준 실타래 덕분이었죠.

이 이야기가 의미하는 것은 무엇일까요?

그리스 문명의 탄생과 발전

크레타에서 먼저 발전했던 문명이 그리스 본토로 옮겨 가 이후 그리스 미케네 문명이 꽃피우게 된다는 의미에요. 서양의 문명은 크레타 문명 → 미케네 문명 → 유럽으로 전파된 것이죠. 그럼, 왜 크레타가 먼저 발전했을까요? 크레타는 앞서 문명이 발전한 이집트와 메소포타

미아 지역에 가까워요. 그래서 먼저 발전된 문명을 받아들이게 되었고, 이를 그리스 본토에 전해 주게 된 것이죠.

크레타는 미노스 왕 때 커다란 궁전을 네 곳이나 지으며 문명의 발달을 과시했어요. 크노소스 궁전에는 무려 1300여 개의 방이 있었죠. 궁전의 한복판에는 안마당을 비롯해 접견실과 창고, 공장, 사당, 기록 보관소들이 늘어서 있었어요. 배수 시설과 자연 채광 시설도 갖추고 있었답니다.

하지만 기원전 1600년경, 여러 번의 지진과 산토리니섬의 화산 폭발로 궁전 대부분이 파괴되었고, 기원전 1400년경 미케네 사람들의 침략으로 몰락하고 말았습니다.

그리스에 작은 나라가 많았던 이유

미케네 문명 시대에도 여러 도시국가가 있었다고 했죠? 나중에는 아테네, 스파르타, 코린토스처럼 우리에게 익숙한 도시국가들로 발전하게 돼요. 그런데 왜 그리스에는 하나의 큰 나라가 아니라 이렇게 작은 나라가 많았을까요? 《일리아스》에서도 그리스군은 아가멤논이 이끄는 하나의 통일된 군대가 아니라, 여러 왕이 모인 연합군이었어요. 그 이유는 바로 그리스의 독특한 지형 때문이에요.

그리스는 국토의 80퍼센트가 산으로 이루어져 있어요. 높고 험한 산맥들이 곳곳에 솟아 있어서 지역과 지역 사이가 자연스럽게 단절될 수밖에 없었죠. 또 해안선이 매우 복잡하고 섬이 많아서 바닷길로는 연결되지만, 육지로는 쉽게 오갈 수 없었어요.

아테네에서 스파르타로 가려면 험한 산을 넘어야 했기 때문에, 두 도시는 같은 그리스 땅에 있어도 서로 왕래하기가 어려웠어요. 이런 지형 때문에 각 지역이 독립적으로 발전하게 되었고, 그 결과 작은 규모의 도시국가들, 즉 '폴리스polis'가 만들어진 거예요.

각각의 폴리스는 자기만의 왕과 군대, 법을 가지고 있었어요. 평소에는 서로 독립적으로 지내다가, 트로이 전쟁처럼 큰 전쟁이 있을 때만 힘을 합쳤죠. 《일리아스》에서 아가멤논은 미케네의 왕이지만, 동시에 여러 그리스 왕을 이끄는 총사령관 역할을 했어요. 하지만 아킬레우스나 오디세우스 같은 다른 왕들도 자기 나라에서는 독립적인 권력을 가지고 있었죠.

이렇게 작은 도시국가들로 나뉘어 있던 그리스의 특징은 나중에 민주주의가 발전하는 데도 중요한 역할을 했어요. 작은 공동체였기 때문에 시민들이 직접 모여서 정치에 참여할 수 있었거든요. 특히 그리스의 수도 아테네는 세계 최초로 민주주의를 발전시킨 도시로 유명하답니다.

신화와 역사의 교차점, 트로이 전쟁

트로이 전쟁이 단순한 신화가 아니라 실제 역사적 사건일 가능성도 제기돼요. 19세기 독일 고고학자 하인리히 슐리만이 소아시아의 히사르리크 지역에서 트로이 유적을 발견하면서, 이 신화가 역사적 사실에 기반했을 가능성이 높아졌어요. 발굴된 유적에서는 거대한 성벽과 기원전 13세기경의 유물들이 발견되었고, 이는 미케네 문명과의 연결고리를 보여주었답니다.

역사학자들은 트로이 전쟁이 실제로는 에게해와 소아시아 사이의 해상 교역로를 둘러싼 갈등에서 비롯되었을 가능성을 제기해요. 트로이 지역은 에게해와 흑해를 잇는 전략적 요충지에 위치했기 때문에, 이 지역의 지배권을 두고 전쟁이 벌어졌을 가능성이 크답니다.

《일리아스, 오디세이아》에서 유래된 표현 ① 아킬레스건

바다의 님프 테티스는 자신의 신성을 이어받았으나 반은 인간의 피가 흐르는 아들 아킬레우스를 불사의 존재로 만들고자 했어요. 그래서 테티스는 저승과 이승의 경계를 흐르는 스틱스강에 어린 아들의 몸을 담갔는데, 그녀가 잡고 있었던 발꿈치 부분만은 강물이 닿지 않아 이 부위가 아들의 유일한 약점이 되었죠.

아킬레우스는 트로이 전쟁에 참여하게 되고, 파리스 왕자가 쏜 화살을 바로 이 발꿈치에 맞아 죽게 돼요. 그 후로 Achilles' heel은 치명적인 약점을 뜻하는 어휘로 쓰이게 되었어요.

《일리아스, 오디세이아》에서 유래된 표현 ② 세이렌

오디세우스가 집으로 돌아가는 길에 만난 세이렌은 신체의 반은 새, 반은 사람으로 표현되거나 인어로 표현되어요. 세이렌은 아름다운 노랫소리로 뱃사람들을 유혹하여 항해 중인 배를 부서지게 하거나, 뱃사람을 물로 뛰어들게 만든다는 요정이에요. 오디세우스는 세이렌을 만났을 때 키르케의 도움으로 위험에서 벗어나요. 밀랍으로 선원들의 귀를 막고 자신은 몸을 묶어 둔 것이죠. 세이렌은 오늘날 위험을 알리는 '사이렌'의 어원이 되었어요. '사람들을 끌어들이자'라는 의미로 스타벅스의 로고도 바로 이 세이랜이랍니다.

《일리아스, 오디세이아》에서 유래된 표현 ③ 트로이 목마

트로이 목마는 트로이 전쟁 당시 그리스군이 커다란 목마를 제작하여 그 안에 정예 군사들을 숨겨 놓은 후 목마를 트로이 성 안으로 들여보내서 공격할 때 사용했다고 전해지는 목마예요. 트로이군은 처음에 목마가 그리스군의 계략이 아닌지 의심했어요. 특히 트로이의 신관(신을 모시거나 신탁을 사람들에게 알리는 관직)이던 라오콘은 목마가 그리스군의 계략이므로 불태워야 한다고 주장했죠.

이에 그리스의 편을 들던 바다의 신 포세이돈이 라오콘의 입을 막기 위해 큰 바다뱀을 보내 라오콘과 그의 두 아들을 죽이고 말아요. 이 모습을 조각한 것이 고대 헬레니즘 시대의 조각상으로 꼽히는 '라오콘'이예요.

트로이군은 승리했다는 기쁨에 취하여 목마를 성 안으로 가져가서 승리를 기념하는 잔치를 벌여요. 밤이 되고 모두 술에 취해 경계가 느슨해진 틈을 타, 목마 안에 있던 그리스군은 밖으로 나와 트로이군을 기습해요. 트로이군은 뜻하지 않은 공격을 당해 우왕좌왕하다가 전투에서 패배하게 되고, 트로이 성은 그리스군에게 점령당하죠.

'트로이 목마'는 오늘날 남의 컴퓨터에 설치하여 개인정보 등을 빼내는 악성 프로그램을 지칭해요.

《일리아스, 오디세이아》에서 유래된 표현 ④ 멘토mentor

멘토라는 단어는 오디세우스가 트로이 전쟁에 출정하면서 집안일과 그의 아들인 텔레마코스의 교육을 친구 멘토르에게 부탁했다는 데서 그 유래를 찾을 수 있어요. 멘토르는 오디세우스가 전쟁에서 돌아오기까지 텔레마코스에게 친구이자 선생, 상담자, 아버지가 되어 그를 잘 돌보아 주었죠. 오늘날 멘토는 경험 없는 사람에게 조언과 도움을 베풀어 주는 선배나 유경험자를 뜻해요.

명상록
나는 전쟁터의 철학자

오늘 죽을 수도 있는 사람처럼
모든 것을 행하고 말하고 생각하라.

《명상록》, 마르쿠스 아우렐리우스, 현대지성, 2018

　《명상록》은 로마 황제 마르쿠스 아우렐리우스가 개인적인 성찰과 철학적 생각을 담은 책이에요. 그는 서기 161년부터 180년까지 로마 제국을 통치했지만, 이 책은 황제의 권력과 영광보다는 어떻게 더 나은 사람이 될 수 있는지에 대한 고민을 담고 있어요.

　《명상록》은 전 12권으로, 단상들을 모은 책이에요. 아우렐리우스는 이 글들을 전투 캠프에서, 또는 정무에 지친 밤에 자신을 위한 위로와 지침으로 썼어요. 체계적인 철학 논문이라기보다는 일기에 가까워요.

　《명상록》은 스토아 철학에 바탕을 두고 있어요. 스토아 철학은 자연의 질서에 따라 이성적으로 살아가는 것, 자기가 통제할 수 없는 외부 상황보다 자기 생각과 행동에 집중하는 것, 그리고 덕을 실천하는 것을 중요시해요.

　마르쿠스 아우렐리우스는 먼저 자신에게 영향을 준 사람들에 대한 감사의 마음을 표현해요. 할아버지, 아버지, 어머니, 그리고 여러 스승으로부터 배운 지혜와 덕목을 하나하나 열거하며, 좋은 성품을 지키는 것의 중요성을 강조하죠. 그는 인간의 본성과 우주의 질서에 대해 깊이 생각해요. 우리는 모두 같은 우주의 일부이며, 서로 연결되어 있다고 보았죠. 자연은 질서 있고 합리적이며, 인간도 그 질서에 따라 이성적으로 살아가야 한다고 생각했어요.

《명상록》에는 죽음에 대한 성찰도 많이 나타나요. 마르쿠스 아우렐리우스는 죽음을 두려워하지 말고, 자연스러운 현상으로 받아들여야 한다고 생각했어요.

그는 다른 사람들의 잘못에 대해 너그러울 것도 조언해요. 사람들 대부분은 무지해서 잘못을 저지르는 것이니, 분노하기보다는 이해하고 가르쳐야 한다고 주장했어요. 심지어 나쁜 사람들에게도 인내심을 갖고 대해야 한다고 말했죠.

아우렐리우스는 명예, 부, 쾌락과 같은 외적인 것들은 일시적이고 통제할 수 없으니, 대신 정의, 진실, 절제, 용기와 같은 내적인 덕에 집중해야 한다고 강조했어요.

《명상록》은 지속적인 자기 성찰과 개선의 중요성을 담고 있어요. 마르쿠스 아우렐리우스는 매일 자기 생각과 행동을 검토하고, 더 나은 사람이 되기 위해 노력해야 한다고 믿었어요.

이 책은 황제라는 높은 지위에 있던 사람이 권력과 명예보다 인간으로서의 도덕성과 지혜를 더 중요시했다는 점에서 더욱 가치가 있어요. 마르쿠스 아우렐리우스는 자기가 지닌 엄청난 권력에도 불구하고, 겸손하고 절제된 삶을 살기 위해 끊임없이 노력했죠.

소설을 탐구하다

작품의 창작 배경 및 상황

마르쿠스 아우렐리우스가 《명상록》을 쓴 구체적인 시기와 장소는 정확히 알려지지 않았지만, 많은 부분이 군사 원정 중에 쓰였을 것으로 보여요. 그는 제국 변경에서 게르만 부족과의 전쟁을 지휘하느라 많은 시간을 보냈는데, 특히 다뉴브강 유역에서 마르코만 전쟁 중에 《명상록》의 상당 부분을 썼을 것으로 추정돼요. 이런 전쟁터에서의 경험과 고립감, 황제로서의 부담은 그의 철학적 성찰에 깊은 영향을 미쳤을 거예요.

《명상록》이 쓰인 2세기에 로마 제국은 '5현제 시대Five Good Emperors' 라고 불리는 비교적 안정되고 번영한 시기였어요. 네르바, 트라야누스, 하드리아누스, 안토니누스 피우스, 마르쿠스 아우렐리우스로 이어지는 황제 모두 양자 제도를 통해 뛰어난 후계자를 선택했고, 원로원과 협력하며 로마 제국의 영토와 안정을 유지했죠.

그러나 마르쿠스 아우렐리우스의 재위 기간에는 여러 도전과 위기가 있었어요. 동방에서는 파르티아 제국과의 전쟁이, 북방에서는 게르만 부족의 침입이 있었고, 제국 내에서는 역병('안토니우스 역병'이라고도 불리는 천연두)이 창궐했죠. 이런 위기 상황에서 마르쿠스 아우렐리우스는 철학, 특히 스토아 철학에서 힘과 지혜를 얻고자 했어요.

스토아 철학은 제논이 기원전 3세기 아테네에서 창시한 철학 학파예요. 자연(우주)의 질서에 따라 이성적으로 살 것, 덕을 최고의 선으로 여길 것, 외부 환경보다 내면의 평온을 중시할 것을 가르쳤죠. 로마 시대에 와서는 세네카, 에픽테투스, 마르쿠스 아우렐리우스 같은 사상가들에 의해 더욱 발전되었어요.

마르쿠스 아우렐리우스는 어린 시절부터 철학에 관심이 많았고, 여러 철학자로부터 가르침을 받았어요. 특히 쿠인투스 유니우스 루스티쿠스에게서 스토아 철학을 배웠고, 에픽테투스의 가르침에 큰 영향을 받았어요. 그가 쓴《명상록》에는 스토아 철학의 원리를 실생활에 적용하려는 노력이 잘 드러나 있어요.

《명상록》은 마르쿠스 아우렐리우스 사후에 어떻게 보존되었는지 정확히 알려지지 않았어요. 중세 시대를 거쳐 르네상스 시기에 재발견되었고, 1559년에 최초로 출판되었죠. 이후 여러 언어로 번역되어 전 세계적으로 읽히게 되었고, 오늘날까지도 스토아 철학의 중요한 저작이자 자기계발서로 많은 사람에게 영감을 주고 있답니다.

마르쿠스 아우렐리우스 안토니누스(Marcus Aurelius Antoninus, 121.4.26-180 CE):

마르쿠스 아우렐리우스는 로마 제국의 16대 황제로, '철학자 황제'로 알려져 있으며, 가장 존경받은 로마 황제 중 한 명으로 평가받고 있어요. 마르쿠스는 로마의 명문 귀족 가문의 일원이었지만, 아버지는 그가 어렸을 때 사망했죠. 그래서 외조부와 어머니에게 양육되었어요. 그의 인생에 큰 전환점이 온 것은 황제 하드리아누스가 그에게 관심을 보이기 시작했을 때였어요. 하드리아누스는 후계자로 안토니누스 피우스를 지명하면서, 안토니누스가 다시 마르쿠스를 입양하도록 했죠. 이로써 마르쿠스는 미래의 황제로 길을 걷게 되어요.

마르쿠스는 어린 시절부터 철학, 특히 스토아 철학에 깊은 관심을 두었어요. 그는 최고의 교사들로부터 수사학, 라틴어, 그리스어, 문학, 철학 등을 배웠어요. 특히 스토아 철학자의 가르침에 큰 영향을 받았고, 에픽테투스의 저작으로 스토아 철학의 핵심 원리를 배웠습니다.

마르쿠스는 안토니누스 피우스의 통치 기간에 공동 집정관, 법무관 등의 중요한 공직을 맡으며 정치적 경험을 쌓았어요. 161년 안토니누스 피우스가 사망하자, 마르쿠스는 황제의 자리에 올랐어요. 그는 자신의 양형제인 루키우스 베루스를 공동 황제로 세웠는데, 로마 역사상 처음으로 두 명의 황제가 동등한 권력을 지닌 사례였죠. 베루스는 169년에 사망했고, 이후 마르쿠스는 단독 황제로 통치했어요.

마르쿠스의 재위 기간은 도전과 위기로 가득했어요. 동방에서는 파르티아 제국과의 전쟁이 있었고, 북방 변경에서는 마르코만족, 쿠

아디족 등 게르만 부족들의 끊임없는 침입이 있었죠. 제국 내에서는 '안토니우스 역병'이라 불리는 전염병이 창궐해 많은 사람이 목숨을 잃기도 했어요. 마르쿠스는 이런 어려움 속에서도 철학적 원칙에 따라 정의롭고 이성적으로 통치하고자 노력했어요. 그는 법 개혁을 통해 노예, 여성, 고아 등 취약 계층의 권리를 보호했고, 공정한 재판과 세금 제도를 확립하여 로마 시민의 복지가 증진되도록 했죠.

마르쿠스는 황제로서 특권을 누리기보다 검소하고 절제된 삶을 살았어요. 그는 호화로운 침대 대신 딱딱한 침대에서 잠을 자고, 사치를 멀리했으며, 자기 의무를 충실히 이행하기 위해 노력했어요. 정치적 반대자들에게도 관용을 베풀었고, 원로원과 협력하며 통치했죠.

마르쿠스의 개인적인 슬픔 중 하나는 아들이자 후계자인 코모두스가 그의 철학적 이상과는 거리가 먼 사람으로 성장했다는 점이었을 거예요. 코모두스는 나중에 폭군이 되어, 마르쿠스가 이끌었던 5현제 시대의 안정을 무너뜨리는 통치자가 되었어요.

마르쿠스 아우렐리우스는 180년 3월 17일, 현재의 오스트리아 빈 근처의 군사 캠프에서 사망했어요. 당시 그는 마르코만족과의 전쟁을 지휘하고 있었죠. 그의 유해는 로마로 옮겨져 하드리아누스의 영묘에 안장되었고, 원로원은 그를 로마의 신 중 하나로 선포했어요.

로마의 성장과 발전

로마는 기원전 8세기 이탈리아반도 중부를 흐르는 테베레강 하류의 작은 도시국가로 시작됐어요. 처음에는 왕이 다스렸으나 기원전 6세기에 귀족들이 왕을 몰아내고 공화정을 세웠어요. 공화정은 '공공의 일'이라는 뜻으로, 귀족과 시민이 함께 참여하는 정치 구조를 기반으로 왕정을 대체한 체제였어요. 왕정이 폐지된 이후 로마는 '두 명의 집정관'을 중심으로 한 새로운 정치 체제를 도입했어요. 이 새로운 체제는 권력을 한 사람에게 집중시키지 않고 여러 기관과 관직이 권한을 나눔으로써 권력 남용을 방지하기 위한 것이었죠.

로마공화정은 크게 세 가지 주요 기구로 나뉘었는데, 세 기구는 집정관(다양한 행정 및 군사 직책을 담당), 원로원(정책 자문 기관), 민회(시민의 의회)였죠.

로마는 주변 도시국가들과의 전쟁에서 승리하며 기원전 3세기에는 이탈리아반도를 통일했고, 포에니 전쟁(기원전 264~146년)에서 승리한 후로는 지중해 지역을 지배했어요. 이후 영토 확장으로 전성기를 보내기도 했지만, 부유한 귀족과 몰락한 농민 간의 격차가 커지며 사회적 불안이 증대됐어요. 그라쿠스 형제가 평민 계급을 보호하기 위한 개혁을 시도했지만, 귀족의 반발로 실패했죠. 기원전 1세기에는 카이사르가 갈리아 지방(오늘날 프랑스 일대)을 정복하고 세력을 키워 권력을 잡았어요. 하지만 카이사르의 독재를 우려한 반대파는 공화정을 지키겠다며 그를 살해했죠. 그러나 그 뒤 옥타비아누스(훗날 아우구스투스)의 집권으로 공화정은 황제국 체제로 전환됩니다.

로마 제국 5현제와 '팍스 로마나'

로마 제국은 공화국이라는 정치 체제를 유지하다가 옥타비아누스가 아우구스투스 황제로 추대되면서, 황제에 의해 통치가 이루어지는 제정 시대가 시작되었어요. 아우구스투스는 41년간 통치하면서 황제의 권력을 누렸지만, 2대 황제부터 5대 네로까지는 암살되거나 자살하는 등 불안정한 통치가 이어졌어요. 그 뒤에 새로운 왕조가 등장했지만, 여전히 혼란스러운 상황이 지속되었어요.

그러다가 12대 황제 네르바에서 시작해 16대 마르쿠스 아우렐리우스까지 다섯 명의 황제 시대는 당시에나 후대에나 모두 인정하는 평화롭고 안정된 시기였습니다. 로마의 역사에서 가장 황금기인 이른바 5현제 시대예요.

네르바는 황제로서 로마를 통치한 기간이 2년밖에 되지 않지만, 그가 5현제의 첫째가 될 만큼 중요한 제도를 마련했어요. 황제 자리를 놓고 권력 투쟁과 내란이 일어나지 않도록 자기 자식이 아니라 일찌

감치 유능한 사람을 양자로 맞아들여 후계자로 선포하는 제도를 만들었죠. 이후 네 명이 이런 방식으로 황제가 되었는데, 네르바가 5현제의 시대를 연 인물이라고 할 수 있죠.

네르바 다음 황제 트라야누스는 군인 출신으로 정복 전쟁을 활발히 벌였어요. 그 결과 로마 역사상 최대 영토를 확보할 수 있었죠. 로마의 숙적 파르티아를 공격해 수도를 함락하기도 했어요. 또한 트라야누스는 세금과 모금을 통해 국가가 고아와 가난한 아이에게 식량과 교육을 제공하는 복지를 시행했는데, 당시로서는 매우 앞선 정책이었어요. 이 정책은 150여 년간 지속되었답니다. 다양한 공공 건축물 건설도 트라야누스 시대에 많이 만들어졌어요. 트라야누스 포룸을 비롯해 도로, 목욕탕, 시장, 그리고 로마의 승리를 기념하는 개선문이 건설되었어요.

트라야누스의 뒤를 이은 하드리아누스는 정복한 영토를 안정적으로 관리하는 데 집중했어요. 우선 동쪽의 파르티아와 평화조약을 체결하고, 게르만족·켈트족 등을 방어하기 위한 성벽을 쌓아 침략을 막도록 했어요. 5현제 중 제4대 황제 안토니누스 피우스를 거쳐 161년 마르쿠스 아우렐리우스가 황제가 되었어요. 그는 중국 후한의 수도 뤄양에 사절단을 보냈는데, 아우렐리우스는 중국의 역사서에 대진국(중국에서 로마를 부르던 말) 왕 안돈(安敦)이라고 기록되어 있어요.

팍스 로마나 시기에는 북부 지역 일부를 제외한 모든 유럽이 로마 제국의 영토가 되었어요. 오늘날 유럽 주요 국가의 대도시인 프랑스 파리, 영국 런던, 오스트리아 빈 등의 도시가 이때 만들어졌죠. 영토가 커지면서 제국 곳곳을 이어 주는 도로를 건설해 '모든 길은 로마로 통한다.'라는 말이 나오게 되었죠.

마르쿠스 아우렐리우스는《명상록》을 로마의 화려한 궁전이 아니라 전쟁터에서 썼다고 했죠? 그런데 황제가 로마에서 멀리 떨어진 전쟁터로 가려면 어떻게 해야 했을까요? 바로 로마가 건설한 거대한 도로망을 이용해야 했어요. 로마의 도로는 단순히 이동을 위한 길이 아니었어요. 군대를 빠르게 이동시키고, 물자를 보급하며, 광대한 제국을 하나로 연결하는 생명줄이었죠. 마르쿠스가 제국을 지키기 위해 전장으로 향할 때도, 이 길을 따라 달렸을 거예요.

로마의 길은 단지 황제만을 위한 것이 아니었어요. 이 길을 통해 제국 곳곳의 문화가 교류되고, 상인들이 물건을 팔러 다니며, 다양한 민족이 하나의 로마 시민이 될 수 있었답니다.

로마의 길

로마인은 기원전 3세기부터 기원후 5세기까지 지중해 나라들을 정복하며 거침없이 영토를 확장했어요. 이탈리아반도를 통일한 후 유럽 정복에 나섰고 아프리카 일부 지역과 아시아까지 영토를 확장했죠.

드넓은 땅을 통치하려면 체계적인 도로망이 필요했어요. 큰길과 가도와 마을을 잇는 작은 길을 만들었어요. 로마 제국이 전성기를 구가하던 시절, 도로망의 총길이는 40만킬로미터에 달할 정도로 거대했어요.

도로를 건설할 때 가장 먼저 하는 일은 길의 방향을 정하는 거였어요. 로마에는 이를 전담하는 인력이 있었고, 이들은 길을 최대한 곧게 뻗어 나가게 하려고 노력했어요. 그러면 거리가 짧아져 빠르게 이동할 수 있기 때문이죠. 노선이 결정되면 일정한 구간을 나누어 공사에 착수했어요. 전쟁 없는 평화로운 시기에는 군인이 먼저 도로 건설에 투입됐고 그다음에 노예와 죄수가 동원됐어요.

길의 너비는 마차 두 대가 오갈 수 있는 간격인 2~7미터였어요. 주요 도로에는 돌을 얹어 반듯하게 포장했고, 나머지는 자갈을 깔아 마무리했어요. 길이 완공된 후에는 지방 관리가 도로를 정비하는 일을 맡았어요.

이정표

로마에서는 길을 잃어버리는 일이 없도록 일정 거리마다 돌로 만든 이정표를 세웠어요. 높이 2~4미터, 둘레 50~80센티미터인 커다란 돌 기둥을 도로 곳곳에 깊숙이 박는 방식이었죠. 이정표에는 도로 건설을 지시한 사람의 이름과 다음에 나오는 도시나 국경까지의 거리가 적혀 있었어요. 당시에는 로마 마일이라는 거리 단위를 사용했는데 1로마 마일은 1000걸음에 해당하는 약 1.5킬로미터예요. 모든 길에 1로마 마일마다 이정표를 세우진 않았지만, 현재 1킬로미터마다 표지를 세우는 건 로마 이정표의 영향을 받았기 때문이죠. 도로에 다음 행선지를 표시하게 된 기원도 로마 이정표에서 찾을 수 있어요.

마르쿠스 아우렐리우스 원주와 기마상

이탈리아 로마 콜론나 광장에는 전승 기념탑으로 세워진 마르쿠스 아우렐리우스 원주가 있어요. 나선형의 부조(미술 조각에서 평평한 면에 글자나 그림 따위를 도드라지게 새기는 것)가 들어간 도리아 양식(기둥이 굵고 주춧돌이 없으며 기둥머리 장식이 역원추 모양인 고대 그리스 건축 양식. 대표적인 건축물은 아테네 파르테논 신전)의 기념탑인데, 트라야누스 원주를 모델로 만들었어요.

로마의 캄피돌리오 언덕에는 마르쿠스 아우렐리우스 청동 기마상이 있어요. 원본은 카피톨리니 미술관 안 콘세르바토리 궁전에 전시되고 있으며, 현재 캄피돌리오 광장에 있는 조각상은 1981년에 만들어진 복제품이에요.

마르쿠스 아우렐리우스 청동 기마상, 위키백과

중세

로빈후드

도둑질이 정의로운 일이 될 수 있을까?

나는 살찐 사제들과 귀족들에게 재산을 빼앗긴 사람들을 돕고
그들을 몰락시킨 사람들을 일으켜 세우기 위해
그들에게서 십일조를 받고 있소.

《로빈 후드의 모험》, 하워드 파일, 현대지성, 2018

　로빈후드 이야기는 12~13세기 중세 영국을 배경으로 한 전설적인 모험담이에요. 로빈후드는 셔우드 숲에 살며 부자들로부터 훔쳐 가난한 자들에게 나눠 주는 의적으로 알려져 있죠. 로빈후드와 그의 동료들은 셔우드 숲을 지나는 부자들과 고위 성직자들을 습격하여 그들의 재물을 빼앗고, 이를 가난하고 억압받는 사람들에게 나눠 주었어요. 그들은 특히 노팅엄 군주와 그의 부하들을 자주 골탕 먹였죠.

　다양한 버전이 있지만, 가장 널리 알려진 이야기에 따르면 로빈후드는 원래 귀족이었던 록슬리 백작이었어요. 그는 십자군 원정에 참여한 리처드 왕이 부재한 틈을 타 왕의 악한 동생 존 왕자와 노팅엄 군주에 의해 불법적으로 재산을 몰수당하고 법적 지위를 박탈당했죠. 이에 로빈후드는 셔우드 숲으로 도망쳐 그곳에서 자신과 처지가 비슷한 사람을 모아 '명랑한 동료들'이라 불리는 무리를 이끌게 돼요.

　로빈후드의 가까운 동료들로는 리틀 존, 프라이어 턱, 윌 스칼렛, 앨런 어 데일, 머치 밀러즈 선 등이 있어요. 리틀 존은 이름과는 달리 거구의 사내로, 로빈이 다리를 건너려 할 때 말다툼 끝에 싸움을 벌였다가 오히려 로빈에게 패배한 후 그의 충실한 부하가 되었죠. 프라이어 턱은 뚱뚱하고 쾌활한 성직자로 로빈의 무리에 음식과 종교적 축복을 제공했어요.

전설에 따르면 로빈후드는 활쏘기의 명수였어요. 한 이야기에서는 노팅엄 군주가 최고의 궁수를 뽑는 활쏘기 대회를 열었는데, 로빈이 변장하고 참가해 우승을 차지했다가 정체가 탄로 나 위기에 처했지만, 동료들의 도움으로 탈출했다고 해요.

로빈후드 이야기에서 빠질 수 없는 인물이 바로 메이드 마리안이에요. 그녀는 아름답고 지혜로운 여성으로, 로빈의 연인이자 때로는 그의 모험에 동참하는 협력자로 묘사돼요. 둘은 낭만적이면서도 서로 존중하는 동반자 관계로 그려지죠.

이야기의 중요한 전환점은 리처드 왕(사자심왕 리처드. 제3차 십자군에 출정해 이집트 살라딘과 싸워 용맹을 떨쳐 사자와 같은 담대한 심장을 가진 왕이라는 의미로 사자심왕이라 불림)의 귀환이에요. 리처드 왕은 변장한 채 영국으로 돌아와 셔우드 숲에서 로빈과 만나게 돼요. 처음에 로빈은 그를 알아보지 못하고 평범한 기사로 대했지만, 곧 그의 정체를 알게 되고 충성을 맹세해요. 리처드 왕은 로빈의 충성심과 용기를 인정해 그의 재산과 지위를 되돌려주었죠.

로빈후드의 죽음에 대해서 여러 이야기가 있어요. 가장 널리 알려진 이야기에 따르면, 노년의 로빈은 병이 들어 커크리스 수도원을 찾아가 치료를 받으려 했지만, 수도원장이었던 사촌 여동생의 배신으로 과도한 피를 뽑아 죽게 되었다고 해요. 죽기 전 그는 마지막 화살을 쏘아 자기가 묻힐 곳을 표시했다고 하죠.

로빈후드 이야기는 중세부터 현대까지 다양한 형태로 전해지며, 시대에 따라 조금씩 변형되었어요. 하지만 불의에 맞서 싸우고 약자를 돕는 영웅이라는 그의 본질은 변하지 않고 오늘날까지 많은 사람에게 사랑받고 있답니다.

Q. 로빈후드는 법을 어기지만, 많은 사람에게 영웅으로 여겨지는 이유가 무엇일까요?

소설을 탐구하다

작품의 창작 배경 및 상황

로빈후드 이야기는 작가나 창작 시기를 특정할 수 없는 민간 전설이에요. 이 이야기는 구전으로 전해지다가 중세 후기부터 기록되기 시작했고, 수 세기에 걸쳐 다양한 형태로 발전해 왔죠.

로빈후드에 대한 가장 오래된 문헌 기록은 14세기 중반에 〈피어스 플라우맨〉이라는 시에서 "로빈후드 이야기를 알고 있다"라는 간략한 언급이에요. 이는 당시 이미 로빈후드 이야기가 민간에 널리 퍼져 있었음을 보여주죠.

15세기 말부터 16세기 초에 걸쳐 로빈후드에 관한 여러 발라드(노래 형식의 시)가 수집되어 기록되었어요. 가장 유명한 것은《로빈후드의 작은 제스트》로, 이는 여러 로빈후드 이야기를 하나의 긴 서사시로 엮은 것이죠. 이 외에도《로빈후드와 수도사》,《로빈후드와 도자기상》등의 발라드가 있었어요.

이런 초기 이야기들에서 로빈후드는 귀족이 아닌 평민 출신으로 묘사되었고, 노팅엄 군주와 부패한 성직자들에 맞서 싸우는 모습으로 그려졌어요. '부자에게서 훔쳐 가난한 자에게 나눠준다.'라는 모티프는 초기 버전에서는 그리 강조되지 않았지만, 시간이 지나면서 점점 중요한 테마가 되었죠.

16세기에 이르러 로빈후드는 민간 축제와 연극에서 중요한 인물이 되었어요. '5월의 놀이'라는 봄맞이 축제에서 로빈후드와 메이드 마리안이 주요 인물로 등장했고, 마을 사람들이 이들을 연기하며 즐겼죠. 이 시기에 로빈후드 이야기는 더 대중화되고, 그의 성격과 모험도 더 발전되었어요.

로빈후드 전설의 역사적 배경은 주로 12~13세기 중세 영국의 혼란스러운 시기로 설정되어 있어요. 특히 리처드 1세가 십자군 원정을 떠나고 그의 동생 존 왕자가 섭정하던 시기는 많은 로빈후드 이야기의 배경이 되었죠. 이 시기는 귀족들의 권력 다툼과 평민들에 대한 과도한 세금 징수로 사회적 불만이 고조되었던 때였어요. 그래서 민중의 염원을 담은 로빈후드라는 인물의 이야기가 유행했던 것이죠.

16세기 이후 로빈후드 이야기는 문학 작품으로 더욱 다듬어지고 발전했어요. 특히 안소니 먼데이의 〈몰락한 로버트 백작, 헌팅턴, 일명 로빈후드〉와 같은 연극은 로빈후드를 귀족 출신으로 묘사하며 이야기에 낭만적 요소를 더했어요.

19세기 빅토리아 시대에 이르러 로빈후드 이야기는 월터 스콧의 《아이반호》, 하워드 파일의 《로빈후드의 유쾌한 모험》 등의 소설을 통해 다시 한번 대중화되었어요. 이 시기에 로빈후드는 더욱 고귀하고 기사도적인 영웅으로 묘사되었고, 메이드 마리안과의 로맨스도 더 중요한 요소가 되었죠.

20세기에 들어서면서 영화와 TV 시리즈 등 새로운 매체를 통해 로빈후드 이야기가 계속해서 재해석되었어요. 1938년 에롤 플린 주연의 영화 〈로빈후드의 모험〉, 1973년 디즈니 애니메이션, 1991년 케빈 코스트너 주연의 〈로빈후드〉, 2010년 러셀 크로 주연의 〈로빈후드〉 등 수많은 영화가 만들어졌죠. 각 시대의 영화는 당시 사회적, 정치적 상황을 반영하며 로빈후드 이야기를 새롭게 해석했어요.

이처럼 로빈후드 이야기는 약 800년에 걸쳐 구전, 발라드, 연극, 소설, 영화 등 다양한 매체를 통해 전해져 왔고, 각 시대의 사회적 상황과 가치관을 반영하며 끊임없이 변화해 왔답니다. 불의에 맞서 싸우고 약자를 돕는 영웅이라는 로빈후드의 본질적 이미지는 시대를 초월해 많은 사람의 마음을 사로잡고 있어요.

로빈후드 전설

로빈후드는 잉글랜드의 민담으로 전해 오던 가공의 인물로 12~13세기를 배경으로 활동한 의적이에요. 뛰어난 활 솜씨와 기민한 움직임으로 폭정에 대항하고 가난한 이들을 도와주는 로빈후드는 수백 년간 여러 번 재가공되며 명궁이자 의적의 대명사로 자리 잡았어요.

로빈후드에 대한 최초 기록은 14세기 후반 윌리엄 랭그랜드의 장편시 〈농부 피어스의 환상〉 속 한 구절에서 찾아볼 수 있어요. 그 시에는 "나는 성직자처럼 완벽하게 주기도문을 외울 수는 없지만, 로빈후드 이야기라면 잘 안다"라는 글귀가 있는데 그 시에 적힌 로빈후드가 실존 인물인지 가공의 인물인지는 정확히 알 수 없었죠.

그런데 1440년 월터 바우어가 작성한 글에서 로빈후드에 대한 좀 더 사실적인 기록을 찾을 수 있어요. 그는 "1266년 로빈후드라는 살인자가 리틀 존 및 여러 무리와 함께 활보했다. 이들은 시정잡배들의 희극과 비극 같은 연극이나 발라드, 민요 등을 통해 널리 알려져 있다"라는 글을 남겼어요. 이 글을 통해 우리는 로빈후드의 이야기가 언제쯤 시작되었는지, 그리고 기록되기 이전부터 대중문화에 자리 잡고 있었던 존재임을 알 수 있어요.

글로 쓰인 것 중 오래된 로빈후드 이야기는 '로빈후드와 수도승'이란 작품이에요. 1450년에 쓰인 이 짧은 원고는 현재 케임브리지 대학교에 보관되어 있어요. 수많은 로빈후드 이야기의 원형이 되는 이 작품은 로빈후드와 지방 집정관의 대결을 줄거리로 삼고 있으며, 리틀 존이 처음 등장하기도 해요.

널리 알려진 로빈후드 이야기는 16세기에 다듬어졌어요. 평민이던 신분이 귀족으로 바뀌고, 사자왕 리처드 1세를 따라 십자군 원정에 참여한 것과 그의 연인이 마리안이란 설정도 이 시기에 만들어졌죠.

역사학자들 사이에서는 실제 로빈후드라는 인물이 존재했는지, 존재했다면 언제 살았는지 등에 대해 많은 논쟁이 있어요. 일부 학자들은 로빈후드가 12~13세기의 실제 인물을 바탕으로 한 전설이라고 주장하지만, 다른 학자들은 그가 여러 인물의 이야기가 합쳐진 전설적인 인물이거나 완전한 허구라고 보고 있죠. 설사 가공의 인물일지라도 모델이 된 인물은 있었을 것으로 보여요. 1160년에서 1247년경에 활동한 헌팅턴의 체스터 백작이 모델이라는 설도 있어요.

하지만 로빈후드가 실존 인물인지 아닌지보다는 민중의 편에 서서 악한 권력자들에게 통쾌한 반란을 선보이는 이야기는 시대를 막론하고 대리만족을 주는 것 같아요.

리처드 1세와 존 왕

로빈후드가 활동하던 시대의 잉글랜드 왕은 존이었어요. 실제 존 왕은 그 유명한 사자왕 리처드 1세의 동생이죠. 리처드 1세는 매우 용맹한 왕으로 알려져 있고 십자군 3차 원정에 참여했으며, 전형적인 기사의 모습과 용맹함으로 높이 추앙받는 왕이에요. 사자처럼 용맹해 '라이언 하트Lion Heart'라는 별명이 있죠.

존 왕은 헨리 2세의 둘째 아들로 아버지의 사랑을 받으며 자랐어요. 그 사랑에 대한 표현으로 헨리 2세는 존에게 자신의 영토를 주려고 했어요. 그래서 1171년 아일랜드를 병합하고, 1173년 스코틀랜드와의 전쟁에서 이기며 승승장구했죠. 존에게 물려줄 영토를 더 넓히기 위해 아일랜드를 침공할 정도였다고 해요.

그런데 왕위를 존에게 물려주려 한다는 것을 안 헨리 2세의 첫째 아들 리처드 1세는 프랑스의 필리프 2세와 손잡고 반란을 일으켜 아버지를 왕위에서 쫓아내요. 산으로 쫓겨난 헨리 2세는 그토록 사랑하던 아들 존에게 구원을 요청했으나 존은 형인 리처드 1세의 편이 되어 있었어요.

즉위한 리처드 1세는 필리프 2세와 신성로마의 황제 프리드리히 1세와 손잡고 제3차 십자군에 참전해요. 예루살렘을 장악하기 위한 십자군 전쟁에서 리처드 1세는 엄청난 용맹을 과시하죠. 아르수프 전투에서 살라딘의 군대를 크게 물리쳐 여러 전투에서 승리하는 등 기사로서 높은 평가를 받죠.

리처드 1세가 재위한 10년 동안 잉글랜드에 머문 기간은 6개월에 불과했고, 그에게 있어 잉글랜드 땅은 군자금을 마련하는 데 유용한 영지일 뿐이었어요. 리처드 1세는 관직과 땅을 팔고, 높은 세금을 매겨 군자금을 마련해요. 게다가 십자군 전쟁을 끝내고 돌아오는 길에 오스트리아의 레오포드 대공에게 붙잡혀 신성로마제국의 포로가 되어 잉글랜드는 천문학적인 금액의 몸값을 지급해야만 했어요. 당시 리처드 1세의 몸값은 10만 마르크(당시 영국 왕실 연간 수입의 10배가 넘는 금액)였고, 이를 지급하기 위해 잉글랜드는 토지세, 동산세, 교회의 금은, 수녀원의 양모, 기사들의 군역 면제세 등 돈을 긁어모아 결국 리처드 1세를 석방하는 데 성공해요.

그런데 리처드 1세가 포로로 잡혀 있을 때 존 왕이 프랑스의 필리프 2세와 손잡고 왕위를 빼앗는 일이 발생해요. 그러면서 잉글랜드가 가지고 있던 수많은 영토를 프랑스 필리프 2세에게 빼앗겼고, 리처드 고국에 돌아오자마자 프랑스로부터 잃은 영토를 되찾기 위해 전쟁에 착수하게 돼요. 리처드 1세는 1198년 리모주Limoges 부근의 성을 공략하던 중 화살에 맞아 사망하죠.

리처드 1세가 죽고 잉글랜드를 구제하려던 존은 프랑스 가문과의 혼사 문제로 다시 전쟁을 치르게 돼요. 그러나 이 전쟁에서 막대한 피해를 보고 패배하게 되어 프랑스에 있던 잉글랜드의 영토를 모두 잃고, 교황과의 마찰로 왕위를 박탈당했다가 굴복하기까지 하죠.

이렇게 땅을 뺏기면서 재정도 힘들어지자 존 왕은 어떻게 했을까요? 그는 '산림법'을 이용했어요. 산림법은 영주나 소작농들이 소유하고 있던 자원 관리 및 배분권을 왕실이 독점하는 것으로, 거대한 땅을 산림법으로 묶어 버려요. 그리고 해당 지역에서 야생동물을 사냥하는 사람의 눈알을 뽑아 버리겠다고 하며 사냥을 금지했죠. 로빈후드가 활동했던 셔우드 숲도 산림법으로 지정되어 그 지역에서 사냥할 수 없었던 거예요.

국왕이 지정한 숲에서 사냥한 사람들은 앞에서 언급한 살벌한 형벌을 모면하려면 막대한 벌금을 내야 했어요. 또 숲을 개간해서 농지를 마련하려는 자는 영구 소작료를 지급해야 했고, 무허가로 농지를 개간했다가는 농지를 몰수당하고 그 땅을 돌려받으려면 돈을 내야 했죠. 함부로 벌목한 자도 벌금을 내야 했고요. 국왕은 돈이 필요해지면 산림감독관을 파견해 이런저런 위반 행위들을 적발해 돈을 뜯어냈어요. 1175년 헨리 2세는 이러한 방법으로 1만 2000파운드의 수입을 올렸는데, 존 왕도 같은 방법으로 재정을 확충했어요. 존 왕은 전쟁할 때마다 패배했고, 그때마다 산림법을 강화했어요. 이런 이유로 귀족들도 더이상 존왕의 전횡을 용납하지 못하고 반발하면서 마그나 카르타를 제정하게 됐어요. 마그나 카르타는 국왕의 권리를 명시한 문서로, 왕이 마음대로 세금을 부여할 수 없다는 내용을 포함하고 있어요.

중세 유럽의 봉건제도

8세기경, 서유럽 일대를 지배하고 있던 프랑크 왕국은 이민족의 침입에 대비해 제후들에게 토지를 나눠 주는 대신 왕에게 충성하도록 했고, 제후는 자신이 거느리는 기사에게 땅을 주며 충성하도록 했어요. 이렇게 '땅과 충성'을 맞바꾸어 계약을 통해 주종관계를 맺는 것을 '봉건제도'라고 해요. 이때 땅을 가진 왕, 제후, 기사를 영주라고 하는데, 이들은 농민들에게 토지를 경작하게 하고 소작세 등 각종 세금을 부과했으며, 유사시 전쟁에 참가하거나 노역을 시키는 계약 관계를 맺었어요. 이를 '장원제도'라고 해요. 영주가 소유하고 있는 장원에서 농사를 지으며 세금을 내야 하는 농민을 '농노'라고 했어요.

장원의 한가운데에는 영주의 성이 있고, 중세의 중요한 역할을 했던 교회도 있었어요. 촌락은 농노들이 거주하는 지역이고, 농사를 짓는 토지와 밀을 가루로 빻는 제분소, 그리고 방앗간도 있었어요. 하지만 농노가 이 시설을 사용하려면 운영자인 영주에게 돈을 내야 했어요. 장원은 농노의 노동을 중심으로 유지되었지만, 농노에게 돌아가는 것은 힘들고 어려운 생활뿐이었어요.

니벨룽겐의 노래
용을 죽인 영웅은 왜 비참하게 죽었나

언제나 기쁨의 대가는
결국에는 고통으로 치러지는 법이랍니다.

《니벨룽겐의 노래》, 니벨룽겐, 범우사, 2000

네덜란드의 왕자 지크프리트는 용을 물리치고 그 용의 피를 온몸에 발라 무적의 존재가 되었어요. 하지만 지크프리트가 용의 피를 바를 때 한 장의 나뭇잎이 그의 등에 떨어져, 그곳만은 용의 피를 바르지 못했어요. 이것이 나중에 그의 유일한 약점이 되었죠.

지크프리트는 용을 물리친 후 니벨룽겐이라는 난쟁이족의 보물을 차지하게 되었어요. 이 보물은 끝없이 재산을 만들어 내는 마법의 반지와 투명 망토, 많은 금과 보석이었어요. 하지만 이 보물에는 저주가 걸려 있어 소유자에게 불행을 가져다 준다고 전해지고 있었죠.

한편, 독일 부르군트 왕국에는 아름다운 공주 크림힐트가 살고 있었어요. 크림힐트는 어느 날 밤 독수리에게 공격당하는 매를 꿈에서 보았는데, 이는 그녀의 미래 남편이 비극적인 최후를 맞이할 것이라는 불길한 예언이었어요.

지크프리트는 크림힐트의 아름다움에 대한 소문을 듣고 니벨룽겐의 보물을 가지고 부르군트 왕국으로 향했어요. 그는 크림힐트의 오빠인 군터 왕을 만나게 되는데, 군터 왕은 아이슬란드의 여왕 브륀힐트와 결혼하고 싶어 했어요. 브륀힐트는 여전사 같은 성격으로 자기를 이길 수 있는 용사만이 자기 남편이 될 수 있다고 선언했죠.

지크프리트는 군터에게 크림힐트와 결혼할 수 있게 도와준다면 군터가 브륀힐트를 이기는 데 도움을 주겠다고 제안했어요. 지크프리트는 투명 망토를 이용해 군터가 브륀힐트와의 시합에서 이길 수 있도록 도왔고, 그 결과 군터와 브륀힐트는 결혼하게 되었어요. 약속대로 지크프리트도 크림힐트와 결혼하게 되었죠.

하지만 이후 브륀힐트는 크림힐트와의 다툼 끝에 자신이 속았다는 사실을 알게 되었어요. 분노한 브륀힐트는 군터의 가신(중세 봉건 제도에서 토지를 포함한 특권에 대한 대가로 영주에게 충성을 맹세하고 군사적 봉사를 제공하는 신하)인 하겐에게 지크프리트를 살해하라고 명령했어요. 교활한 하겐은 크림힐트를 속여 지크프리트의 유일한 약점이 어디인지 알아내고, 사냥 중에 지크프리트가 샘물을 마시는 틈을 타 그의 약점을 창으로 찔러 살해했어요.

크림힐트는 남편의 죽음으로 크게 슬퍼했지만, 곧 복수를 다짐했어요. 13년 후, 크림힐트는 훈족의 왕 에첼(아틸라)과 재혼했어요. 그녀는 부르군트의 궁정 사람들을 훈족의 영토로 초대해 성대한 잔치를 열었지만, 사실 복수를 위한 함정이었죠. 잔치 중에 크림힐트는 하겐에게 남편을 죽인 죄를 물으며 전쟁을 일으켰고, 결국 하겐과 군터를 포함한 모든 부르군트의 기사들이 죽음을 맞이했어요. 마침내 복수를 이룬 크림힐트도 한 기사에 의해 살해되었고, 이로써 부르군트 왕가와 니벨룽겐의 보물에 얽힌 비극적인 이야기는 막을 내렸답니다.

소설을 탐구하다

작품의 창작 배경 및 상황

《니벨룽겐의 노래》는 13세기 초(1200년경) 작자 미상에 독일어로 쓰인 영웅 서사시예요. 이 이야기는 5세기 부르군트족의 멸망과 훈족의 침략과 같은 실제 역사적 사건들을 바탕으로 하고 있지만, 수 세기 동안 구전으로 전해지면서 신화적 요소와 결합했답니다. 원래 중세 시대의 음유시인들에 의해 구전되다가 나중에 문자로 기록되었어요. 총 39개의 장(章)으로 구성되어 있으며, 2400여 개의 4행시 연(連)으로 이루어져 있죠.《니벨룽겐의 노래》는 게르만족의 영웅 설화를 담은 대표적인 작품으로, 중세 기사도 문화와 봉건 사회의 가치관도 잘 반영하고 있어요.

《니벨룽겐의 노래》에서 등장인물 중 일부는 다음과 같이 실제 역사적 인물을 모델로 하고 있어요. 아틸라(에첼 왕)는 훈족의 왕 아틸라(5세기), 디트리히 폰 베른은 동고트족의 왕 테오도릭 대왕, 군터 왕은 부르군트의 군디카리우스 왕(5세기)을 모델로 하고 있죠. 이처럼 게르만족의 이동과 훈족의 침략이라는 역사적 배경을 바탕으로 하고 있지만, 기독교적 요소와 기사도 문화가 결합해 중세적 색채를 강하게 띠고 있어요. 《니벨룽겐의 노래》는 독일 민족의 정체성을 형성하는 데 중요한 역할을 한 작품으로, 독일 문화의 소중한 유산으로 여겨지고 있답니다.

지은이 알아보기

《니벨룽겐의 노래》는 지은이가 밝혀지지 않았지만, 이후 많은 작가와 예술가에게 영감을 주었어요. 특히 19세기 독일 낭만주의 시대에 재발견되어 독일 민족주의의 상징으로 여겨졌죠.

가장 유명한 재해석은 리하르트 바그너의 오페라 〈니벨룽의 반지〉로 이 대작은 《니벨룽겐의 노래》와 북유럽 신화를 결합하여 새로운 이야기를 만들어 냈어요.

오늘날에도 《니벨룽겐의 노래》는 판타지 소설, 영화, 비디오 게임 등 다양한 매체에서 영감의 원천이 되었어요. 특히 J.R.R. 톨킨의 《반지의 제왕》과 같은 판타지 문학은 《니벨룽겐의 노래》의 영향을 받았다고 볼 수 있죠.

《니벨룽겐의 노래》에서 난쟁이 안드바리의 황금 반지는 소유자에게 엄청난 부와 권력을 주지만 동시에 끔찍한 저주를 가져다 줘요. 《반지의 제왕》에서 절대반지도 마찬가지로 강력한 힘을 주면서도 소유자를 파멸로 이끄는 저주받은 물건이죠.

또한 《니벨룽겐의 노래》의 파프니르는 황금을 지키기 위해 용으로 변한 존재예요. 이런 '보물을 지키는 용'이라는 설정은 《호빗》 등 수많은 판타지 작품의 용에게 그대로 이어졌답니다. 지크프리트처럼 무적의 영웅이지만 결국 배신당하고 죽음을 맞는다는 설정도 많은 영향을 미쳤어요. 완벽해 보이는 영웅에게도 치명적인 약점이 있다는 아이디어는 현대 판타지의 단골 소재가 되었죠.

2004년에는 독일에서 《니벨룽겐의 노래》를 바탕으로 한 영화 〈다크 킹덤〉이 제작되어 전 세계에 상영되었어요.

중세의 시작

지그프리트가 활동했던 시기에 유럽은 중세 시대가 시작되었어요. 중세 유럽은 보통 5세기 서로마 제국의 멸망부터 15세기 르네상스가 시작될 때까지의 약 1000년을 가리켜요. 물론 이렇게 긴 시기를 하나로 묶을 수는 없죠. 그래서 대체로 중세 유럽을 초기(5~10세기)-중기(11~13세기)-후기(14~15세기) 세 시기로 나누고 있어요.

중세 초기에는 서로마 제국이 무너진 후 게르만족이 이동, 정착하면서 여러 왕국을 세웠어요. 프랑크 왕국(프랑스, 독일), 앵글로색슨 왕국(영국), 서고트 왕국(에스파냐), 부르군트 왕국(남프랑스), 반달 왕국(아프리카 북안) 등이 대표적이죠. 이 시기에는 로마 문명이 쇠퇴하고 문화적으로 침체기를 겪었지만, 수도원을 중심으로 고대 문화유산이 보존되었답니다.

중세 중기는 점차 유럽 사회가 안정되고 발전한 시기예요. 프랑크 왕국이 크게 번성했고, 기독교가 확산되었어요. 또한 농업 기술의 발달로 인구가 증가했고, 도시와 상업이 발달하기 시작했어요. 로마네스크와 고딕 양식의 대성당이 건설되었고, 대학이 설립되어 학문이 발전하고, 기사도 문화가 꽃피었답니다.

그런데 지그프리트의 활동을 《니벨룽겐의 노래》라는 문학 작품으로 만든 때는 13세기에요. 이 시기는 중세 중기에 해당되죠. 그래서 《니벨룽겐의 노래》에 나타난 여러 내용은 중세 초기가 아닌 중세 중기의 모습이에요. 예컨대 기사도나 기독교와 관련된 내용 등은 5세기에는 없던 중세 중기의 사회 모습이에요.

중세의 기사도 문화

《니벨룽겐의 노래》에 등장하는 기사들은 중세 유럽의 '기사도' 문화를 잘 보여주고 있어요. 기사도는 중세 기사들이 따라야 할 행동과 도덕적 규범을 의미해요. 기사도의 핵심 가치는 충성, 용기, 명예, 예의, 정의, 관대함, 신앙심 등이었어요. 귀부인에 대한 존경과 보호는 기사도의 중요한 부분이었답니다. 기사들은 신을 위해 봉사하고 주군에게 충성을 다하며, 어린이와 여성 등 약자를 보호하고 명예를 중요하게 생각했어요.

보통 기사가 되려면 오랜 훈련 과정을 거쳐야 했어요. 7살 때부터 다른 기사의 시종으로 일하며 기본적인 예의범절과 무기 다루는 법을 배웠고, 14살쯤 되면 '기사 견습생'이 되어 본격적인 전투 훈련을 받았죠. 21살이 되면 기사 서임식을 통해 정식 기사가 되었답니다.

기사들은 갑옷을 입고 말을 타고 싸웠으며, 주요 무기로 검, 창, 방패 등을 사용했어요. 전쟁이 없을 때는 기사들의 용맹과 기술을 뽐내는 기사 시합(토너먼트)이 열리기도 했죠.

《니벨룽겐의 노래》에서 지크프리트와 하겐 같은 인물들은 이러한 중세 기사도의 이상과 현실 사이의 갈등을 보여 줘요. 지크프리트는 용감하고 명예로운 기사의 이상을 대표하는 반면, 하겐은 충성심과 배신 사이에서 갈등하는 모습을 보여 주죠.

게르만족의 영웅 전설과 북유럽 신화

《니벨룽겐의 노래》는 게르만족의 영웅 전설 중 하나예요. 게르만족은 북유럽과 중부 유럽에 살았던 민족 집단으로, 로마 제국 시대부터 여러 부족으로 나뉘어 살았어요. 프랑크족, 고트족, 색슨족, 바이킹 등이 모두 게르만계 민족이에요. 게르만족은 풍부한 구전 전통을 가지고 있었는데, 특히 영웅 이야기를 노래로 전하는 것을 좋아했어요. 이러한 영웅 전설은 용기, 명예, 충성, 복수와 같은 게르만족의 가치관을 담고 있었죠.

게르만족의 영웅 전설에는 종종 용, 거인, 난쟁이, 마법의 보물과 같은 신화적 요소가 등장해요.《니벨룽겐의 노래》에서도 지크프리트가 용을 물리치고, 투명 망토를 사용하며, 니벨룽겐의 보물에 저주가 걸려 있다는 식의 신화적 요소가 나타나죠. 이는 북유럽 신화와 깊은 관계가 있어요.

스칸디나비아 지역에서 발전한 북유럽 신화는 오딘, 토르, 로키와 같은 신들과 라그나로크(종말)에 관한 이야기를 담고 있어요.《니벨룽겐의 노래》와 직접 연결되는 북유럽 신화로는 《볼중가 사가》가 있어요. 이 이야기에서는 시구르드(지크프리트)가 파프니르라는 용을 죽이고 발키리 브륀힐드를 만나는 모험을 담고 있어요.

북유럽 신화에서 중요한 요소 중 하나는 '운명'이라는 개념이에요. 신들조차도 종말이라는 운명에서 벗어날 수 없다고 여겼죠. 이런 운명에 대한 믿음이 생겨난 이유는 북유럽의 혹독한 자연환경과 깊은 관계가 있어요. 스칸디나비아반도는 긴 겨울과 짧은 여름, 혹독한 추위와 거센 바람이 지배하는 곳이었어요. 사람들은 자연 앞에서 무력함을 느꼈고, 아무리 강한 전사라도 자연을 완전히 정복할 수 없다는 것을 깨달았죠. 이런 경험이 '인간은 물론 신들조차도 거대한 운명 앞에서는 무력하다.'라는 세계관을 만들어 냈답니다. 이런 운명에 대한 믿음은 《니벨룽겐의 노래》에서도 나타나는데, 등장인물들이 자신의 운명을 알면서도 그것을 피할 수 없는 모습으로 그려진답니다.

군주론

사랑받기보다 두려움을 선택하라

군주가 만약 사랑을 얻지 못한다면,
증오를 피하면서 사람들이
자신을 두려워하도록 만들어야 합니다.

《군주론》, 니콜로 마키아벨리, 현대지성, 2021

《군주론》은 정치 철학 책입니다. 이탈리아의 정치인이자 외교관이었던 니콜로 마키아벨리가 쓴 것으로 군주(통치자)가 어떻게 권력을 얻고, 유지하고, 행사해야 하는지에 대한 실용적인 조언을 담고 있어요.

《군주론》은 26장으로 이루어져 있으며, 크게 세 부분으로 나눌 수 있어요. 첫 부분에서는 군주국의 종류(세습 군주국, 복합 군주국, 새로 획득한 군주국 등)와 각각의 특징을 설명해요. 두 번째 부분은 군대와 방어에 관한 내용으로, 용병의 위험성과 자국민으로 구성된 군대의 중요성을 강조하죠. 마지막 부분은 군주의 성격과 행동에 관한 내용으로, 어떤 자질을 갖추고 어떻게 행동해야 성공적인 통치자가 될 수 있는지 조언하고 있어요.

《군주론》에서 가장 유명한 부분은 군주가 "사랑받는 것보다 두려움을 주는 편이 낫다"라는 주장이 나오는 17장이에요. 마키아벨리는 군주가 백성에게 사랑과 두려움을 모두 받는 게 이상적이지만, 둘 중 하나만 택해야 한다면 두려움을 받는 게 더 안전하다고 주장했죠. 사람들은 자신의 이익을 위해 쉽게 배신하지만, 처벌에 대한 두려움은 그들을 충성스럽게 만들기 때문이라고 설명했어요.

또한 마키아벨리는 군주가 때로는 사자처럼 강하고, 때로는 여우처럼 교활해야 한다고 조언했어요. 사자의 힘만으로는 덫을 피할 수 없고, 여우의 교활함만으로는 늑대를 물리칠 수 없기 때문이죠. 즉 성공적인 군주는 상황에 따라 힘과 지혜를 적절히 사용할 수 있어야 한다고 보았어요.

그는 군주가 도덕적으로 완벽할 필요는 없지만, 도덕적으로 보이는 것은 중요하다고도 했어요. 백성은 겉으로 드러나는 모습으로 판단하기 때문에, 군주는 관대하고 자비롭고 정직한 모습을 보여야 하지만, 필요할 때는 인색하고 잔인하고 교활할 수도 있어야 한다고 주장했죠.

또 다른 유명한 구절로 "목적이 수단을 정당화한다"라는 말이 있어요. 실제로 마키아벨리가 이 말을 직접 쓴 것은 아니지만 그의 사상을 잘 요약한 문장으로 알려져 있어요. 그는 군주가 때로는 도덕적이지 않은 행동(거짓말, 약속 파기, 심지어 잔인함까지도)을 해야 할 수도 있다고 주장했어요. 하지만 이는 개인적인 이익이나 즐거움을 위해서가 아니라, 국가의 안보와 번영이라는 더 큰 목적을 위해서라고 강조했죠.

마키아벨리는 '운명'과 '능력'의 관계에 대해서도 깊이 생각했어요. 그는 인간의 삶이 절반은 운명에 의해, 절반은 개인의 능력에 의해 결정된다고 보았죠. 군주는 운명의 변화에 대비하고, 자기 능력을 최대한 발휘하여 상황을 유리하게 만들어야 한다고 조언했어요.

그는 분열된 이탈리아를 통일시킬 수 있는 강력한 군주의 출현을 열망하며 책을 마무리했어요. 마키아벨리는 이상적인 통치자가 나타나

이탈리아를 통일하고 외세를 몰아내길 간절히 바랐답니다.

소설을 탐구하다

작품의 창작 배경 및 상황

《군주론》이 쓰인 배경에는 당시 이탈리아의 복잡한 정치 상황과 마키아벨리의 개인적 경험이 깊이 얽혀 있어요.

16세기 초 이탈리아는 통일된 국가가 아니라 여러 도시국가와 공화국, 군주국으로 나뉘어 있었어요. 피렌체, 베네치아, 밀라노, 나폴리, 교황령 등이 주요 세력이었죠. 이들 사이에는 끊임없는 권력 다툼과 동맹 관계의 변화가 있었고, 더 나아가 프랑스, 스페인, 신성로마제국과 같은 외국 세력들도 이탈리아반도에 간섭하고 있었어요. 이 시기를 역사학자들은 '이탈리아 전쟁 시대'(1494~1559)라고 부르기도 해요.

마키아벨리는 1498년부터 1512년까지 피렌체 공화국의 중요한 관료로 일했어요. 그는 외교 부서 책임자로서 프랑스, 교황령, 신성로마제국 등 여러 국가와의 외교 임무를 맡았고, 군사 문제에도 깊이 관여했죠. 이 기간에 그는 체사레 보르자(교황 알렉산데르 6세의 아들), 교황 율리우스 2세, 프랑스 루이 12세 등 당대의 주요 정치 인물들을 직접 만나고 관찰할 기회를 가졌어요.

그러나 1512년, 스페인군의 도움을 받은 메디치 가문이 피렌체를 장악하면서 마키아벨리는 공직에서 해임되었어요. 그는 메디치 가문에 대한 반란에 연루된 혐의로 체포되어 고문을 받기도 했죠. 결국 무죄로 풀려났지만, 피렌체 교외의 시골로 유배되었어요.

마키아벨리는 이런 좌절과 고립의 시기에 《군주론》을 집필했어요. 그는 이 책을 당시 피렌체를 실질적으로 통치하고 있던 로렌초 데 메디치에게 바쳤고, 자신의 정치적 지혜와 경험을 인정받아 다시 공직에 복귀하길 바랐죠. 그러나 로렌초는 이 책에 별다른 관심을 보이지 않았고, 마키아벨리의 바람은 이루어지지 않았답니다.

《군주론》은 마키아벨리 생전에는 출판되지 않았어요. 그가 사망한 지 5년 후인 1532년에야 처음으로 출판되었습니다. 그런데 이 책은 출판 직후부터 논란을 불러일으켰어요. 많은 사람, 특히 종교 지도자들은 마키아벨리의 냉혹한 현실주의와 도덕과 정치를 분리하는 접근법에 충격을 받았죠. 이 때문에 1559년에는 가톨릭교회의 '금서 목록'에 오르기도 했답니다.

《군주론》이 쓰인 르네상스 시대는 고대 그리스와 로마의 고전 문화가 부활하고, 인간과 세속적인 가치에 관심이 높아지던 시기였어요. 마키아벨리는 이런 시대 흐름 속에서 정치를 신학이나 도덕에서 분리하여 독자적인 학문으로 다루기 시작한 선구자였죠. 그는 고대 로마의 역사와 동시대의 정치 상황을 면밀히 연구하며, 통치의 실제적인 기술과 원리를 찾아내고자 했어요.

마키아벨리가 바랐던 이탈리아의 통일은 그가 살아있는 동안 이루어지지 않았지만, 그의 저서는 후대의 정치사상과 실제 정치에 엄청난 영향을 미쳤어요. 오늘날 우리가 '마키아벨리적'이라는 표현을 교활하고 냉혹한 정치 행태를 묘사하는 데 사용하는 것만 보아도, 그의 사상이 얼마나 강력한 인상을 남겼는지 알 수 있답니다.

지은이 알아보기

니콜로 마키아벨리(Niccolò Machiavelli, 1469~1527):

마키아벨리는 이탈리아 피렌체 출신의 정치 철학자, 외교관, 작가로, 근대 정치사상의 창시자 중 한 사람으로 평가받고 있어요.

마키아벨리는 1469년 5월 3일 피렌체의 중산층 가정에서 태어났어요. 그의 아버지 베르나르도는 변호사였고, 적지 않은 토지를 소유한 지주이기도 했죠. 마키아벨리는 청소년기에 인문주의 교육을 받았고, 라틴어에 능통했으며 고대 로마 역사와 문학에 깊은 관심을 가졌어요.

그가 공직에 입문한 것은 1498년, 29세 때였어요. 당시 피렌체는 사보나롤라라는 수도사가 이끄는 종교적 독재 체제가 무너지고, 새로운 공화정이 수립되는 변화를 겪고 있었죠. 마키아벨리는 새 정부에서 '십인 평의회'의 서기로 임명되어 외교와 군사 문제를 담당하게 되었어요.

마키아벨리는 1498년부터 1512년까지 14년 동안 피렌체 공화국의 중요한 관료로 일했습니다. 그는 프랑스, 교황령, 신성로마제국 등에 외교 사절로 파견되었고, 이 과정에서 당대 유럽의 주요 정치 인물들을 만나고 관찰할 기회를 가졌죠. 특히 그는 체사레 보르자(교황 알렉산데르 6세의 아들)의 대담하고 과감한 정치 행보에 깊은 인상을 받았는데, 이 인물은 나중에《군주론》에서 이상적인 '새로운 군주'의 모델로 다뤄져요.

마키아벨리는 피렌체의 군사 개혁에도 힘썼어요. 그는 용병에 의존하던 당시 이탈리아 도시국가들의 관행을 비판하고, 시민으로 구성된 민병대의 창설을 주장했죠. 이는 후에《군주론》과《전쟁론》에서 중요한 주제로 다루어졌답니다.

그러나 1512년, 마키아벨리의 공직 생활은 갑작스럽게 끝났어요. 스페인군의 도움을 받은 메디치 가문이 피렌체를 장악하고 공화정을 무너뜨렸기 때문이죠. 마키아벨리는 해임되었고, 유배됩니다. 그는 유배 생활 동안 자신의 가장 유명한 저서들을 집필했어요.《군주론》외에도《로마사 논고》,《피렌체사》,《전쟁론》같은 정치적, 역사적 저술과 함께《만드라골라》같은 희곡도 썼죠. 특히《만드라골라》는 르네상스 시대 최고의 희곡 중 하나로 평가받고 있어요.

마키아벨리는 공직에 복귀하길 원했지만, 그의 바람은 거의 이루어지지 않았어요. 1526년에야 메디치 가문으로부터 피렌체 성벽 보강 작업을 감독하는 소소한 임무를 맡을 수 있었죠. 그러나 이듬해인 1527년, 신성로마제국 군대가 로마를 약탈하는 사건(사코 디 로마)이 일어나자, 피렌체 시민이 다시 한번 메디치 가문을 쫓아내고 공화정을 수립했어요. 아이러니하게도 마키아벨리는 새로운 공화정에서는 메디치 가문과 너무 가까웠다는 이유로 관직을 얻지 못했고, 실망 속에 병을 얻어 1527년 6월 21일, 58세의 나이로 세상을 떠났답니다.

마키아벨리는 정치학을 독자적인 학문 분야로 발전시킨 선구자로 평가받고 있으며, 근대 정치사상의 창시자 중 한 사람으로 인정받고 있죠. 특히 그의 현실주의적 접근법은 이상적인 정치 체제를 논하던 기존의 전통과 달리, 실제 정치 현실을 있는 그대로 분석하고 권력의 메커니즘을 이해하려 했다는 점에서 획기적이었답니다.

르네상스 시대의 이탈리아

마키아벨리가 살았던 15~16세기에 이탈리아는 르네상스의 중심지였어요. 이 시기 이탈리아에서는 예술, 문학, 철학, 과학 등 여러 분야에서 놀라운 발전이 이루어졌죠. 레오나르도 다 빈치(1452~1519), 미켈란젤로(1475~1564), 라파엘로(1483~1520) 같은 위대한 예술가들이 활동했고, 단테(1265~1321), 페트라르카(1304~1374), 보카치오(1313~1375) 같은 문학가들이 르네상스 문학의 선구자로서 많은 걸작을 남겼어요. 이들은 인문주의Humanism를 내세웠는데, 중세의 신 중심 세계관에서 벗어나 인간을 세계의 중심에 둔 사상으로 인간의 이성과 능력, 행복을 중시했어요. 이런 새로운 움직임을 르네상스라고 하는데 고대 그리스와 로마의 고전 문화를 재발견하고 부활시키려는 시도였어요. 종교적 권위보다는 개인의 이성과 자율성을 강조하며, 인간의 현재와 현실적 삶을 중요하게 생각했죠. 마키아벨리도 이런 인문주의 교육을 받았고, 고대 로마의 역사와 문학에 정통했어요.

마키아벨리가 《군주론》을 쓴 배경

르네상스 시기 이탈리아는 통일된 국가가 아니라 여러 도시국가와 공화국, 군주국으로 나뉘어 정치적으로 복잡한 상황이었어요. 피렌체, 베네치아, 밀라노, 나폴리, 교황령 등이 주요 세력이었고, 이들 사이에는 끊임없는 권력 다툼과 동맹 관계의 변화가 있었어요. 더 나아가 프랑스, 스페인, 신성로마제국 같은 외국 세력들도 이탈리아반도에 깊이 관여하고 있었죠.

마키아벨리가 살았던 피렌체는 이탈리아에서 중요한 도시 중 하나였어요. 피렌체는 메디치 가문이 실질적으로 지배하는 도시였지만, 1494년 프랑스 샤를 8세의 침공으로 메디치 가문이 쫓겨나고 공화정이 수립되었죠. 그러나 1512년 스페인군의 도움을 받은 메디치 가문이 다시 피렌체를 장악했고, 마키아벨리는 이때 공직에서 해임되었어요.

르네상스 시대 이탈리아의 도시들은 경제적으로 번영했어요. 특히 베네치아, 제노바, 피렌체 같은 도시들은 지중해 무역의 중심지로, 동방에서 들여온 사치품을 유럽 전역에 공급했죠. 피렌체는 은행업과 모직물 산업으로 유명했는데, 메디치 가문은 유럽에서 가장 강력한 은행가 가문이었어요.

그러나 15세기 말부터 이탈리아의 경제적 우위는 조금씩 약화돼요. 1453년 오스만 튀르크가 콘스탄티노플을 점령하면서 동방 무역로가 위협받았고, 포르투갈과 스페인이 새로운 항로를 개척하면서 지중해 무역의 중요성이 감소했죠. 이런 경제적 어려움은 이탈리아 도시국가들의 정치적 취약성과 맞물려, 외국 세력이 개입하기에 더욱 쉬운 상황을 조성했어요. 이런 배경에서 마키아벨리는 《군주론》을 통해 강력한 통치자의 필요성을 주장했어요. 그는 이탈리아의 분열과 외국 세력의 침략을 끝내기 위해서는 단호하고 현명한 군주가 필요하다고 했죠. 특히 그는 체사레 보르자 같은 인물을 모델로 삼아, 새로운 질서를 세우고 이탈리아를 통일할 수 있는 '새로운 군주'의 모습을 그렸어요.

마키아벨리가 이상으로 생각한 로마 5현제 시대

《군주론》에서 마키아벨리는 여러 역사적 사례를 통해 자신의 정치이론을 설명했어요. 특히 그는 고대 로마 역사를 사례로 많이 들었는데, 그중에서도 '로마 5현제' 시대는 그에게 중요한 참고 대상이었죠.

로마 5현제는 아우렐리우스의 《명상록》에서 살펴보았듯이 서기 96년부터 180년까지 로마 제국을 통치한 네르바, 트라야누스, 하드리아누스, 안토니누스 피우스, 마르쿠스 아우렐리우스 다섯 황제를 가리켜요. 이 시기를 '로마의 평화' 또는 '안토니누스 시대의 평화'라고도 하며, 로마 제국 역사상 가장 안정되고 번영한 시대로 평가하고 있어요.

마키아벨리는 《군주론》에서 5현제 시대의 양자 제도를 통한 계승이 혈연적 세습보다 더 안정적인 통치를 가져올 수 있다고 보았죠. 마키아벨리는 "능력이 있는 자를 양자로 받아들인 황제들이 통치한 시기에 신민들은 행복하게 살았고, 그 황제들은 영광스럽게 살다가 죽었다"라고 평가했어요.

마키아벨리는 5현제가 보여 준 군사적 역량과 영토 수호 능력도 높이 평가했어요. 특히 트라야누스의 군사적 성공과 하드리아누스의 국경 방어 정책은 그가 《군주론》에서 강조한 군주의 중요한 자질이었죠. 마키아벨리는 군주가 "전쟁과 전쟁의 규율과 훈련만을 생각해야 한다"라고 주장했는데, 이는 5현제가 보여 준 군사적 경계심을 반영한 것이라고 볼 수 있어요.

마키아벨리는 특히 마르쿠스 아우렐리우스의 통치를 높이 평가했어요. 마르쿠스 아우렐리우스는 철학자 황제로 알려져 있는데, 그의 책 《명상록》은 스토아 철학의 고전으로 꼽히죠. 마키아벨리는 마르쿠스 아우렐리우스가 보여준 지혜와 자제력, 그리고 공공의 이익을 위한 헌신을 이상적인 통치자의 자질로 여겼어요. 그러나 동시에 그는 마르쿠스 아우렐리우스가 자기 아들 코모두스에게 제위를 물려준 것을 비판했어요. 코모두스는 폭군으로 변해 5현제 시대의 안정을 무너뜨렸기 때문이죠.

마키아벨리가 생각한 이상적 군주

마키아벨리는 5현제의 통치 방식을 그대로 자신의 시대에 적용할 수는 없다고 생각했어요. 16세기 이탈리아의 상황이 고대 로마와는 매우 다르다는 것을 알고 있었고, 그에 맞는 새로운 통치 원리가 필요하다고 보았죠. 특히 그는 이탈리아의 분열과 외국 세력의 개입이라는 시급한 문제를 해결하기 위해 5현제보다 더 단호하고 때로는 도덕적 제약에 구애받지 않는 통치자가 필요하다고 생각했어요.

마키아벨리의 역사관에서 중요한 것은 '순환 이론'이었어요. 그는 국가와 정부 형태가 좋은 상태에서 나쁜 상태로, 그리고 다시 좋은 상태로 순환한다고 믿었죠. 그의 관점에서 로마 제국은 이런 순환의 좋은 예였어요. 로마는 왕정에서 공화정으로, 다시 제정으로 변화했고, 제정 내에서도 좋은 황제들(5현제)과 나쁜 황제들이 번갈아 가며 등장했으니까요. 그는 이런 역사적 패턴을 이해하여 현재와 미래의 정치를, 특히 이탈리아의 통일 가능성을 예측하고자 했어요.

그는 동시에 현실 정치의 복잡성과 인간 본성의 약점도 깊이 인식하고 있었어요. 그래서《군주론》은 이상적인 모델뿐만 아니라, 권력을 획득하고 유지하기 위한 실용적이고 때로는 비도덕적인 조언도 담고 있답니다.

마키아벨리의 정치사상이 근대적인 이유

《군주론》이 출판된 16세기는 유럽이 중세에서 근대로 바뀌는 시기로 정치, 경제, 종교, 문화 등 여러 면에서 큰 변화가 일어났어요.

이미 15세기에 들어서면서 중세적 질서는 무너지기 시작했어요. 르네상스의 인문주의적 사고방식, 인쇄술의 발명으로 인한 지식의 확산, 신항로 개척으로 인한 세계 무역의 발전, 그리고 종교 개혁의 시작으로 인해 교황의 권위는 약화되고 국왕의 권력이 강해졌죠.

마키아벨리는 이런 변화를 반영하면서 근대 정치사상의 토대를 마련했어요. 중세 시대 기독교 사상가들은 정치권력은 신에게서 온다고 보았고, 통치자는 신의 대리인으로서 기독교적 덕성에 따라 통치해야 한다고 주장했어요. 그러나 마키아벨리는 이런 기독교적 정치사상을 비판하면서 새로운 정치사상을 제시했어요. 그의 가장 중요한 혁신은 정치를 종교와 도덕에서 분리한 것이죠. 중세의 정치사상가들이 "통치자는 어떻게 행동해야 하는가?"라는 도덕적 질문을 던졌다면, 마키아벨리는 "통치자는 어떻게 권력을 얻고 유지할 수 있는가?"라는 현실적 질문을 던졌어요. 그는 정치적 성공이 도덕적 선함에 달려 있지 않다고 보았고, 때로는 통치자가 도덕적이지 않은 행동을 해야 할 수도 있다고 주장했어요.

마키아벨리 정치사상에서 또 다른 중요한 점은 근대적 의미의 '국가' 개념을 발전시킨 것이에요. 마키아벨리에게 국가는 통치자의 개인적 소유물이 아니라, 보존하고 강화해야 할 독립적인 정치 실체였어요. 그는 국가의 이익이 통치자 개인의 이익보다 우선한다고 보았죠.

마키아벨리는 군사력의 중요성도 강조했어요. 그는 《군주론》에서 "모든 국가는 좋은 법과 좋은 군대라는 두 가지 기초 위에 서 있다"라고 주장했고, 특히 자국민으로 구성된 시민군이 필요하다고 했어요. 이는 당시 이탈리아 도시국가들이 용병에 의존하던 관행을 비판한 것이었어요. 마키아벨리는 용병들이 돈만 받고 충성심은 없어서 신뢰할 수 없다고 보았고, 오직 자국의 시민만이 진정으로 국가를 위해 싸울 것이라고 믿었죠.

이러한 마키아벨리의 사상은 후대의 정치사상에 깊은 영향을 미쳤어요. 토머스 홉스, 존 로크, 장 자크 루소 같은 사상가들은 마키아벨리의 현실주의적 접근 방식에 영향을 받아 국가의 본질과 목적에 대한 그의 생각을 발전시켰죠.

마키아벨리의 사상은 근대 국가의 발전에도 실질적인 영향을 미쳤어요. 그의 저술은 16-17세기 유럽의 군주들에게 널리 읽혔고, 특히 군주의 절대권력을 강화하는 '절대주의'의 이론적 기반이 되었죠. 프랑스의 루이 14세, 프로이센의 프리드리히 대왕 같은 군주들은 마키아벨리의 조언을 나름대로 해석하여 적용했답니다.

그러나 마키아벨리의 사상은 오랫동안 논쟁의 대상이 되었어요. 일부는 그를 비도덕적인 권력 정치의 옹호자로 비난했고, 다른 이들은 현실주의적 정치 과학의 창시자로 높이 평가했어요. 오늘날 많은 학자는 마키아벨리를 단순히 비도덕적인 사상가로 보기보다는 그의 사상이 가진 복잡성과 역사적 맥락을 이해하려고 노력하고 있어요. 그의 현실주의적 관점은 여전히 국제 관계학과 정치학의 중요한 이론적 기반이 되고 있답니다.

베니스의 상인
살 1파운드와 자비의 무게

달빛이 있었을 땐 촛불을 못 봤어요.
큰 영광은 그처럼 작은 것의 빛을 죽여.

《베니스의 상인》, 윌리엄 셰익스피어, 민음사, 2010

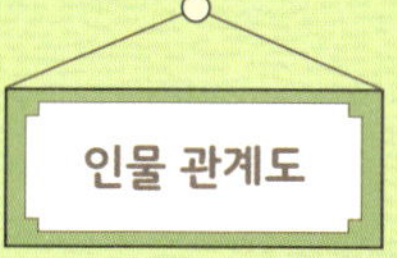

베니스의
부유한 상인

안토니오가 돈을 빌리는
유대인 고리대금업자

안토니오의 친구

바사니오의 아내

베니스의 부유한 상인 안토니오는 친구 바사니오가 아름다운 벨몬트의 여주인 포셔에게 구혼하기 위한 돈이 필요하다고 하자, 그를 돕기로 결심해요. 하지만 안토니오의 모든 재산은 무역선에 실려 바다 위에 있었기 때문에, 그는 유대인 고리대금업자 샤일록에게 3천 다카트를 빌리기로 해요.

샤일록은 평소 안토니오가 자기를 유대인이라는 이유로 멸시하고 자기의 대금업을 비난했던 것에 앙심을 품고 있었어요. 그래서 이번 기회에 그는 특이한 조건을 제시했어요. 만약 안토니오가 정해진 날짜에 돈을 갚지 못하면, 샤일록은 안토니오의 몸에서 1파운드의 살점을 도려낼 수 있다는 것이었죠. 안토니오는 자기 배들이 반드시 귀환할 것이라 확신하며 이 위험한 계약에 서명해요.

바사니오는 그 돈으로 벨몬트에 가서 포셔에게 구혼해요. 포셔의 아버지는 죽으면서 포셔의 남편을 정하는 방법으로 세 개의 상자(금, 은, 납) 중 하나를 선택하는 시험을 마련했어요. 바사니오는 납 상자를 선택하고, 이것이 올바른 선택이었기에 포셔의 남편이 되었어요.

하지만 기쁨도 잠시, 나쁜 소식이 전해져요. 안토니오의 모든 재산이 실려 있던 배가 난파되어 그는 샤일록에게 빚을 갚을 수 없게 되었고, 샤일록은 계약대로 그의 살점을 도려내겠다고 법정에 소송을 제기한 것이죠.

포셔는 이 소식을 듣고 법률가로 변장하여 베니스 법정에 나타납니다. 그녀는 먼저 샤일록에게 자비를 베풀어 달라고 호소하지만, 샤일록은 완강히 거부해요. 포셔는 샤일록이 법적으로 안토니오의 살점을 가질 권리가 있음을 인정하지만, 한 가지 중요한 조건을 덧붙여요. 그가 정확히 1파운드의 살점만 취해야 하며, 단 한 방울의 피도 흘려서는 안 된다는 것이었죠. 이것은 불가능한 조건이었고, 샤일록은 결국 패소하게 돼요.

이에 더해 포셔는 샤일록이 베니스 시민의 생명을 노렸기 때문에 재산의 반은 안토니오에게, 반은 베니스 국가에 귀속된다고 선언해요. 안토니오는 자기 몫을 포기하는 대신 샤일록에게 기독교로 개종하고, 유산을 그의 딸 제시카와 그녀의 기독교인 남편 로렌조에게 남기도록 요구해요. 법정에서는 이 모든 조건을 받아들여 샤일록은 패배하고 굴욕을 당하게 되죠.

이야기는 벨몬트로 돌아온 포셔와 바사니오, 포셔의 시녀 네리사와 결혼한 바사니오의 친구 그라샤노의 행복한 재회로 마무리됩니다.

소설을 탐구하다

작품의 창작 배경 및 상황

《베니스의 상인》은 윌리엄 셰익스피어가 1596~1599년경 집필한
희곡이에요. 이 작품은 처음에는 '베니스의 유대인'이라는 제목으로 알
려졌죠. 이 희곡은 셰익스피어의 초기 작품 중 하나로, 비극적 요소와
희극적 요소가 섞인 '문제극' 또는 '암울한 희극'으로 분류되곤 해요.

셰익스피어가 이 작품을 쓴 16세기 말 영국에서는 유대인에 대한
적대감이 널리 퍼져 있었어요. 1290년부터 영국에서는 공식적으로
유대인이 추방된 상태였고, 1655년까지 재입국이 허용되지 않았어
요. 그래서 영국인 대부분은 실제 유대인을 만난 적이 없었고, 오직 편
견과 고정관념으로만 그들을 판단했죠.

이 시기 런던에서는 크리스토퍼 말로의 《몰타의 유대인》이라는 희
곡이 인기를 끌었는데, 이 작품에서 유대인 주인공 바라바스는 악랄하
고 탐욕스러운 인물로 묘사됐어요. 셰익스피어의 《베니스의 상인》은
이런 편견을 일부 반영해 묘사하면서도, 동시에 샤일록에게 인간적인

면모와 동기를 부여함으로써 더 복잡한 인물로 그려냈죠.

이 시기는 영국이 국제 무역과 금융에서 중요한 위치를 차지하던 때이기도 했어요. 특히 베니스는 국제 무역의 중심지로, 다양한 문화와 종교가 공존하는 도시였지요. 셰익스피어는 이러한 상업적, 문화적 배경을 작품의 주요 무대로 삼았어요.

《베니스의 상인》은 여러 출처에서 영감을 받았지만, 가장 직접적인 원천은 이탈리아 작가 지오반니 피오렌티노의 《일 페코로네》에 수록된 이야기였어요. 이 이야기에서도 채권자가 채무자의 살점을 요구하는 계약과 현명한 법관으로 변장한 여성이 나오죠. 셰익스피어는 이 이야기에 포셔의 구혼자 선택을 위한 테스트와 반지 에피소드 등 다른 요소들을 추가하여 더 복잡하고 풍부한 서사를 만들어 냈답니다.

《베니스의 상인》은 1600년경에 처음 출판되었고, 그 이후로 꾸준하게 인기 있는 공연 소재가 되었어요. 그러면서 시대에 따라 작품에 대한 해석도 크게 달라졌어요. 특히 홀로코스트 이후, 샤일록 캐릭터와 작품의 반유대주의적 요소에 대한 비판적 논의가 활발해졌어요. 오늘날 많은 공연에서 샤일록을 단순한 악당이 아닌, 사회적 차별과 편견의 희생자로 묘사하며 작품의 도덕적 복잡성을 강조하고 있답니다.

윌리엄 셰익스피어(William Shakespeare, 1564~1616):

셰익스피어는 위대한 극작가이자 시인으로 평가받고 있어요.

그의 교육 배경은 확실하지 않지만, 지역의 그래머 스쿨에 다니며 라틴어와 고전 문학을 배웠을 것으로 추측되고 있어요. 셰익스피어는 18세였던 1582년, 8살 많은 앤 해서웨이와 결혼했어요. 그들은 딸 수잔나와 쌍둥이 햄넷과 주디스를 낳았지만, 안타깝게도 햄넷은 11살 때 사망했죠.

셰익스피어의 삶에는 '잃어버린 시절'이라고 불리는 기간이 있어요. 1585년부터 1592년까지 그의 활동에 대한 기록이 거의 없기 때문이에요. 이후 1592년에 그는 런던에서 배우이자 극작가로 활동했고, 당시 비평가 로버트 그린으로부터 언급되기도 했어요.

셰익스피어는 1594년, '주님의 사람들'이라는 극단의 단원이자 공동 소유주가 되었어요. 이 극단은 나중에 제임스 1세의 후원을 받아 '국왕의 사람들'로 이름이 바뀌었죠. 1599년에 그들은 템스강 남쪽에 '글로브 극장'을 세웠고, 이곳에서 셰익스피어의 많은 작품이 공연되었어요.

셰익스피어는 37~40편의 희곡, 154편의 소네트(14행의 짧은 시), 몇 편의 긴 서사시를 남겼어요. 그의 희곡은 크게 비극, 희극, 역사극, 로맨스극 네 가지로 나눌 수 있어요. 비극 작품으로는 《햄릿》, 《맥베스》, 《리어왕》 등이 있고, 희극 작품으로는 《한여름 밤의 꿈》, 《십이야》 등이 있어요. 또한 셰익스피어는 역사극으로 《헨리 4세》, 《리처드 3세》

등을 썼고, 로맨스극으로는 《템페스트》, 《겨울 이야기》 등을 썼죠. 그는 많은 작품에서 인간의 조건, 사랑, 권력, 배신, 질투, 야망 등 보편적인 주제를 다루며, 복잡하고 깊이 있는 인물들을 창조했어요.

셰익스피어는 영어와 문학에 많은 영향을 미쳤어요. 그는 1700개 이상의 새로운 단어를 만들어 냈고, 수많은 표현과 관용구가 그의 작품에서 비롯되었죠. 오늘날까지도 그의 작품은 전 세계에서 가장 많이 공연되고, 번역되고, 연구되는 문학 작품 중 하나랍니다.

이탈리아에서 시작된 르네상스 시대

《베니스의 상인》이 쓰인 16세기 말, 유럽의 르네상스는 절정기였어요. '르네상스'는 '재탄생'이라는 뜻의 프랑스어로, 고대 그리스와 로마의 문화가 다시 태어났다는 의미를 담고 있어요. 14세기 이탈리아에서 시작된 이 문화 운동은 16세기에 이르러 전 유럽으로 확산되었죠. 르네상스 시대에는 인문주의가 중요한 사상적 흐름이었어요. 인문주의자들은 인간의 가치와 잠재력을 강조하며, '인간은 만물의 척도'라고 생각했죠. 그들은 중세의 신 중심 세계관에서 벗어나, 인간과 자연을 더 중요하게 생각했어요.

이 시기에는 예술과 학문이 크게 발전했어요. 레오나르도 다 빈치, 미켈란젤로, 라파엘로 같은 위대한 예술가들이 활동했고, 인쇄술의 발명으로 책이 널리 보급되면서 지식이 확산되었죠. 코페르니쿠스와 갈릴레오의 천문학적 발견(태양계의 중심이 지구가 아니라 태양이라는 우주관)은 지구 중심의 우주관을 뒤흔들었고, 새로운 과학적 방법론이 등장했어요.

대항해 시대와 겹치는 이 시기에 유럽인은 아메리카 대륙을 발견하고, 아프리카와 아시아로의 새로운 무역로를 개척하면서 국제 무역이 활발해지고 상업과 금융이 발달했죠. 특히 베니스, 제노바, 앤트워프, 런던 같은 도시들은 국제 무역의 중심지로 번영했어요.

한편 16세기 초 마르틴 루터가 시작한 종교개혁으로 개신교가 전통적인 가톨릭에서 분리되면서 유럽은 종교적으로 분열되었어요. 이로 인한 종교 갈등과 전쟁이 여러 지역에서 일어났죠.

영국에서는 헨리 8세가 1534년 로마 가톨릭교회와 결별하고 영국 국교회를 설립했어요. 셰익스피어가 활동했던 엘리자베스 1세(1558-1603) 때는 영국 역사의 황금기로 불려요. 이 시기에 문학, 음악, 과학이 번창했고, 영국은 해군력에 힘입어 강대국으로 부상했어요.

《베니스의 상인》은 이런 르네상스 시대의 복잡한 사회적, 문화적 배경 속에서 탄생했어요. 작품 속 베니스는 다양한 문화와 종교가 공존하는 국제적인 도시로, 상업과 금융의 중심지였죠. 안토니오는 모험적인 해상 무역에 투자하는 상인으로, 르네상스 시대의 새로운 상업 정신을 대표하는 인물이에요. 반면 샤일록은 전통적인 고리대금업자로, 당시에는 법적으로 제한받던 직업이었죠.

르네상스 시대에는 고전 문학이 재발견되면서 희극과 비극의 새로운 형식이 발전했어요. 셰익스피어는 이런 전통을 받아들이면서도 독창적인 방식으로 변형시켰죠.《베니스의 상인》은 르네상스 시대의 문화적, 사회적 쟁점들을 담고 있는 작품으로, 당시의 가치관과 갈등을 생생하게 보여주고 있답니다.

유럽의 유대인과 반유대주의의 역사

《베니스의 상인》을 제대로 이해하려면 유럽 역사에서 유대인이 어떤 위치에 있었는지, 그리고 반유대주의가 어떻게 발전했는지 알아야 해요. 유대인의 유럽 이주는 로마 시대부터 시작됐어요. 로마가 예루살렘을 정복하고 유대 지방을 지배하며 많은 유대인이 유럽 전역으로 흩어진 것을 '디아스포라(diaspora: 흩어짐)'라고 해요.

중세 유럽에서 유대인은 '다른 이들'로 취급받았어요. 그들은 기독교가 지배적인 사회에서 자기들의 종교와 문화를 유지했기 때문에, 종종 의심과 적대감의 대상이 되었죠. 유대인은 직업에 제약이 많았고, 토지 소유도 금지되었어요. 또한 특별한 표식이나 의복을 착용하도록 강요받았어요.

중세 시대 중 특히 십자군 원정기에 유대인에 대한 폭력이 심했어요. 1096년 제1차 십자군 원정 중에 많은 유대인 공동체가 기독교 군대에 의해 공격받았고, 수천 명이 학살당했죠. 14세기 페스트(흑사병) 창궐 시기에는 유대인이 우물에 독을 풀어 질병을 퍼뜨렸다는 악의적인 소문으로 인해 많은 유대인 공동체가 파괴되기도 했어요.

유대인이 금융업, 특히 고리대금업에 종사하게 된 것은 역사적 상황 때문이었어요. 중세 기독교 사회에서는 이자를 받고 돈을 빌려주는 행위가 '고리대금'으로 간주되어 금지되었지만, 유대인은 이런 종교적 제약을 받지 않았죠. 동시에 그들은 여러 직업과 토지 소유에서 배제되었기 때문에, 금융업은 그들이 생계를 꾸릴 수 있는 몇 안 되는 방법 중 하나였어요. 그러나 이에 따라 유대인은 탐욕스럽고 착취적이며

‘돈에 집착하는 고리대금업자’라는 편견이 형성되었죠.

여러 나라에서 유대인은 추방과 박해를 경험했어요. 영국에서는 1290년에 에드워드 1세가 모든 유대인을 추방했고, 스페인에서는 1492년 페르디난드와 이사벨라가 ‘알함브라 칙령’을 통해 유대인에게 개종 아니면 추방을 선택하도록 했죠. 많은 유대인이 북아프리카, 오스만 제국, 그리고 이탈리아의 일부 도시로 이주했어요.

베니스는 당시 유럽에서 상대적으로 유대인에게 관용적인 도시 중 하나였지만, 여전히 제약이 많았어요. 1516년부터 베니스의 유대인은 ‘게토’라고 불리는 특정 구역에서만 살도록 강제되었고, 밤에는 게토의 문이 닫혔죠. 이것이 최초의 유대인 게토였고, 이 용어는 오늘날까지 소수집단 거주 지역을 가리키는 말로 사용되고 있어요.

셰익스피어가 《베니스의 상인》을 쓸 당시인 16세기 말 영국에는 공식적으로 유대인이 거의 없었어요. 1290년 추방령 이후로 유대인의 재입국은 1656년까지 공식적으로 허용되지 않았기 때문이죠. 따라서 셰익스피어와 당시 영국인은 실제 유대인을 거의 접하지 못했고, 대부분 편견과 고정관념을 갖고 그들을 인식했어요.

《베니스의 상인》 속 샤일록 캐릭터는 이런 역사적 배경 속에서 탄생했어요. 셰익스피어는 그에게 ‘악랄한 고리대금업자’라는 당시 유대인에 대한 편견을 반영했지만, 동시에 인간적인 동기와 감정을 부여함으로써 더 복잡한 인물로 그려냈죠. 특히 샤일록의 유명한 독백 “유대인에게도 눈이 있지 않나?”라는 구절은, 유대인도 다른 모든 인간과 마찬가지로 감정이 있는 존재임을 강조하고 있어요.

중세와 르네상스 시대의 법과 정의 개념

《베니스의 상인》에는 법정 장면이 있어요. 이 장면은 단순한 드라마를 넘어 중세에서 르네상스로 넘어가는 시기의 법과 정의 개념의 변화를 보여주고 있어요.

중세 유럽의 법은 주로 관습법, 봉건법, 교회법(카논법)으로 구성되어 있었어요. 관습법은 지역의 전통과 관습에 기반한 법이었고, 봉건법은 영주와 봉신 간의 관계를 규율했으며, 교회법은 종교적 문제와 도덕에 관한 법이었죠. 이런 다양한 법체계가 중첩되어 있었기 때문에, 종종 어떤 법을 적용할지에 대한 갈등이 생겼어요.

중세 법정에서는 '계약의 신성함'이 매우 중요했어요. 계약은 단순한 합의가 아니라 종교적, 도덕적 약속으로 여겨졌죠. 《베니스의 상인》에서 샤일록이 계약 문서에 집착하는 것은 이러한 배경에서 이해할 수 있어요. 그는 자신과 안토니오 사이의 계약이 법적으로 유효하기에 반드시 지켜져야 한다고 주장하죠.

반면, 르네상스 시대에는 법에 대한 새로운 접근이 발전하기 시작했어요. 로마법의 재발견과 함께 더 체계적이고 이성적인 법체계가 발전했죠. 특히 자연법 개념이 중요해졌는데, 이는 모든 인간이 태어날 때부터 가지는 기본적인 권리와 의무가 있다는 생각이에요.

포셔는 법정 장면에서 처음에는 샤일록의 계약권을 인정하면서도, 나중에는 '피 한 방울도 흘려서는 안 된다'라는 조건을 덧붙임으로써 형식적인 법 준수를 넘어서는 정의의 개념을 제시해요. 그녀는 또한 자비의 중요성을 강조하며, 법적 정의를 넘어서는 더 높은 도덕적 가치를 호소하고 있어요. "자비는 강요되는 것이 아니라… 비처럼 하늘에서 내려오는 것"이라는 포셔의 유명한 대사는 엄격한 법 집행보다 자비로운 판단이 더 중요할 수 있다는 르네상스 시대의 새로운 사고방식을 반영하고 있어요.

한편, 작품 속에서 베니스 법정은 '이방인'인 샤일록에게도 계약상의 권리를 인정해 주는 것으로 묘사돼요. 이는 베니스가 국제 무역의 중심지로서 다양한 출신의 상인들에게 공정한 법적 보호를 제공했다는 역사적 사실을 반영해요. 베니스에는 당시 유럽에서 가장 발달된 상업 법체계가 있었고, 이것이 베니스의 번영에 중요한 역할을 했죠.

그러나 작품의 결말에서 샤일록은 베니스 법에 따라 기독교인의 생명을 위협했다는 이유로 재산을 몰수당하고 개종을 강요받아요. 이는 당시 비기독교도가 법적으로 완전한 평등을 누리지 못했음을 보여주는 것이죠. 중세와 르네상스 시대 유럽의 많은 지역에서 유대인은 특별세를 내야 했고, 법적 보호도 제한적이었어요.

《베니스의 상인》은 이처럼 계약과 법, 정의와 자비, 권리와 차별이라는 복잡한 법적, 도덕적 문제를 다루고 있어요. 작품 속 법정 장면은 단순히 선과 악의 대결이 아니라, 서로 다른 법적 원칙과 문화적 가치가 충돌하는 장이라고 볼 수 있죠.

이러한 법과 정의에 대한 탐구는 오늘날까지도 우리에게 많은 생각할 거리를 던져 줘요. 법의 문자적 적용만으로 진정한 정의가 실현될 수 있는지, 법적 권리와 도덕적 의무는 어떤 관계인지, 다른 문화와 종교를 가진 사람들 사이에서 공정한 법체계는 어떻게 구성되어야 하는

지 등의 질문은 현대 사회에서도 여전히 중요한 쟁점이랍니다.

근대 상업 자본주의의 발달과 베네치아

《베니스의 상인》의 배경이 되는 이탈리아의 도시 베니스는 중세 말부터 르네상스 시대까지 유럽에서 중요한 상업 도시 중 하나였어요. 베니스의 역사와 경제적 발전은 작품 속 인물들의 갈등을 이해하는 데 중요한 맥락을 제공해요. '베니스'라는 지명은 영어 표기이고, 이탈리아어로는 '베네치아(Venezia)'라고 표기합니다. 그래서 이 항목에서는 본래 도시의 이름을 존중하여 '베네치아'라고 표기할게요.

베네치아는 아드리아해의 석호 위에 세워진 독특한 도시로, 처음에는 5세기경 게르만족의 침략을 피해 온 이탈리아 본토 사람들이 정착했어요. 지리적으로 바다로 둘러싸여 있어 외부 침략으로부터 안전했고, 동시에 해상 무역에 유리한 위치를 차지하고 있었죠. 베네치아는 11~13세기에 십자군 원정을 통해 크게 성장했어요. 십자군을 성지로 수송하는 배를 제공하고, 동방과의 무역을 확대하면서 엄청난 부를 축적했죠. 특히 1204년 제4차 십자군 원정 때 베네치아인이 콘스탄티노플(현재의 이스탄불)을 약탈하면서, 베네치아는 동지중해를 지배하는 해상 세력이 되었어요.

14~15세기 베네치아는 황금기를 맞이했어요. 동양에서 가져온 향신료, 비단, 면직물 등의 사치품을 유럽에 판매하며 무역의 중심지로 자리 잡았죠. 베네치아 상인들은 값비싼 동양 상품을 사들이기 위해 많은 자본이 필요했고, 이러한 필요는 새로운 금융 제도를 발달시켰어

요. 특히 베네치아는 근대적 은행 제도와 보험 제도의 발상지 중 하나
였어요. 해상 무역은 위험이 컸기 때문에, 상인들은 그 위험을 분산시
키기 위해 여러 투자자로부터 돈을 모아 한 척의 배에 투자했죠. 이것
이 바로《베니스의 상인》에서 안토니오가 여러 배에 분산 투자한 이
유예요. 또한 베네치아 두카트라는 화폐는 국제 무역에서 널리 사용될
만큼 안정적이고 신뢰할 수 있는 화폐였답니다.

베네치아의 상업적 성공은 그 도시의 정치 체제와도 관련이 있었어
요. 베네치아는 '세레니시마 레푸블리카'라 불리는 귀족 공화정을 유
지했어요. 도제라는 수장이 있었지만, 실질적인 권력은 상인 귀족들로
구성된 '대의회'가 행사했지요. 이들은 무역과 상업을 촉진하는 정책
을 실행하며 베네치아의 번영을 이끌었어요.

베네치아의 다양한 상업 활동 중에서도 금융업은 주로 유대인이 담
당했어요. 1516년부터 베네치아의 유대인은 '게토'라는 특정 구역에
거주해야 했지만, 그들의 금융 활동은 도시 경제에 중요한 역할을 했
어요. 기독교인은 종교적 이유로 고리대금업을 할 수 없었기 때문에,
유대인이 이 분야를 맡게 되었죠.

그러나 16세기 후반부터 베네치아는 서서히 쇠퇴하기 시작했어요.
1498년 포르투갈의 바스코 다 가마가 아프리카를 돌아 인도로 가는 새
로운 항로를 개척한 것이 큰 타격이었어요. 이로 인해 지중해를 통한
동서 무역의 중요성이 줄어들었고, 대서양 연안의 포르투갈, 스페인,
나중에는 네덜란드와 영국이 새로운 무역 강국으로 부상했죠.

07

돈키호테

미쳤다고? 나는 기사다!

운이라는 것은 불행 속에서도 빠져나갈 문을 항상 열어 놓지.
불행을 해결하라고 말일세.

《돈키호테》, 미겔 데 세르반테스, 열린책들, 2014

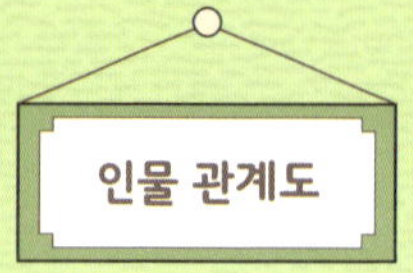

가난한 귀족

돈키호테의 귀부인

돈키호테의 시종

돈키호테의 말

《돈키호테》는 스페인의 작은 마을에 사는 50세가량 된 가난한 귀족 알론소 키하노에 관한 이야기예요. 그는 기사도 소설을 너무 많이 읽은 나머지, 자기를 기사라고 믿게 되었어요. 그는 자기 이름을 '돈키호테 데 라 만차'로 바꾸고, 낡은 갑옷을 걸치고, 말 로시난테를 타고 세상을 돌아다니며 불의를 바로잡고 약자를 돕는 기사가 되기로 결심해요.

돈키호테는 인근 여관의 여주인을 귀부인 '둘시네아 델 토보소'로 상상하고, 농부인 산초 판사를 시종으로 고용해요. 산초는 현실적이고 실용적인 인물로, 돈키호테의 망상을 의심하면서도 총독 자리를 약속받아 그를 따라나서죠.

두 사람은 여러 모험을 겪게 돼요. 가장 유명한 일화는 돈키호테가 풍차를 거인으로 착각하고 공격하는 장면이에요. 그는 풍차에 매달려 공중으로 휙 올라갔다가 땅에 떨어지고 맙니다. 그는 자신이 실패한 이유를 마법사가 거인을 풍차로 변화시켰기 때문이라고 합리화하죠.

이 외에도 돈키호테는 양 떼를 적군으로 착각하여 공격하고, 인형극의 인형들과 싸우고, 사자를 가득 실은 우리 앞에서 용감히 맞서기도 해요. 이런 모험들에서 그는 대부분 실패하고 상처를 입지만, 망상을 포기하지 않아요. 산초는 주인의 망상을 자주 지적하지만, 점차 돈키호테의 이상주의에 감화되기도 해요. 하지만 산초는 여전히 현실적인 인물로 남아서, 돈키호테가 약속한 총독 자리를 실제로 잠시 맡았다가 그 자리는 자신에게 맞지 않다는 것을 깨닫고 사임하죠.

책의 2부에서는 돈키호테와 산초의 모험이 사람들에게 알려져 유명해진 상황이 그려져요. 많은 사람이 돈키호테의 망상을 이용해 장난을 치고 조롱하죠. 결국 '백기사'로 변장한 마을 친구가 돈키호테와 결투에서 이긴 뒤, 그에게 1년간 기사 활동을 중단하고 마을로 돌아갈 것을 약속받아요.

돌아온 돈키호테는 병에 걸려 침대에 눕게 되고, 갑자기 정신이 맑아져 자신의 망상을 깨닫게 돼요. 그는 다시 알론소 키하노가 되어 자신의 어리석음을 참회하고, 기사도 소설을 저주한 뒤 조용히 숨을 거두죠. 그의 죽음은 산초와 주변 사람들에게 큰 슬픔을 안겨 줘요.

Q. 현실과 환상 사이에서 살아가는 인물 돈키호테를 통해 작가 세르반테스가 말하고자 하는 것은 무엇이었을까요?

소설을 탐구하다

작품의 창작 배경 및 상황

《돈키호테》는 1605년에 1부가, 1615년에 2부가 출판되었어요. 정식 제목은 '현명한 기사 돈키호테 데 라 만차'예요.

세르반테스가 이 소설은 쓴 시기인 16세기 초는 스페인이 신대륙인 아메리카를 발견해 정복하면서 업청난 부와 권력을 얻게 된 황금시대였어요. 하지만 16세기 말에 이르러 이런 영광은 서서히 퇴색되어 제국의 쇠퇴로 이어졌어요. 이 시기는 중세에서 근대로 넘어가는 과도기이기도 했어요. 중세 기사도 정신과 봉건적 가치관은 점차 쇠퇴하고, 르네상스의 인문주의와 새로운 과학적 사고가 등장했어요. 《돈키호테》는 바로 이런 시대적 변화를 반영하고 있어요.

세르반테스가 《돈키호테》를 쓴 직접적인 동기는 당시 유행하던 기사도 소설에 대한 풍자였어요. 기사도 소설은 기사들의 영웅적 모험과 로맨스를 과장되게 그린 소설로, 16세기 스페인에서 매우 인기 있었지만, 많은 지식인은 이런 소설들이 비현실적이고 도덕적으로 해롭다고 비판했어요. 세르반테스는 이런 기사도 소설의 허구성과 과장을 비웃고, 더 현실적이고 인간적인 문학을 창조하고자 했죠.

세르반테스의 삶도 작품에 영향을 미쳤어요. 그는 젊은 시절 군인으로 레판토 해전에 참가해 부상을 입고, 알제리에서 5년간 포로 생활을 했으며, 스페인으로 돌아온 후에도 가난과 실패를 겪었죠. 이런 경험들이 《돈키호테》의 비극적이면서도 희극적인 톤에 영향을 주었다고 볼 수 있어요.

《돈키호테》는 출간 즉시 엄청난 성공을 거두었어요. 1부가 발표된 후 여러 언어로 번역되었고, 불법 복제본까지 등장할 정도였죠. 세르반테스는 인기에 힘입어 10년 후 2부를 출간했는데, 이 사이에 다른 작가가 가짜 속편을 출판하는 일까지 벌어졌어요. 세르반테스는 2부에서 이 가짜 속편을 직접 언급하며 비판하기도 했죠.

처음에 《돈키호테》는 단순한 희극적 풍자로 읽혔지만, 시간이 지나면서 철학적, 문학적 의미가 발견되었어요. 19세기 낭만주의 시대에는 돈키호테가 이상을 추구하는 비극적 영웅으로 재해석되었고, 20세기에는 정체성과 현실의 문제를 다룬 현대적 소설의 선구자로 평가받게 되었죠.

오늘날 《돈키호테》는 단순한 풍자를 넘어 인간 조건과 현실, 환상, 정체성, 문학의 본질에 대한 깊이 있는 탐구를 담은 작품으로 인정받고 있어요. 많은 문학 비평가는 이 작품을 최초의 현대소설이자, 세계 문학사에서 가장 위대한 소설 중 하나로 평가하고 있답니다.

미겔 데 세르반테스 사아베드라(Miguel de Cervantes Saavedra, 1547~1616):

세르반테스는 스페인 황금시대의 위대한 작가로, 스페인 알칼라 데 에나레스에서 태어났어요. 그의 아버지는 가난한 외과의사였고, 가족은 경제적 어려움 속에서 여러 도시를 전전했죠.

1570년, 23세의 세르반테스는 이탈리아로 건너가 스페인 군대에 입대했어요. 1571년 레판토 해전에 참가했는데, 이 전투에서 그는 왼손에 심각한 부상을 입어 평생 왼손을 제대로 쓸 수 없게 되었죠. 그래서 그는 종종 '레판토의 불구자'로 불리기도 했어요.

1575년, 스페인으로 돌아가던 중 세르반테스의 배는 알제리 해적에게 나포되었고, 그는 알제리에서 5년간 포로 생활을 했어요. 여러 차례 탈출을 시도했지만 실패했고, 결국 1580년에 몸값을 지급하고 풀려났죠.

스페인으로 돌아온 후, 세르반테스는 생계를 위해 군대 보급관, 세금 징수원 등 다양한 일을 했어요. 군대 보급관으로 일하기도 했고, 세금 징수원으로 일하기도 했어요. 그는 채무 문제로 두 차례 감옥에 갇히기도 했어요.《돈키호테》1부를 집필한 것도 감옥에서였다는 이야기가 있어요.

문학 활동으로는 1585년에 목가소설《갈라테아》를 출판했지만, 큰 성공을 거두지 못했어요. 그는 연극 작가로도 활동했지만, 당대 유명한 극작가 로페 데 베가의 인기에 밀려 큰 주목을 받지 못했죠.

세르반테스는 1605년, 58세의 나이에《돈키호테》1부를 출판했고,

이 작품이 그에게 성공을 안겨 주었어요. 그러나 문학적 성공에도, 말년까지 경제적 어려움을 겪었어요. 그는 1616년 4월 22일,《돈키호테》2부 출간 후 불과 몇 개월 만에 마드리드에서 사망했어요.

세르반테스의 삶은《돈키호테》만큼이나 모험과 고난으로 가득 찬 삶이었어요. 군인, 포로, 세금 징수원, 작가 등 다양한 경험이 그의 작품에 깊이와 현실감을 더해 주었죠. 그의 대표작《돈키호테》는 400년이 지난 오늘날까지도 세계문학의 걸작으로 인정받고 있답니다.

중세에서 근대로의 이행

《돈키호테》를 이해하려면 '기사도'의 역사와 중세에서 근대로 전환되던 시기의 유럽 사회를 알아야 해요.

기사도는 중세 유럽에서 발전한 군사적, 사회적, 윤리적 규범 체계로, 기사들이 따라야 할 행동 양식과 가치관이에요. 기사도의 핵심 가치에는 용맹, 충성, 관대함, 예의, 여성(특히 귀부인)에 대한 존경, 약자 보호 등이 포함되었어요.

역사적으로 기사는 8~9세기경 프랑크 왕국의 기마 전사에서 유래했어요. 초기에는 단순히 말을 타고 싸우는 전사였지만, 점차 특별한 사회적, 군사적 지위를 가진 계층으로 발전했죠. 기사가 되려면 오랜 훈련 과정을 거쳐야 했고, 정식 기사 서임식을 통해 기사 자격을 얻을 수 있었어요.

11~13세기는 기사도의 전성기였어요. 십자군 원정은 기사도 이상을 종교적 열정과 결합했고, 궁정 문화의 발달은 기사도에 예술적, 낭만적 요소를 더했죠. 이 시기에 아서 왕과 원탁의 기사들, 롤랑, 시드 같

은 전설적인 기사들의 이야기가 발전했고, 기사도 로맨스라는 문학 장르가 유행했어요. 16세기에 이르러 기사는 군사적 능력을 대표하는 존재가 아니라 귀족 신분의 상징으로 남게 되었지만, 기사도 이상은 여전히 문학과 대중문화에서 강력하게 존재했죠.

특히 스페인에서는 《아마디스 데 가울라》 같은 기사도 소설이 16세기 초에 큰 인기를 끌었어요. 이런 소설들은 초인적인 능력이 있는 기사들이 마법사, 괴물, 악당들과 싸우며 아름다운 공주를 구하는 환상적인 모험을 그렸어요.

《돈키호테》는 이런 비현실적인 기사도 소설에 대한 풍자이면서, 중세에서 근대로 넘어가는 과도기적 시대상을 반영하고 있어요. 돈키호테는 이미 사라져 가는 기사도 이상을 맹목적으로 추구하는 인물로, 그의 비극은 시대착오적 이상주의라고 볼 수 있죠.

《돈키호테》가 쓰인 16~17세기는 과학혁명이 진행되던 시기였어요. 코페르니쿠스는 지구가 우주의 중심이라는 중세의 천동설을 뒤집고 태양 중심의 지동설을 주장했고, 갈릴레이는 망원경으로 천체를 관측하며 이를 뒷받침하는 증거를 찾았으며, 케플러는 행성이 타원 궤도로 움직인다는 법칙을 발견했어요. 이런 발견들은 신이 만든 완벽한 우주라는 중세의 믿음을 흔들었고, 관찰과 실험을 통해 자연을 이해할 수 있다는 새로운 사고방식을 확산시켰죠. 마르틴 루터는 가톨릭교회의 부패와 잘못된 관행들을 비판하며 종교개혁을 시도했고, 이는 중세 가톨릭교회의 권위를 약화시켰어요. 이런 시대적 맥락에서 돈키호테의 망상과 환상은 더 이상 타당하지 않은 과거의 세계관을 상징하고, 산초 판사의 현실주의는 다가오는 근대적 사고방식을 대표한다고 볼 수 있어요. 두 인물 사이의 대화와 갈등은 과거와 미래, 이상과 현실, 중세와 근대 사이의 긴장을 반영하고 있어요.

스페인 제국의 전성기와 쇠퇴

《돈키호테》가 쓰인 16~17세기는 스페인 역사에서 매우 중요한 시기였어요. 15세기 말 콜럼버스의 신대륙 발견 이후, 스페인은 유럽 최강의 제국으로 부상했지만, 16세기 말부터는 서서히 쇠퇴하기 시작했죠. 이러한 제국의 부상과 몰락이 작품의 시대적 배경이 되었어요.

스페인 제국의 기반은 1469년 카스티야의 이사벨 여왕과 아라곤의 페르난도 왕의 결혼으로 마련되었어요. 이들은 '가톨릭 양왕'으로 불리며 이베리아반도 대부분을 통일했고, 1492년 마지막 무슬림 왕국인 그라나다를 정복해 국토회복운동인 레콘키스타를 완료했죠.

1492년은 스페인 역사의 결정적인 해였어요. 그라나다 정복, 유대인 추방령, 그리고 콜럼버스의 첫 항해가 모두 이 해에 일어났으니까요. 콜럼버스의 항해 이후, 스페인은 신대륙에 대한 탐험과 정복을 적극적으로 추진했어요. 에르난 코르테스는 아스테카 제국을, 프란시스코 피사로는 잉카 제국을 정복했죠. 이에 따라 스페인은 멕시코, 페루, 카리브해 지역 등 광대한 영토를 차지하게 되었어요.

16세기 초, 카를로스 1세(신성로마제국 황제로는 카를 5세)의 통치 시기에 스페인 제국은 절정에 이르렀어요. 그의 제국은 스페인, 네덜란드, 신성로마제국의 일부, 그리고 아메리카 식민지를 포함하는 광대한 영토였죠. 펠리페 2세(1556~1598) 시기에도 스페인은 강력한 제국이었어요. 1580년에는 포르투갈까지 병합하여 이베리아반도를 완전히 통일했고, 강력한 군사력과 풍부한 재정으로 유럽 정치의 중심이 되었죠. 그러나 이 시기부터 제국의 쇠퇴 징후가 나타나기 시작했어요.

스페인 제국의 쇠퇴에는 여러 요인이 있었어요. 첫째, 끊임없는 전쟁으로 인한 재정 부담이 컸어요. 스페인은 네덜란드 독립전쟁, 영국과의 전쟁, 오스만 제국과의 갈등 등 여러 전쟁에 관여하면서 막대한 비용을 지출했어요. 둘째, 아메리카에서 들어오는 은과 금은 역설적으로 스페인 경제에 부정적 영향을 미쳤어요. 대량의 귀금속 유입은 심각한 인플레이션을 초래했고, 실물 경제와 제조업 발전을 저해했죠. 이러한 부는 주로 사치품 소비와 전쟁에 사용되어, 경제 발전으로 이어지지 않았어요. 셋째, 종교적 불관용과 이로 인한 인적 자원의 손실이 있었어요. 유대인 추방(1492), 모리스코(개종한 무슬림) 추방(1609~1614), 그리고 종교재판의 압력은 스페인에서 많은 상인과 장인, 농부들을 쫓아냈어요. 넷째, 행정적 비효율성과 부패도 문제였어요. 방대한 제국을 통치하기 위한 관료제는 비대하고 비효율적이었으며, 부패도 만연했죠.

펠리페 3세(1598-1621) 시기에 네덜란드와 12년 휴전을 맺고, 경제적 어려움에 직면했죠.

이런 역사적 맥락에서 《돈키호테》를 읽으면, 돈키호테의 망상과 실패는 과거의 영광을 그리워하지만 현실은 달라진 스페인의 모습을 상징한다고 볼 수도 있어요. 아름답고 영웅적인 과거에 대한 향수를 되찾으려는 시도와 실패하는 모습은 스페인 제국의 상황과 묘하게 겹치죠.

인쇄 혁명과 스페인 황금 세기의 문화

《돈키호테》가 탄생한 16~17세기는 인쇄 혁명이 유럽 문화와 지식 생활을 크게 변화시키던 때였어요. 이러한 변화들은 작품의 내용과 형식에 직접적인 영향을 미쳤어요.

15세기 중반 구텐베르크의 인쇄술 발명은 지식의 생산과 유통 방식을 완전히 바꾸어 놓았어요. 인쇄술 이전에는 책이 매우 희귀하고 비쌌지만, 인쇄술 덕분에 더 많은 사람이 접할 수 있게 되었죠. 이를 통해 문맹률이 감소하고 독서 문화가 발달했으며, 새로운 사상이 더 빠르게 확산될 수 있었어요.

《돈키호테》는 바로 이런 인쇄 혁명의 산물이자 그에 대한 성찰이기도 해요. 돈키호테가 기사도 소설을 너무 많이 읽어서 미쳤다는 설정 자체가 책의 대량 생산과 소비가 가능해진 시대를 반영하고 있죠. 과거에는 소수의 엘리트만 접할 수 있었던 문학이 이제는 돈키호테 같은 시골 귀족도 서재를 가득 채울 만큼 흔해졌다는 것을 보여줘요.

16-17세기 스페인은 정치적, 경제적 어려움에도 불구하고 문학, 미술, 음악, 건축 등 여러 분야에서 찬란한 문화적 성취를 이룬 '황금 세기'였어요. 황금 세기 문화의 특징 중 하나는 현실과 이상, 종교적 경건함과 세속적 즐거움, 엘리트 예술과 대중문화 사이의 긴장과 공존이었어요.

스페인 사회는 가톨릭 신앙과 전통적 가치관을 강조했지만, 다른 한

편으로는 인간의 욕망과 약점, 사회의 모순을 날카롭게 포착하는 비판적 현실주의도 발전했죠.《돈키호테》는 이처럼 중세와 근대, 엘리트문화와 대중문화, 이상과 현실 사이의 경계에 서 있는 작품이에요.

세르반테스는 옛 문학 형식을 풍자하면서도 그것을 완전히 부정하지 않고, 새로운 문학적 가능성을 탐색했어요. 이런 점에서《돈키호테》는 단순한 기사도 소설 비판을 넘어, 문학 자체의 본질과 가능성에 대한 깊은 성찰을 담고 있는 작품이라고 할 수 있어요.

08

동방견문록

나는 내가 본 것의 절반도 말하지 않았어

직접 보거나 진실이라고 들은 갖가지 경이를
받아 적도록 하지 않음으로써 사람들에게
이런 사실들을 알리지 않는다면
그것은 너무도 커다란 죄악이 될 것이다.

《마르코 폴로의 동방견문록》, 마르코 폴로, 사계절, 2015

《동방견문록》은 이탈리아 베네치아의 상인 마르코 폴로가 아버지 니콜로와 삼촌 마페오와 함께 중국(당시 원나라)을 여행하고 17년간 머물며 겪은 경험을 담은 여행기예요.

이야기는 1271년, 17세의 마르코 폴로가 아버지와 삼촌과 함께 베네치아를 떠나는 것으로 시작해요. 그의 아버지와 삼촌은 이전에 동방을 여행한 경험이 있었고, 어린 마르코를 데리고 다시 여행을 떠나게 된 것이죠. 그들은 교황으로부터 성유와 편지를 받아 원나라의 황제 쿠빌라이 칸에게 전달하는 임무도 맡았어요.

마르코는 3년 반 동안 팔레스타인, 이라크, 페르시아(현재의 이란), 아프가니스탄, 파미르고원을 지나 중국에 도착해요. 도중에 사막, 고산지대, 위험한 도로 등에서 많은 어려움을 겪었지만, 마침내 쿠빌라이 칸의 여름 궁전이 있는 샹두에 도착하죠.

쿠빌라이 칸은 이들을 따뜻하게 맞이했고, 특히 지적 호기심이 많고 언어 습득 능력이 뛰어난 마르코 폴로에게 호감이 있었어요. 마르코는 몽골어를 배우고, 쿠빌라이를 위해 중국 각지를 여행하며 정보를 수집하는 임무를 맡았죠. 그는 17년 동안 원나라에 머물며 다양한 관직을 맡아 일했어요.

《동방견문록》에는 마르코가 여행한 중국의 여러 도시, 특히 수도 대도(현재의 베이징)의 웅장함과 번영, 항저우의 아름다움과 풍요로움이 생생하게 묘사돼 있어요. 그는 중국의 발달된 도로와 운하 시스템, 우편 제도, 화폐 제도, 상업과 무역의 번성, 그리고 다양한 생활 풍습과 문화에 대해 상세히 기록했죠.

마르코는 티베트, 버마(현재의 미얀마), 인도, 인도네시아, 스리랑카 등 주변 지역에 대한 정보도 수집했어요. 그가 모든 지역을 직접 방문할 수는 없었기에 상인들과 여행자들에게서 들은 이야기를 바탕으로 기록했어요.

1292년, 마르코 일행은 고국으로 돌아가기로 결심했어요. 쿠빌라이 칸은 그들을 떠나보내기 아쉬웠지만, 페르시아의 일칸국으로 시집가는 공주를 호위하는 임무를 주며 귀국을 허락했어요.

일행은 바닷길을 통해 여행했는데, 수마트라, 인도, 페르시아만을 거쳐 1295년 베네치아에 돌아왔죠. 그러나 돌아온 마르코는 곧 베네치아와 제노바 사이의 전쟁에 휘말려 제노바 군대에 포로로 잡혀요. 그는 감옥에서 동료 포로였던 루스티 첼로라는 작가에게 자신의 여행 이야기를 구술했고, 이렇게 《동방견문록》이 시작되었어요.

마르코의 이야기는 당시 유럽인에게 믿기 어려울 정도로 경이로웠기에, 많은 사람이 그의 이야기를 과장이나 거짓말로 여겼어요. 동시에 《동방견문록》은 유럽에서 큰 인기를 끌며 널리 읽혔고, 후대의 탐험가들에게 큰 영감을 주었답니다.

 《동방견문록》은 동서양 문화 교류의 중요한 문서가 되었어요. 이 책이 이후 유럽의 지리적 발견과 무역에 어떤 영향을 미쳤을까요?

소설을 탐구하다

작품의 창작 배경 및 상황

《동방견문록》은 13세기 말 마르코 폴로의 여행 경험을 바탕으로 작성된 책이에요. 이 책은 1298년경, 마르코 폴로가 제노바의 감옥에 갇혀 있을 때 동료 포로였던 루스티첼로 다 피사라는 작가에게 구술한 내용을 루스티첼로가 기록한 것이죠.

《동방견문록》은 원래 프랑스어로 쓰였지만, 곧 여러 언어로 번역되어 유럽 전역에 퍼졌어요. 이 책은 14세기부터 인쇄술이 발명된 15세기 중반까지 필사본 형태로 유통되었고, 인쇄술 발명 이후에는 인쇄본으로 더 널리 퍼졌죠. 크리스토퍼 콜럼버스에게도 이 책의 사본이 있었고, 이는 그의 아메리카 항해에 영감을 주었다고 알려져 있어요.

《동방견문록》이 제공한 아시아에 대한 정보는 이후 유럽의 지리적 발견과 상업 확장에 큰 영향을 미쳤어요. 특히 중국의 부와 번영에 대한 묘사는 유럽인에게 동방 무역에 대한 관심을 높여 주었어요. 이 책은 단순한 여행기를 넘어 동서양 문화 교류의 중요한 다리 역할을 했답니다.

지은이 알아보기

마르코 폴로(Marco Polo, 1254~1324):

마르코 폴로는 이탈리아 베네치아의 상인 가문에서 태어났어요. 그의 아버지 니콜로와 삼촌 마페오는 흑해와 중앙아시아 지역을 오가며 무역하던 상인들이었어요. 마르코가 태어났을 때, 그의 아버지는 이미 장사를 위해 동방으로 떠난 상태였어요. 그래서 마르코는 어머니와 친척들에게서 자라며 당시 베네치아 상인 자녀들이 받던 교육을 받았어요. 그는 라틴어와 이탈리아어를 배웠고, 상업 기술과 회계도 교육을 받았어요.

1269년, 마르코가 15세였을 때 아버지와 삼촌이 베네치아로 돌아왔어요. 1271년, 마르코는 아버지와 삼촌과 함께 동방 여행을 떠났고, 이 여행은 그의 인생을 완전히 바꾸어 놓았어요.

1292년, 마르코와 그의 가족은 페르시아로 시집가는 원나라의 공주를 호위하는 임무를 맡아 중국을 떠났어요. 그들은 해상 루트를 통해 3년간 여행한 끝에 1295년 베네치아로 돌아왔어요. 돌아왔을 때 마르코는 41세였어요. 마르코는 베네치아로 돌아온 직후, 베네치아와 제노바 사이의 전쟁에 휘말려 제노바 군대에 포로로 잡혔고, 석방된 후 베네치아에서 상인으로 생활했어요.

그는 1324년, 70세의 나이로 사망했답니다. 전해지는 바에 따르면, 임종 직전까지도 사람들은 그에게 《동방견문록》의 이야기가 과장된 것이 아니냐고 물었다고 해요. 이에 마르코는 "내가 본 것의 절반도 이야기하지 않았다"라고 대답했다고 하죠.

몽골 제국과 동서양의 교류

몽골 제국은 13세기 전 세계를 하나로 잇는 거대한 제국으로, 유럽과 아시아의 문물 교류를 촉진했어요. 칭기즈 칸의 후계자들은 영토를 확장하며 세계사의 큰 전환점을 이루었죠. 몽골 제국의 통일로 실크로드가 안전해지고, 이를 통해 다양한 상품과 사상이 교류되었어요. 중국의 비단과 도자기는 유럽 귀족들의 사랑을 받았고, 몽골 제국의 행정 체계와 군사 조직은 서양 세계에 큰 영감을 주었어요. 화약과 인쇄술 같은 동양의 과학기술은 유럽에 전파되어 르네상스의 토대가 되었죠.

몽골 제국의 확장으로 인한 평화로운 시대를 '팍스 몽골리카Pax Mongolica'라고 해요. 이 시기에는 실크로드를 통해 유럽, 중동, 아시아가 하나의 경제권으로 연결되었고, 동서양의 상인, 학자, 기술자 들이 자유롭게 교류하며 새로운 지식과 기술이 전파되었답니다. 몽골 제국은 우편 제도를 체계화하고, 국제적인 무역로를 보호하며 경제를 활성화하기도 했어요. 이 모든 것이 마르코 폴로가 《동방견문록》에서 언급한

'동양의 번영'을 가능하게 만든 기반이 되었죠.

아시아 동쪽 끝에서 동유럽까지, 역사상 가장 큰 땅을 지배한 몽골 인은 어떻게 교류할 수 있었을까요? 바로 역참 시스템이 있었어요. 역참은 단지 사람뿐 아니라 아시아·아프리카·유럽의 3대 구대륙에서 당시 생산되고 유통되던 다양한 물질적·정신적 자원을 활발하게 이동시키고 교류하게 하는 시스템을 말해요.

몽골 제국 이전 시기에 인류는 실크로드를 통해 동서양을 연결해 왔어요. 그러나 실크로드는 몇 가지 점에서 제약받고 있었죠.

첫째, 중국의 장안에서 동로마제국의 콘스탄티노플이나 시리아 지역에 이르는 방식이 '풀코스 완주형'이 아니라 '릴레이 연결형'이었어요. 한 특정 대상이 실크로드의 처음부터 끝까지 갈 수는 없었고, 한 팀은 일정 구간만을 가고, 다시 다른 팀이 다음 구간을 떠맡아 이동하는 식이었어요.

둘째, 동서양 사이에 강력한 이슬람 세력이 등장해 여러 가지 사정에 따라 실크로드가 연결되거나 끊기는 등 불안정하게 운용됐어요. 아랍과 페르시아가 사실상 실크로드의 주도권을 잡고 간섭하거나 방해하는 일이 빈번하게 일어났기 때문이죠.

그런 상황에서 몽골 제국이 등장했어요. 칭기즈칸의 서방 원정을 시작으로 몽골 제국은 팽창을 거듭해 4대 칸국까지 건설하기에 이르러요. 몽골인이 지배하는 제국은 유라시아 대부분 지역을 망라하는 큰 규모로 확대되죠.

몽골 제국의 깃발 아래에서 유교, 불교, 힌두교, 이슬람교, 기독교,

페르시아, 슬라브 문명 등 거의 모든 동서양 문명이 공존한 채 활발하게 교류하게 돼요. 특히 4대 칸국인 오고타이 칸국(알타이산맥 일대, 차가타이 칸국(중가리아분지와 타림분지 그리고 아무다리야강 동쪽 지역), 킵차크 칸국(동유럽 지역), 일 칸국(페르시아와 터키 지역)이 각각 서로 다른 문명권에 기반해 건설됐다는 사실은 새로운 시스템이 만들어지리라는 신호와도 같았어요. 몽골족 형제 국가끼리 통일성을 유지하고 교류를 강화하면 할수록 각 문명 간 교류는 유연하게 이루어졌으니까요. 그 결과 몽골 제국 아래 획기적인 동서양 교류가 가능하게 되었죠. 몽골 제국은 실크로드의 한계를 다음과 같이 극복하게 해 주었어요.

첫째, 동서양 교통로의 비약적 확장. 과거 실크로드는 중국의 장안에서 동로마 제국의 콘스탄티노플 또는 로마까지 연결됐는데 몽골 시대에 이르러 동쪽으로는 북경 그리고 거기서부터 다시 남쪽의 국제 항구도시 항주에까지 연장되고, 서쪽으로는 로마를 넘어 중부 유럽까지 넓어졌어요.

둘째, 안전의 증대. 가장 중요한 것은 동서양 교류가 훨씬 안전하게 이뤄졌다는 점이에요. 과거에는 실크로드의 도로망 전체를 효율적으로 지배하고 관리하는 단일한 제국이 없었어요. 그 때문에 구간마다 과도한 관세를 붙이는 제국이나 영지가 많은가 하면, 도적의 공격으로부터도 안전하지 못했죠. 이슬람권의 과도한 간섭과 방해도 빼놓을 수 없었고요. 그러나 몽골의 길에서는 동서양이 안전하게 교류할 수 있게 됐어요.

셋째, 풀코스 완주형의 작동. 동서양을 완주하는 사람이 드물지 않게 등장하게 되었어요. 마르코 폴로를 비롯하여 아랍 문명권의 대표적 여행가 이븐 바투타, 교황의 특사였던 카르피니 신부, 프랑스 국왕의 종교 사절이던 기욤 드 뤼브록 등의 동양 여행이 가능해진 것도 모두 이 시기였어요.

넷째, 동서양 상시 교통 시스템. 몽골의 역참은 동서양의 상시 교류를 가능하게 했어요. 역참마다 갖춰진 상비 시설과 안정적인 운영 인원, 말 등에 힘입어 상시적인 이동이 가능하게 된 셈이죠.

다섯째, 바닷길의 병행 발전. 몽골 제국 아래 동서양을 잇는 바닷길도 함께 발전했어요. 몽골 제국은 송나라 때 이룩한 조선술과 항해술, 해양 운영 경험을 더 발전시켰어요. 처음으로 '동양'과 '서양'이라는 관념이 제시된 것도 이때부터예요. 무엇보다 유라시아 전역에 퍼진 4대 칸국과 활발히 교역하기 위해서도 바닷길의 발전은 필연적으로 요구되었어요.

여섯째, 단일 화폐의 통용 시작. 제국의 팽창과 교통의 발달은 단일 화폐의 필요성을 높였어요. 그 결과 '교초'라는 지폐와 '차가타이' 화폐가 제국에서 널리 통용되었죠. 그 이전 남송 시대인 1170년 지폐가 처음 등장하기는 했어도, 이처럼 광범위한 지역에서 대규모로 통용된 것은 몽골 제국 때부터예요. 유럽보다 400년이나 앞서 지폐를 통용시켰는데, 이 모든 것은 사실상 몽골의 길과 동서양 교통로의 획기적 발전이 없었더라면 가능하지 않았을 거예요.

《동방견문록》의 진실

《동방견문록》에 나타나는 마르코 폴로의 여정은 이탈리아-콘스탄티노플(지금의 이스탄불)-호르무즈 해협-육로로 서아시아 중앙아시아를 거쳐 원(元)나라 도착, 쿠빌라이 칸을 알현하고 관직을 하사받은 뒤 17년간 중국 전역을 여행-남중국해 해로를 따라 수마트라섬을 거쳐 호르무즈 해협-베네치아 귀환으로 이어져요.

사실 마르코 폴로가 당시 중국을 여행한 유일한 유럽인도 아니었고, 그가 거쳤던 무역로가 특별히 새롭고 위험한 것은 아니었어요. 하지만 다른 사람들과 마르코 폴로의 결정적인 차이는 그가 여행을 기록으로 남겼다는 것이죠.

그의 '여행 기록'에는 오늘날 국가 편람처럼 재미없는 부분도, 편협한 시각도 존재해요. 특히 유목민에 대해 편향되고 왜곡된 야만인 이미지를 만들어 내기도 했고, 기독교만이 우수한 종교라는 관점이 곳곳에서 드러나요.

젊은이들을 유혹해 자객으로 훈련시키는 '산상의 노인', 독실한 구두장이의 기도가 바그다드 근처의 산을 움직여 기독교인을 구한 이야기, 황금의 섬 '치펑구(일본)'에 대한 설명 등 수많은 과장된 이야기가 실려 있기도 해요.

하지만, 이 책을 통해 유럽 사회의 권력자들과 상인들은 동양이라는 새로운 시장과 영토를 개척할 수도 있다는 꿈을 꾸게 되었고, 역사적으로 완벽하지는 않지만, 기록으로 가치가 있다는 게 밝혀졌어요. 《동방견문록》이 동양과 서양의 만남을 주선한 셈이죠.

근대

노트르담의 꼽추
괴물이 사랑한 가장 아름다운 여인

세월은 눈이 멀고, 인간은 어리석다.

《파리의 노트르담》, 빅토르 위고, 민음사, 2013

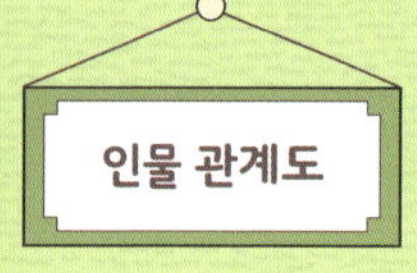

노트르담 대성당의 종지기

노트르담 대성당 주교

집시 여인

파리 근위대장

《노트르담의 꼽추》는 15세기 말 파리를 배경으로 한 이야기예요. 주인공 콰지모도는 외모가 심하게 기형적인 꼽추로, 노트르담 대성당의 종지기로 일하고 있어요. 그는 태어날 때부터 버려져 대성당의 주교인 클로드 프롤로에 의해 거두어졌죠. 클로드 프롤로는 겉으로는 경건한 주교이지만, 내면에는 어두운 욕망을 품고 있어요. 그는 집시 여인 에스메랄다의 아름다움에 사로잡혀 그녀를 소유하고자 하죠. 에스메랄다는 아름답고 순수한 집시 소녀로, 거리에서 춤을 추며 생계를 유지해요. 그녀의 곁에는 항상 작은 염소 졸리가 함께해요.

이야기는 '광대들의 축제'가 열리는 날 시작돼요. 이날 콰지모도는 '추한 얼굴의 왕'으로 뽑히고, 프롤로의 명령으로 에스메랄다를 납치하려다 실패해요. 파리 근위대장 페뷔스는 에스메랄다를 구해 주고, 그녀는 페뷔스에게 첫눈에 반하게 돼요.

콰지모도는 납치 시도 때문에 공개적으로 채찍질을 당하게 되는데, 이때 물을 달라고 간청하는 그에게 유일하게 물을 준 사람이 바로 에스메랄다였어요. 콰지모도는 이에 깊이 감동하고 에스메랄다에 헌신적인 사랑을 품게 되죠.

한편, 프롤로는 계속해서 에스메랄다를 쫓아다니며 그의 사랑을 받아들이라고 강요해요. 에스메랄다가 거절하자 그는 페뷔스와 에스메랄다가 만나는 장면을 엿보다가 질투에 사로잡혀 페뷔스를 칼로 찌르고, 그 죄를 에스메랄다에 뒤집어씌워요. 마녀와 살인범이라는 누명을 쓴 에스메랄다는 처형될 위기에 처하지만, 콰지모도가 그녀를 구출해 노트르담 대성당으로 피신시켜요. 대성당은 당시 '성역'으로 인정받아 법의 집행이 미치지 않는 곳이었기 때문이죠. 성당 안에서 에스메랄다를 보호하며 그녀에게 깊은 사랑을 표현하지만, 에스메랄다의 마음은 여전히 페뷔스에게 있었어요.

프롤로는 에스메랄다를 차지하기 위해 집시들과 부랑자들을 선동해 대성당을 공격하게 해요. 콰지모도는 성당을 지키기 위해 맞서 싸우지만, 혼란 속에서 프롤로가 에스메랄다를 납치해요. 프롤로는 다시 한번 에스메랄다에게 자신의 사랑을 받아들이라고 협박하고 이를 거절 당하자, 그녀를 처형대로 넘겨요. 에스메랄다는 결국 교수형에 처하고, 이 광경을 지켜보던 콰지모도는 분노에 사로잡혀 프롤로를 성당 꼭대기에서 밀어 떨어뜨려요. 그리고 콰지모도는 에스메랄다의 시신이 버려진 공동묘지로 찾아가, 그녀의 시신을 껴안은 채 굶어 죽기를 택하죠. 오랜 시간이 지난 후 공동묘지가 파헤쳐졌을 때 사람들은 에스메랄다의 해골을 껴안고 있는 콰지모도의 해골을 발견해요. 두 사람의 뼈는 서로 엉켜 있어 분리할 수 없을 정도였답니다.

소설을 탐구하다

작품의 창작 배경 및 상황

《노트르담의 꼽추》의 원래 제목은 '노트르담 대성당'이었는데, 영어권에서는 '노트르담의 꼽추'라는 제목으로 더 잘 알려져 있어요.

빅토르 위고가 이 소설을 쓴 직접적인 계기는 노트르담 대성당의 보존 문제였어요. 19세기 초 파리의 노트르담 대성당은 프랑스 혁명 이후 심하게 훼손되고 방치된 상태였어요. 많은 조각상이 파괴되었고, 건물 자체도 낡고 퇴락하고 있었죠. 위고는 이런 귀중한 고딕 건축물이 사라져 가는 것을 안타깝게 여겼어요. 그는 노트르담 대성당의 아름다움과 역사적 가치를 알리고, 보존을 촉구하기 위해 이 소설을 썼어요. 그래서 소설 곳곳에 대성당의 건축적 특징과 아름다움에 대한 상세한 묘사가 등장해요. 소설은 큰 성공을 거두었고, 이를 계기로 노트르담 대성당의 대대적인 복원 사업이 시작되었답니다.

《노트르담의 꼽추》가 쓰인 1830년대는 프랑스에서 낭만주의 문학이 전성기를 맞이하던 시기였어요. 낭만주의는 이성과 질서를 강조하던 고전주의에 반발해 감정, 상상력, 자연, 개인의 자유 등을 중시하는 문예 사조였죠. 위고는 당시 프랑스 낭만주의 문학의 대표 작가였어요.

이 시기는 정치적으로도 격변기였어요. 1830년 7월 혁명으로 부르봉 왕정이 무너지고, 루이 필리프가 이끄는 7월 왕정이 들어섰어요. 위고는 처음에는 왕정을 지지했지만, 점차 공화주의 사상으로 기울었어요. 그의 정치적 견해는 작품에도 반영되었는데, 특히 사회적 약자와 소외계층에 대한 연민과 관심이 두드러지게 나타나요.《노트르담의 꼽추》는 역사 로맨스를 넘어 인간 조건과 사회 문제를 심오하게 다루었다는 평가를 받았죠. 특히 콰지모도와 에스메랄다는 사회적 편견과 불의에 희생당하는 약자들을 상징하는 인물들이에요.

《노트르담의 꼽추》는 출간 즉시 큰 성공을 거두었어요. 이 소설은 후대에 여러 차례 영화, 뮤지컬, 발레, 오페라 등으로 각색되었고, 특히 디즈니의 애니메이션 영화로 제작되면서 전 세계적으로 큰 인기를 얻게 되었답니다. 다만 디즈니 버전은 원작의 어둡고 비극적인 결말을 좀 더 밝고 희망적인 이야기로 각색되었어요.

지은이 알아보기

빅토르 위고(Victor Hugo, 1802~1885):

위고는 프랑스의 위대한 시인이자 소설가, 극작가, 사상가로, 19세기 프랑스 문학을 대표하는 인물이에요.

그는 1802년 2월 26일 프랑스 브장송에서 태어났어요. 그의 아버지 레오폴드 위고는 나폴레옹 군대의 장군이었고, 어머니 소피 트레뷔셰는 왕정주의자였죠. 부모의 정치적 견해 차이는 위고의 어린 시절에 영향을 미쳤고, 나중에 그의 작품에 정치적 주제가 자주 등장하는 배경이 되었어요.

위고는 어린 시절 아버지의 군 복무를 따라 이탈리아와 스페인을 여행했어요. 이러한 경험은 그에게 다양한 문화와 언어에 관심을 심어주었죠. 특히 스페인에서의 경험은 그의 초기 작품에 많은 영감을 주었어요.

위고는 일찍부터 문학적 재능을 보였어요. 15세에 이미 시를 써서 프랑스 학술원의 상을 받았고, 20대 초반에 시집《송가와 다양한 시들》을 출간해 성공을 거두었죠. 그의 초기 작품들은 왕정주의적 성향을 보였지만, 점차 자유주의적, 인도주의적 방향으로 변화했어요.

1830년대부터 소설도 쓰기 시작했어요.《노트르담의 꼽추》에 이어《레 미제라블》,《바다의 일꾼들》,《웃는 남자》등의 걸작을 발표했죠. 이 작품들은 모두 사회적 약자와 소외계층에 대한 깊은 연민을 담고 있어요.

위고는 문학 활동과 함께 정치 활동도 활발히 했어요. 1841년에는 프랑스 학술원 회원이 되었고, 1845년에는 상원의원으로 임명되었죠. 그러나 1851년 나폴레옹 3세의 쿠데타를 강력히 반대하다가 국외로 추방되었어요. 그는 19년 동안 망명 생활을 했는데, 주로 건지섬과 저지섬에 머물렀고, 이 시기 동안 나폴레옹 3세 정권을 신랄하게 비판하는 글들을 썼고,《레 미제라블》을 완성했어요.

1870년 프랑스-프로이센 전쟁에서 프랑스가 패배하고 나폴레옹 3세 정권이 무너지자, 위고는 파리로 귀환했어요. 그는 프랑스 제3공화국의 열렬한 지지자가 되었고, 다시 정치 활동에 참여했죠. 이때 그는 이미 국민적 영웅이자 문학의 대가로 존경받고 있었어요.

1885년 5월 22일, 83세의 나이로 위고가 사망했을 때, 프랑스 정부는 국장으로 그를 예우했어요. 그의 장례식에는 무려 200만 명이 넘는 사람들이 모였다고 해요. 그는 파리의 판테온에 안장되었답니다.

위고의 문학적 업적은 뛰어나요. 그는 시, 소설, 희곡, 비평, 정치 팸플릿 등 거의 모든 문학 장르에서 뛰어난 작품을 남겼어요. 위고는 문학을 통해 사회를 변화시키고자 했던 작가로, 그의 작품들은 인간의 존엄성, 사회 정의, 자유와 평등의 가치를 강조하는 깊은 메시지를 담고 있어요.

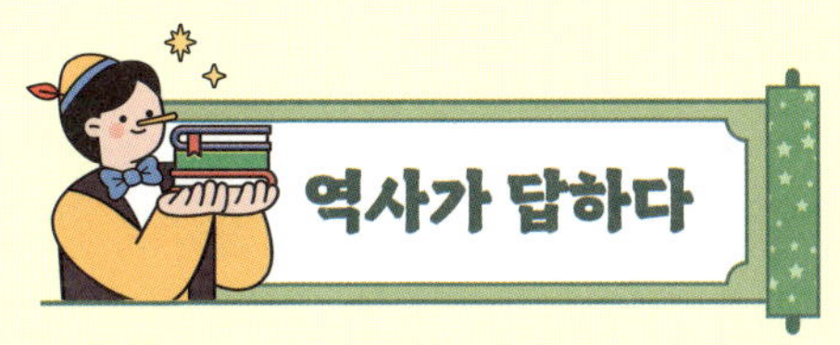

중세 파리와 노트르담 성당

《노트르담의 꼽추》의 배경이 되는 15세기 말 파리는 프랑스에서 가장 큰 도시로 사회 문화 분위기는 중세와 르네상스의 경계에 있었어요. 파리는 로마 시대에는 '루테티아'라는 작은 도시였어요. 센강의 작은 섬인 시테섬을 중심으로 발전했죠. 프랑크족이 5세기경 이 지역을 정복한 후에 메로빙거 왕조와 카롤링거 왕조를 거쳐 파리는 점차 중요한 도시로 성장했어요.

파리는 12~13세기에 큰 변화를 겪었어요. 필리프 2세(재위 1180~1223)는 파리를 프랑스의 수도로 강화했고, 성벽을 쌓고 포장도로를 만들었죠. 이 시기 파리대학교(소르본)가 설립되어 유럽의 지식 중심지가 되기도 했어요. 그리고 무엇보다 노트르담 대성당의 건축이 시작되었죠.

노트르담 대성당

노트르담 대성당은 1163년에 착공되어 약 180년에 걸쳐 완성됐어

노트르담 대성당, 위키백과

요. '노트르담'은 프랑스어로 '우리의 귀부인', 즉 성모 마리아를 의미해요. 즉 성모 마리아에게 봉헌된 성당이란 뜻이기에 '노트르담'이라고 불리는 성당은 곳곳에 많이 있어요. 그중에서도 파리에 있는 노트르담 대성당은 고딕 건축의 걸작으로, 당시로서는 혁신적인 건축 기술과 예술적 아름다움을 모두 갖추었죠.

고딕 성당 건축의 특징은 높은 천장, 뾰족한 첨탑, 넓은 창문, 화려한 스테인드글라스, 그리고 '플라잉 버트레스'(flying buttress: 외부에서 벽을 지탱하는 구조물)예요. 이런 구조 덕분에 건물을 더 높이 지을 수 있었고, 벽에 큰 창문을 낼 수 있었죠. 노트르담 대성당은 이런 고딕 건축의 특징을 잘 보여주고 있어요. 당시 대성당은 가톨릭교의 성전에 그치지 않고 중세 파리의 중심이었어요. 이곳에서는 미사와 종교의식뿐만 아니라 왕의 대관식, 결혼식, 장례식 같은 국가적 행사도 열렸어요. 대성당 주변으로는 시장이 형성되어 많은 사람이 모여들었어요.

15세기 말,《노트르담의 꼽추》의 배경이 되는 시기에 파리는 인구 약 10만 명의 유럽 대도시였어요. 그러나 이 시기에 프랑스는 여러 어려움을 겪어야 했죠. 백년전쟁(1337~1453)으로 경제는 침체되었고, 흑사병(페스트)의 유행으로 인구도 감소했어요. 루이 11세(재위 1461-1483)와 샤를 8세(재위 1483-1498) 시대에 중앙 집권화가 강화되면서 봉건 영주들의 권력은 약화되고 있었지요.

당시 파리 사회에는 엄격한 계층 구조가 있었어요. 상류층(귀족, 고위 성직자), 중산층(상인, 장인), 하류층(일용직 노동자, 농민)으로 나뉘었고, 각 계층 간의 이동을 제한했어요. 특히 집시(로마니 사람들)와 같은 외부인은 사회의 가장 낮은 계층으로 취급되며 많은 편견과 차별을 받았어요.

빅토르 위고는 이런 중세 파리의 모습을 세밀하게 묘사하면서도, 동시에 자신이 살고 있던 19세기와 연결했어요. 그는 특히 노트르담 대성당을 중세 파리의 상징이자 프랑스 역사의 증인으로 그려냈죠. 소설 속에서 대성당은 인물들의 운명이 얽히고설키는 중심 무대이자 프랑스의 역사와 문화를 담은 마치 주인공과 같은 존재로 묘사되고 있어요.

노트르담 성당 완공 당시 프랑스는 영국과 백년전쟁(1337~1453) 중이었어요. 파리를 뺏은 영국의 왕 헨리 6세는 1431년 이곳에서 프랑스 왕으로 즉위하는 대관식을 올렸죠. 프랑스의 구국 영웅 잔 다르크는 그해 종교재판에서 마녀로 몰려 화형당했는데, 프랑스는 영국군을 몰아낸 뒤 1456년 노트르담 대성당에서 명예 회복 재판을 열어 잔 다르크를 복권시켰어요. 성당 안에는 잔 다르크의 성상(聖像)이 남아있죠. 나폴레옹 보나파르트도 1804년 이곳에서 황제 대관식을 가졌어요.

이런 노트르담 성당은 19세기 초에 황폐해져 철거 위기를 맞기까지 했어요. 그런데 빅토르 위고의《노트르담의 꼽추》가 노트르담 성당의 정통성을 일깨우고, 대성당의 운명을 이야기하며 사람들의 새로운 관심을 불러일으키는 계기가 되었어요. 노트르담 대성당은 2019년 4월 15일 화재로 인해 크게 손상되었는데, 5년 동안의 복원 작업을 거친 후 2024년 12월 7일에 재개관했어요.

종교개혁과 르네상스

《노트르담의 꼽추》의 배경이 되는 15세기 말은 중세에서 근대로 전환되는 중요한 시기였어요. 특히 종교개혁과 르네상스라는 두 가지 큰 움직임이 시작되고 있었죠.

종교개혁은 16세기 초에 본격화된 기독교 내부의 개혁 운동이에요. 1517년 마르틴 루터가 비텐베르크 교회 문에 '95개 조항'을 게시한 것이 공식적인 시작으로 알려졌지만, 그 이전부터 교회 개혁에 대한 목소리는 높아지고 있었죠.

중세 가톨릭교회는 강력한 권력과 부를 가지고 있었지만, 많은 문제점도 안고 있었어요. 교황과 고위 성직자들의 세속적 생활, 면죄부(죄를 용서받기 위해 돈을 내는 제도) 판매, 성직매매(돈을 주고 성직자 자리를 사는 것) 등의 부패가 만연했죠. 이에 대한 비판의 목소리가 높아졌고, 교회 내부에서도 개혁을 요구하는 움직임이 있었어요.

《노트르담의 꼽추》의 등장인물인 클로드 프롤로는 이런 중세 가톨릭교회의 모순을 보여 주는 인물이에요. 그는 학식 있고 경건한 주교로 보이지만, 내면에는 욕망과 위선이 가득해요. 위고는 프롤로를 통해 종교적 권위와 도덕적 부패 사이의 갈등을 그려냈죠.

한편, 르네상스는 14세기 이탈리아에서 시작되어 15~16세기에 유럽 전역으로 확산된 문화 운동이에요. '재탄생'이라는 뜻의 르네상스는 고대 그리스와 로마의 문화를 재발견하고 인간 중심적 사고방식을 발전시킨 시기였어요. 르네상스의 핵심 사상은 인문주의예요. 인문주의자들은 중세의 신 중심적 세계관에서 벗어나, 인간의 가치와 잠재력을 강조했어요. 그들은 고전 문헌을 연구하고, 인간과 자연에 대한 관찰과 탐구를 중시했죠. 그래서 르네상스 시대에는 예술, 문학, 과학, 철학 등 여러 분야에서 혁신이 일어났어요.

이러한 르네상스 정신은 프랑스에 약간 늦게 도착했어요. 15세기 말부터 이탈리아와의 접촉이 늘어나면서 르네상스 사상이 프랑스로 유입되기 시작했고, 16세기 프랑스와 1세(재위 1515-1547)의 후원으로 본격적인 프랑스 르네상스가 꽃피게 되었죠.《노트르담의 꼽추》에서는 이런 시대적 변화의 조짐이 나타나요.

예를 들어, 프롤로는 전통적인 신학과 함께 연금술, 천문학 같은 새로운 학문에도 관심을 두고 있어요. 인쇄술의 발명에 대한 언급도 있는데, 프롤로는 "이것(책)이 저것(건축물)을 죽일 것이다"라는 유명한 말을 남기며, 인쇄된 책이 대성당으로 상징되는 중세의 시각적 문화를 대체할 것이라고 예언하죠.

위고는 이런 역사적 변화를 단순히 배경으로만 사용한 것이 아니라, 작품의 주제와 깊이 연결했어요. 콰지모도와 에스메랄다 같은 소외된 인물들의 비극은 중세에서 근대로 넘어가는 과도기적 시대의 혼란과 갈등을 상징하고 있어요.

로마네스크 양식과 고딕 양식

중세는 '건축의 시대'라고 불러요. 기독교가 사회 전반을 지배하던 시기에 회화나 조각은 우상 금지의 계율로 인해 위축된 반면, 건축은 신의 영광을 기리는 공간을 만드는 작업으로 축복받았기 때문이죠. 대성당 건축으로 대표되는 중세 건축은 로마네스크 양식과 고딕 양식으로 나눌 수 있어요.

'로마네스크Romanesque'란 이름에는 '로마식으로'와 같이 로마를 추종하는 의미가 담겨 있지만, 실제로 이 양식은 오히려 그동안까지 지배하던 로마 문화에서 벗어나 게르만족이 처음으로 자신들의 목소리를 드러낸 것이라 할 수 있어요.

그들은 로마의 전통 위에 비잔틴 문화나 이슬람 문화 같은 외래 요소를 가미했고, 게르만적 요소도 섞어 새로운 건축양식을 만들어 냈죠. 그리고 이때부터 유럽 문화는 로마의 그림자에서 벗어나 오늘날의 서유럽 중심의 문화 원형을 만들어 냈어요.

건축 모양으로는 '라틴 크로스Latin Cross'라고 불리는 십자가형을 이루게 돼요. 로마네스크 양식의 대표적 건물인 피사 대성당을 위에서 내려다보면 본관 건물의 좌우로 날개 건물을 추가하여 전체적으로 긴 십자가형을 이루고 있어요. 그리고 창문이나 하중을 받는 기본 구조물은 둥근 아치로 만들었어요. 또 평평하던 지붕도 둥근 아치 형태로 바꾸고, 돌로 지붕을 만들었어요. 무거운 돌을 천장에 올려야 했기 때문에 그 하중을 지탱하는 기둥과 벽은 두꺼워야 했고, 창문을 많이 낼 수도 없었어요. 창문을 많이 내면 그만큼 벽체가 약해지기 때문이죠. 그래서 로마네스크 건축은 대체로 외형은 육중해 보이고, 건물 안은 어두운 양식이에요.

고딕Gothic 양식은 완전히 새로운 게르만 건축 문화이고, 지금 우리가 중세 하면 쉽게 떠올리는 상징적인 양식이에요. '고딕'이란 이름은 게르만족의 일파인 '고트족'이란 뜻인데, 이탈리아인들이 고딕 양식을 낮추어 부른 이름이에요. 우리 식으로 이야기하면 '오랑캐'라는 말쯤 되는 거예요. 고딕 양식은 고트족과는 관계가 없고, 지금의 북부 프랑스 지역에서 시작되어 널리 퍼져 나갔어요.

고딕 양식 건축은 창문이나 하중을 받는 기본 구조물을 둥근 아치 대신 뾰족한 아치로 만들었고, 더욱 높아진 천장, 크고 넓은 창문, 그리고 아름답게 채색된 스테인드글라스 등이 특징이에요. 수직성은 더 강조되었고, 건물 안으로 햇빛이 가득 들어왔어요. 한 마디로 신의 영광을 찬미하려는 의도를 한껏 발휘하는 건축이에요.

고딕 교회는 도시의 발달과도 깊은 관련이 있어요. 로마네스크 교회는 수도원 중심 교회로 대부분 속세와 떨어진 은둔지에 세워졌으나, 고딕 교회는 사람들이 수시로 드나들 수 있는 도시 한가운데 세워졌

어요. 도시의 성장으로 인구가 증가하고 이에 따라 많은 신자를 수용
할 수 있는 공간이 필요했기 때문에 큰 도시마다 고딕 교회를 앞다퉈
지었어요. 파리의 노트르담 대성당, 쾰른의 대성당은 대표적인 도시의
고딕 성당이에요.

주홍글씨

가슴에 새긴 'A', 그 죄를 어찌 감당하리

죄악이란 징표로 상징되든 상징되지 않든
어쨌거나 언제나 숙명의 성격을 띠게 마련이다.

《주홍글자》, 너새니얼 호손, 민음사, 2007

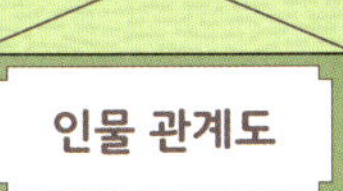

목사

헤스터의 남편

헤스터의 딸

17세기 미국 매사추세츠 보스턴의 청교도 마을에서 한 여인이 감옥에서 나오고 있어요. 그녀는 헤스터 프린이라는 젊은 여성으로, 가슴에 화려한 자수로 수놓은 주홍색 'A' 자를 달고 있어요. 'A'는 '간통adultery'을 의미하는 글자로, 헤스터가 남편이 없는 상태에서 아이를 낳았기 때문에 평생 가슴에 'A' 자를 달고 살라는 벌을 받게 된 것이죠.

헤스터의 남편은 그녀보다 나이가 많은 로저 칠링워스라는 학자로, 헤스터를 미국으로 보낸 후 일을 마무리하고 나중에 오기로 했어요. 하지만 그가 도착하기 전에 헤스터는 마을의 젊은 목사 아서 딤즈데일과 사랑에 빠졌고, 아이를 가지게 되었답니다. 그 아이가 바로 펄이에요.

헤스터는 자기 죄를 공개적으로 인정하고 벌을 받지만, 아이의 아버지가 누구인지는 끝까지 밝히지 않았어요. 그녀의 남편 로저는 마을에 도착해 의사로 신분을 숨기며 복수를 다짐했고, 펄의 아버지가 딤즈데일 목사라는 것을 알아냈어요. 이후 로저는 복수를 위해서 살아가죠.

헤스터는 가슴에 주홍글씨를 달고 살면서도 강인한 마음을 잃지 않고, 바느질로 생계를 유지하며 펄을 키웠어요. 딤즈데일 목사는 사회적 신분과 두려움 때문에 자기 죄를 숨기고 살아갔고, 그에 대한 죄책감으로 점점 건강이 악화되었죠.

헤스터는 마을 사람들에게 친절을 베풀고 도움이 필요한 사람들을 돕는 등 선행을 쌓았고, 시간이 지남에 따라 주홍글씨의 의미도 '간통'이 아닌 '능력 있는able' 의미로 바뀌어 갔어요.

7년의 세월이 흐른 후, 헤스터와 딤즈데일 목사는 함께 마을을 떠나 새로운 삶을 시작하기로 했어요. 떠나기 전 마지막 설교에서 딤즈데일은 자신이 펄의 아버지임을 고백하고 그 자리에서 쓰러져 죽고 말아요. 헤스터처럼 밖으로 드러난 주홍글씨는 없었지만, 그의 마음에 주홍글씨가 새겨져 정신과 육체가 병들었던 거죠. 로저도 딤즈데일이 죽고 1년 후에 죽고 말아요. 복수라는 처절한 마음의 주홍글씨를 새기고 살던 그도 복수의 대상이 떠나니 삶의 의미를 잃어버린 거예요.

헤스터와 펄은 유럽으로 떠났어요. 여러 해가 지난 후 헤스터는 혼자 마을로 돌아와 옛집에 살면서 다시 주홍글씨를 달고 여성들에게 조언해 주며 살다가 딤즈데일 목사 옆에 묻혀요. 세월이 흐른 뒤 사람들은 그녀의 가슴에 새겨진 A를 '천사angel'를 뜻하는 것으로 바꾸어 생각하게 되었답니다.

Q. 청교도들은 신앙의 자유를 찾아 신대륙으로 이주했지만, 《주홍글씨》에서처럼 그들이 만든 사회는 오히려 엄격한 규율로 개인의 자유를 제한했어요. 종교적 이상과 현실 사이의 모순이 왜 생겼을까요? 미국 건국 과정에서 이런 모순은 어떻게 해결되었을까요?

소설을 탐구하다

작품의 창작 배경 및 상황

《주홍글씨》는 미국 문학사에서 최초의 심리 소설로 평가받고 있어요. 호손은 이 작품을 통해 17세기 청교도 사회의 엄격한 도덕관과 인간의 죄, 양심의 문제를 깊이 있게 탐구했답니다.

이 소설은 호손이 세관(관세를 걷는 곳)에서 일하던 시절, 오래된 문서 사이에서 붉은 천으로 만든 'A'자를 발견했다는 이야기로 시작해요. 물론 이것은 소설적 장치지만, 호손은 자기 조상들이 실제로 마녀재판 같은 청교도의 엄격한 처벌에 관여했다는 사실에 죄책감을 느끼고 있었어요. 그의 증조부는 '세일럼 마녀재판'의 판사 중 한 명이었거든요. 세일럼 마녀재판은 17세기 후반 매사추세츠 식민지에서 일어난, 미국 역사상 가장 악명 높은 사건 중 하나예요. 1692년 세일럼 빌리지에서 마녀에 대한 고발이 들어와 수개월간 재판과 처형이 이어졌어요. 재판이 진행되면서 고발 건수가 늘어났고, 재판은 개인적인 불만을 표출하고 원한을 푸는 수단이 되었죠. 이 기간 세일럼을 휩쓴 히스테리로 인해 죄 없는 여성 14명, 남성 5명, 어린이 1명을 포함한 총 20명이 처형당했어요. 이런 가족사가 《주홍글씨》의 주제에 영향을 미쳤다고 볼 수 있어요.

미국 문학 발전과 《주홍글씨》의 의의

미국 문학은 초기에 유럽, 특히 영국 문학의 영향을 많이 받았어요. 그러나 19세기에 들어서면서 미국만의 독특한 문학적 정체성을 형성하기 시작했죠. 이 시기에 워싱턴 어빙, 제임스 페니모어 쿠퍼, 에드거 앨런 포 등이 활동하며 미국 문학의 기틀을 다졌어요. 1830년대부터 1860년대까지의 미국 문학은 '미국 르네상스' 또는 '미국 낭만주의'라고 불러요. 나다니엘 호손도 이 시기에 활발히 활동했는데, 미국만의 문학적 표현을 추구했답니다. 《주홍글씨》는 이런 미국 문학의 발전 과정에서 매우 중요한 작품이에요. 이 소설은 미국의 역사와 전통을 바탕으로 한 최초의 장편소설로 평가받고 있어요. 《주홍글씨》는 출간 즉시 큰 성공을 거두었고, 호손을 미국의 대표 작가로 자리매김하게 했어요. 이 작품은 인간 심리의 복잡성과 사회적 금기, 죄와 벌, 정체성과 명예 등 다양한 주제를 다루고 있답니다.

《주홍글씨》는 역사 소설일 뿐만 아니라 깊은 심리적 통찰과 풍부한 상징을 사용한 심리 소설이에요. 주홍글씨 'A'는 '간통'을 의미하지만, 작품이 진행됨에 따라 '능력', '천사angel', '예술art' 등 다양한 의미로 해석될 수 있는 복합적인 상징이 되죠.

호손이 《주홍글씨》에서 다룬 청교도 사회의 엄격함과 위선, 그 속에서 자기 정체성을 지키려는 개인의 투쟁은 미국 사회의 본질적인 갈등을 보여 주는 것이기도 해요. 미국은 청교도적 도덕관과 자유주의적 개인주의 사이에서 균형을 찾아가는 국가였고, 《주홍글씨》는 그런 미국의 정체성 형성 과정을 문학적으로 표현한 작품이라고 볼 수 있답니다.

청교도의 신대륙 이주

영국에서는 종교개혁을 통해 영국 국교회라는 새로운 종교가 만들어졌는데, 이 영국 국교회도 가톨릭의 영향을 너무 많이 받고 있다고 생각해 더 엄격한 종교개혁을 주장한 사람들이 있었어요. 그들은 성경의 가르침에 따라 검소하고 엄격한 생활을 해야 한다고 믿었는데, 그 종교가 바로 청교도에요. 즉 청교도는 영국 개신교의 한 분파죠.

영국에서 청교도는 종교적 박해를 받았어요. 특히 제임스 1세와 찰스 1세가 다스리던 시기에 많은 제약을 받았고, 결국 일부 청교도는 새로운 삶의 터전을 찾아 신대륙(아메리카 대륙)으로 떠나게 되었답니다. 1620년, 102명의 청교도 일행이 '메이플라워호'를 타고 영국을 떠나 대서양을 건너 현재 미국의 매사추세츠주 플리머스에 도착했어요. 이들은 '필그림 파더스Pilgrim Fathers'라고 불리며, 미국 역사에서 중요한 의미를 지녀요. 그들은 배 위에서 '메이플라워 서약'을 맺어 자치 정부를 세우기로 약속했어요.

이후 1630년에는 존 윈스롭이 이끄는 더 큰 규모의 청교도 그룹이

'매사추세츠만 식민지'를 건설했어요. 윈스롭은 "우리는 언덕 위의 도시가 될 것이다"라며 이상적인 기독교 공동체를 세우고자 했답니다. 청교도는 신대륙에서 자신들의 종교적 믿음에 따라 공동체를 형성했어요. 그들은 교육을 중요시하여 1636년에는 하버드대학을 설립했고, 학교 교육을 의무화했죠. 또한 민주적 자치 제도인 '타운 미팅'을 발전시켰는데, 이는 미국 민주주의의 기초가 되었답니다.

하지만 청교도 사회에는 매우 엄격한 도덕규범이 있었어요. 종교적 의무 불이행, 간통, 마녀 행위 등은 심각한 범죄로 간주되어 공개적인 처벌을 받았어요. 특히 1692년 세일럼 마녀재판은 청교도 사회의 엄격함과 광신이 극단으로 치달은 사례였답니다.《주홍글씨》는 바로 이런 청교도 사회의 엄격한 도덕관과 개인의 자유 사이의 갈등을 배경으로 하고 있어요. 헤스터가 달아야 했던 주홍글씨 'A'는 청교도 사회의 공개적 수치형의 한 예였죠.

미국 건국과 청교도 정신

청교도가 미국에 가져온 가치관과 제도는 후에 미국의 건국 과정에 큰 영향을 미쳤어요. 청교도의 자치 정신, 근면함, 교육에 대한 열정은 미국 사회의 중요한 바탕이 되었답니다. 미국 독립 혁명(1775-1783)은 영국의 지배에서 벗어나 자유와 독립을 추구하는 식민지인의 저항에서 시작되었어요. 청교도가 중시한 자치 정신과 개인의 자유가 반영된 것이죠. 1776년 7월 4일, 미국은 독립선언서를 발표하며 영국으로부터의 독립을 선언했어요. 이 선언서는 "모든 인간은 평등하게 태어났으며, 창조주로부터 양도할 수 없는 권리를 부여받았다"라고 명시했어요. 이는 청교도가 중시한 인간의 존엄성과 맞닿아 있는 부분이기도 해요. 1787년에는 헌법 제정 회의가 열려 미국 헌법이 만들어졌고, 1789년에 조지 워싱턴이 초대 대통령으로 취임하면서 미국은 본격적인 독립국가로서의 길을 걷기 시작했어요.

청교도의 영향은 미국 사회의 여러 측면에서 발견할 수 있어요. 근면과 자립을 강조하는 '청교도 윤리'는 미국의 자본주의 발전에 기여했고, 공동체 의식과 상호 책임은 미국의 시민 사회 형성에 영향을 미쳤어요. 청교도의 교육에 대한 열정은 미국의 공교육 제도의 발전으로도 이어졌답니다.

하지만 청교도의 영향이 항상 긍정적인 것만은 아니었어요. 《주홍글씨》에서 보여주듯이, 엄격한 도덕관과 종교적 광신은 개인의 자유를 억압하는 요소가 되기도 했죠. 미국 사회는 이런 청교도적 전통과 개인의 자유 사이에서 균형을 찾아가는 과정을 거쳤답니다.

17세기 청교도 사회와 여성의 지위

17세기 청교도 사회에서 여성의 지위는 오늘날과는 매우 달랐어요. 여성은 주로 가정에서의 역할을 담당했으며, 공적 영역에서의 활동은 제한되었죠. 청교도 신앙에서는 성경에 근거하여 여성이 남성에게 순종해야 한다고 가르쳤어요.

청교도 사회에서 결혼은 매우 중요한 제도였어요. 모든 성인은 결혼해야 한다고 생각했고, 독신 생활은 비정상적인 것으로 여겨졌어요.

결혼한 여성은 법적으로 남편에게 종속되었고, 재산권이나 계약 체결권 같은 법적 권리가 제한되기도 했어요. 그러나 여성과 남성이 영적으로는 평등하다고 보았어요. 여성도 성경을 읽고 이해할 수 있어야 한다고 생각했기 때문에 여자아이에게도 기본적인 읽기 교육을 제공했죠. 이는 당시로서는 상당히 진보적인 생각이었답니다.

《주홍글씨》의 주인공 헤스터는 이런 청교도 사회의 엄격한 성 규범에 도전한 인물이에요. 간통은 청교도 사회에서 매우 심각한 범죄였고, 특히 여성에게 더 가혹한 처벌이 내려졌어요. 실제로 17세기 뉴잉글랜드에서는 간통죄로 사형이 선고되기도 했죠. 헤스터가 받은 주홍글씨를 달아야 하는 처벌은 당시 실제로 존재했던 형벌이었답니다. 헤스터와 같은 상황에 있던 여성들의 기록이 남아있어요. 1694년 매사추세츠에서 헤스터 프랫이라는 여성이 간통죄로 기소되어 공개적으로 채찍질을 당하고 'AD(Adulteress, 간통녀)'라는 글자를 옷에 달아야 했다는 기록이 있어요. 호손이 이런 사례에서 영감받았을 가능성이 높아요.

청교도 사회에서 또 다른 여성 관련 사건은 세일럼 마녀재판이었어요. 세일럼 마녀재판은 1692년 매사추세츠 세일럼에서 주로 여성들이 마녀로 고발되고 처형되었던 재판을 말해요. 주로 사회적 규범에서 벗어난 행동을 한 여성들, 예를 들어 독립적이거나, 특이한 행동을 하거나, 미혼모였던 여성들이 마녀로 의심받는 경우가 많았죠. 이는 당시 사회가 여성에게 얼마나 엄격한 규범을 요구했는지 보여 주는 사례랍니다.

《주홍글씨》에서 헤스터는 처벌을 받은 후에도 공동체 내에서 자신의 바느질 솜씨로 생계를 유지하고, 딸인 펄을 홀로 키우며 강인함을 보여줘요. 그녀는 자신의 죄를 인정하면서도 주홍글씨를 자기만의 방식으로 재해석하고, 궁극적으로는 공동체에 다시 받아들여지는 모습을 보여주죠. 이는 청교도 사회의 엄격한 규범 속에서도 한 여성이 어떻게 자신의 정체성과 존엄성을 지켜 나갔는지 보여 주는 강력한 메시지라고 할 수 있어요.

미국이 독립하고 발전하는 과정에서 여성의 지위와 권리도 점차 향상되었지만, 그 과정은 매우 느리게 진행되었어요. 여성의 투표권이 전국적으로 인정된 것은 1920년이었고, 그 이후에도 여성의 완전한 평등을 위한 투쟁은 계속되었답니다. 《주홍글씨》는 이런 미국 역사 속에서 여성의 지위와 권리에 대한 성찰을 제공하고 있어요.

로빈슨 크루소
무인도에서 살아남기

이제 나는 용기가 더 생겼고,
덩달아 호기심도 더 커졌다.

《로빈슨 크루소》, 다니엘 디포, 시공주니어, 2019

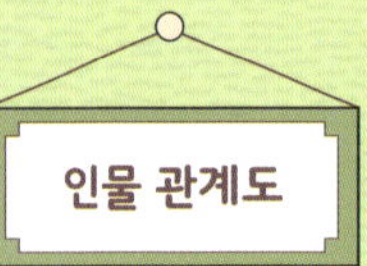

무인도 표류자

로빈슨 크루소의
하인이자 친구

　로빈슨 크루소는 영국의 중산층 가정에서 태어났어요. 그는 안정된 중산층의 삶보다 모험을 갈망했고, 부모님의 반대에도 불구하고 바다로 나가 선원이 되기로 결심했죠.

　그의 첫 항해는 재난으로 끝났지만, 이에 굴하지 않고 다시 바다로 나갔어요. 두 번째 여행에서는 운 좋게 브라질까지 가서 사탕수수 농장을 운영하며 부를 쌓았죠. 하지만 더 많은 부를 얻기 위해 아프리카로 향하는 노예 무역선에 승선했다가 큰 폭풍을 만나게 돼요. 배는 난파되고 크루소만 유일하게 살아남아 무인도에 표류하게 되었어요. 무인도에 도착한 크루소는 처음에는 절망했지만, 곧 난파선에서 식량과 도구, 무기 등을 건져 와 생존에 필요한 것들을 확보해요. 그는 동굴을 발견해 그곳을 요새로 만들고, 사냥과 농사, 목축 등을 통해 스스로 식량을 생산하기 시작했어요. 또한 성경을 읽으며 신앙심을 기르고, 일기를 쓰며 고독과 싸웠죠.

　크루소는 무인도 생활 12년 차에 해변에서 인간의 발자국을 발견해요. 알고 보니 그 섬에는 식인종들이 가끔 방문하여 포로들을 잡아먹는 의식을 치르고 있었어요. 어느 날 크루소는 식인종들에게 잡힌 한 원주민을 구출하여 '프라이데이'(금요일)라는 이름을 지어 주고, 그를 자신의 하인이자 친구로 삼았어요. 크루소와 프라이데이는 함께 지내며 서로 언어와 문화를 배우게 되었고, 크루소는 프라이데이에게 기독교와 영국 문화를 가르쳤어요. 이후 그들은 식인종들에게 잡힌 프라이데이의 아버지와 한 스페인 선원을 구출하기도 했어요.

크루소는 28년간의 무인도 생활 끝에, 우연히 영국 선박을 발견하게 돼요. 그러나 이 배에서는 선원들이 선장에게 반란을 일으킨 상황이었지요. 크루소와 프라이데이는 선장과 충성스러운 선원들을 도와 반란을 진압했고, 마침내 영국으로 돌아갈 수 있게 되었답니다. 영국에 돌아온 크루소는 자신이 없는 동안 잘 운영된 브라질 농장 덕분에 부자가 되어 있었어요. 그는 결혼하고 가정을 이루었지만, 모험심은 사라지지 않아 후에 다시 자신의 섬을 방문하여 그곳에 정착한 사람들을 만나 보기도 했어요. 결국 로빈슨 크루소는 인간의 의지와 신앙, 인내만 있으면 어떤 역경도 극복할 수 있다는 것을 보여준 인물이랍니다.

Q. 로빈슨 크루소는 무인도에서 스스로 문명을 만들었어요. 그가 만든 사회는 영국 사회의 축소판이라고 볼 수 있을까요? 크루소가 프라이데이와 맺은 관계는 당시 유럽과 원주민 간의 관계를 어떻게 반영하고 있을까요?

소설을 탐구하다

작품의 창작 배경 및 상황

《로빈슨 크루소》는 대표적인 모험 소설이자 생존 이야기예요. 이 소설은 실제 사건에서 영감을 받았는데, 스코틀랜드의 선원 알렉산더 셀커크가 남태평양의 후안 페르난데스 섬에서 4년 4개월 동안 혼자 살았던 실화를 바탕으로 했죠. 디포는 이 이야기를 들은 후, 당시 영국의 식민지 개척과 세계 무역의 확장이라는 시대 배경을 반영하여 《로빈슨 크루소》를 창작했어요. 18세기 초 영국은 대항해 시대의 중심국 중 하나로, 전 세계에 식민지를 건설하고 무역망을 확장하고 있었기 때문에, 이런 시대 분위기가 책 속에 잘 녹아 있답니다.

《로빈슨 크루소》는 출간 즉시 큰 인기를 끌었고, 디포는 이후에 속편을 발표했어요. 속편은 단순한 모험 이야기를 넘어, 당시 영국인들의 개척 정신과 식민지 건설, 상업적 야망, 기독교 신앙 등 다양한 요소를 담고 있어요.

많은 학자가 《로빈슨 크루소》를 최초의 영국 소설로 평가하기도 해요. 이전의 이야기는 대부분이 상상의 세계나 신화적 요소에 의존했던 것과 달리, 디포는 현실적인 배경과 인물을 통해 당시 독자가 공감할 수 있는 이야기를 만들어 냈기 때문이죠.

대항해 시대

대항해 시대는 15세기 중반부터 17세기 중반까지 약 200년간 유럽 국가들이 새로운 항로를 개척하고 세계 각지를 탐험했던 시기를 말해요. 이 시대가 시작된 배경에는 여러 요인이 있어요.

첫째, 동양과의 무역에 관심이 높아졌어요. 마르코 폴로의 《동방견문록》 등을 통해 아시아의 비단, 향신료, 보석 등 값비싼 상품에 대한 유럽인들의 욕구가 커졌어요. 그러나 오스만 제국이 동서 무역로를 장악하면서 유럽 상인들은 새로운 무역로를 찾아야 했어요.

둘째, 과학기술의 발전이 있었어요. 나침반, 천문 관측 도구, 지도 제작 기술, 그리고 더 튼튼하고 빠른 배(캐러벨선)의 개발은 먼 바다로 항해를 가능하게 했어요.

셋째, 국가 간 경쟁이 치열했어요. 포르투갈과 에스파냐(스페인)를 시작으로 영국, 프랑스, 네덜란드 등이 새로운 영토와 부를 차지하기 위해 경쟁했어요.

넷째, 기독교 전파에 대한 열망이 있었어요. 유럽 국가들은 새로운 땅에서 기독교를 전파하는 것을 중요한 사명으로 여겼죠.

이런 배경 속에서 포르투갈의 엔리케 왕자는 백성의 항해 탐험을 후원하기 시작했고, 바르톨로메우 디아스와 바스코 다 가마는 아프리카를 돌아 인도로 가는 항로를 개척했어요. 콜럼버스는 에스파냐의 후원을 받아 서쪽으로 항해하다 1492년 아메리카 대륙에 도착했죠.

《로빈슨 크루소》가 쓰인 18세기 초는 대항해 시대의 유산이 꽃피는 시기였어요. 유럽 국가들은 전 세계에 식민지를 건설하고 무역망을 확장하고 있었고, 영국은 해상 강국으로 부상하고 있었죠. 이런 시대적 배경이 로빈슨 크루소의 모험담에 고스란히 반영되어 있답니다.

신항로 개척과 그 영향

대항해 시대에 개척된 신항로는 세계 역사에 엄청난 변화를 불러왔어요. 콜럼버스의 항해 이후, 아메리카 대륙이 유럽인에게 알려졌고, 마젤란은 1519년부터 1522년까지의 항해를 통해 세계일주에 성공했어요. 이런 탐험을 통해 세계 지도가 완성되어 갔고, 세계는 점점 더 연결되기 시작했죠.

신항로 개척의 가장 큰 영향은 '콜럼버스 교환'이라고 불리는 생물학적, 문화적 교류였어요. 아메리카에서는 감자, 옥수수, 토마토, 카카오, 담배 등이 유럽으로 전파되었고, 유럽에서는 말, 소, 돼지와 같은 가축과 밀, 보리, 커피 등의 작물이 아메리카로 전해졌어요. 불행히도 유럽인에게서 시작된 천연두나 홍역과 같은 질병은 면역력이 없던 아메리카 원주민에게 치명적이었고, 수백만 명이 목숨을 잃기도 했어요.

경제적으로는 '가격 혁명'이라 불리는 큰 변화가 일어났어요. 아메리카에서 가져온 엄청난 양의 금과 은이 유럽에 유입되면서 물가가 크게 올랐고, 이는 봉건제의 쇠퇴와 자본주의의 발전으로 이어지기도 했어요.

이른바 유럽인이 말하는 '지리상의 발견'도 유럽인의 세계관을 크게 바꿔 놓았어요. 성경이나 고대 문헌에 없던 새로운 대륙과 문화의 발견은 유럽인이 자기들의 지식과 신앙을 다시 생각하게 했고, 이는 후에 계몽주의 발전에도 영향을 미쳤답니다.

유럽의 식민지 개척과 상업주의

대항해 시대를 거치며 유럽 국가들은 전 세계에 식민지를 건설했어요. 처음에는 포르투갈과 에스파냐가 교황의 중재로 세계를 나누어 식민지를 건설했지만, 17세기부터는 영국, 프랑스, 네덜란드가 주도권을 잡기 시작했어요.

식민지 개척의 주된 목적은 경제적 이익이었어요. 나라의 부를 늘리려고 상업을 중히 여기고, 보호 무역을 통해 자본을 축적하던 '중상주의' 정책 아래, 유럽 국가들은 식민지에서 원료를 싸게 얻고 그곳에 자국 상품을 비싸게 판매하는 무역 체제를 구축했어요.

'삼각 무역'이라 불리는 체제도 발달했는데, 유럽에서 만든 물건을 아프리카로 보내 노예와 교환하고, 이 노예들을 아메리카 식민지로 데려가 농장에서 일하게 한 뒤, 그곳에서 생산된 설탕, 담배, 면화 등을 다시 유럽으로 가져오는 방식이었어요. 이런 무역 체제는 유럽에 엄청난 부를 가져다주었지만, 식민지 원주민과 아프리카에서 끌려온 노예에게는 큰 고통이었답니다. 아메리카 원주민은 질병과 전쟁으로 인구가 급감했고, 아프리카에서는 1200만 명 이상이 노예로 끌려갔죠.

《로빈슨 크루소》는 이런 식민지 개척과 상업주의를 반영하고 있어요. 크루소는 처음에 노예무역을 위해 항해에 나섰고, 무인도에서도 자기 영지를 건설하듯 땅을 개척하고 다스렸어요. 프라이데이와의 관계도 당시 유럽인과 원주민의 관계를 보여주는데, 크루소는 프라이데이에게 영어와 기독교에 관해 가르치며 그를 '문명화'시키려 했답니다.

디포는 이 소설을 통해 당시 영국인의 식민지 건설과 상업적 모험을 긍정적으로 그리고 있지만, 이는 제국주의적 시각을 담고 있다고 볼 수 있어요. 크루소가 무인도를 자기 왕국처럼 다스리는 모습은 유럽의 식민지 지배를 정당화하는 것으로 해석될 수 있죠.

계몽주의와 《로빈슨 크루소》

《로빈슨 크루소》가 쓰인 18세기는 유럽에서 계몽주의 사상이 발전하던 시기였어요. 계몽주의는 이성과 과학, 개인의 자유와 진보를 중시하는 사상으로, 전통적인 권위와 미신에 도전했어요.

크루소의 이야기는 여러 면에서 계몽주의 사상을 반영하고 있어요. 그는 무인도에서 이성과 관찰, 실험을 통해 문제를 해결하고, 자연을 정복하며, 스스로 생존을 위한 사회를 건설해요. 이는 인간 이성의 힘과 자연에 대한 지배를 강조하는 계몽주의 사상과 맞닿아 있어요. 크루소는 신앙과 이성을 조화시키는 모습을 보여주는데, 그는 성경을 통해 위안을 얻지만, 자기 경험과 관찰을 통해 실용적인 지식을 쌓기도 하죠. 이런 모습은 계몽주의 시대에 종교와 과학을 조화시키려 했던 시도를 반영하고 있답니다. 크루소의 자립심과 근면함은 당시 발전하던 자본주의 정신과도 연결되어 있어요. 그는 끊임없이 일하고, 자원을 효율적으로 활용하며, 자기만의 경제 체제를 구축해요. 이는 근대 자본주의의 기초가 된 청교도적 노동 윤리와 맞닿아 있는 부분이죠.

《로빈슨 크루소》는 출간 이후 많은 영향을 미쳤어요. 특히 장 자크 루소는《에밀》에서《로빈슨 크루소》를 어린이 교육에 이상적인 책으로 추천했고, 이후 많은 모방작이 등장했어요.《로빈슨 크루소》는 오늘날까지도 모험, 생존, 자립심에 관한 고전으로 사랑받고 있으며, 이 작품을 패러디한 수많은 작품, 일명 '로빈소나드'라는 장르를 탄생시켜 문학사에 큰 발자취를 남기기도 했답니다.

12

종의 기원

신이 만들었나? 진화했나?

나는 동일한 속에 속한 모든 종들은
공통 조상으로부터 내려온 것들임이 확실하다고 본다.

《종의 기원》, 찰스 다윈, 사이언스북스, 2019

《종의 기원》은 자연과학 분야의 중요한 학술서로 이 책은 지구상의 생물 종들이 어떻게 현재의 모습으로 발전하게 되었는지를 설명하는 혁명적인 이론을 담고 있어요.

《종의 기원》을 쓴 찰스 다윈은 영국의 비글호를 타고 5년간(1831-1836) 세계 곳곳을 여행하며 다양한 동식물과 화석을 관찰하고 수집했어요.

특히 갈라파고스 제도에서 그는 섬마다 조금씩 다른 특징이 있는 핀치새들을 발견했는데, 이는 진화론에 중요한 영감이 되었어요. 다윈은 여행에서 돌아온 후 20년 넘게 자신의 관찰과 자료를 분석하며 이론을 다듬었어요. 그는 많은 실험과 연구를 통해 생물들이 어떻게 변화하고 적응하는지를 이해하고자 했죠.

《종의 기원》에서 다윈이 주장한 핵심 이론은 '자연선택에 의한 진화'예요. 이 이론에 따르면, 모든 생물은 조금씩 다른 특성을 가지고 태어나고, 환경에 더 잘 적응한 개체들이 생존하고 번식할 가능성이 높아지며 이런 과정이 오랜 시간 동안 반복되면서 생물종이 점진적으로 변화한다는 것이죠.

다윈은 농부들이 어떤 특성을 가진 가축이나 작물을 선택적으로 교배시키는 '인위적 선택'의 예를 들며, 자연에서도 비슷한 '선택' 과정이 일어난다고 설명했어요. 그는 이러한 자연선택 과정이 수백만 년에 걸쳐 일어나면서 단순한 생명체로부터 현재의 복잡하고 다양한 생물종이 발생했다고 주장했죠.

다윈은 모든 생물이 공통 조상으로부터 갈라져 나왔다는 '공통 조상론'도 제시했어요. 그는 생물들 사이의 유사점이 공통된 조상으로부터 물려받은 특성이라고 설명했죠.

《종의 기원》은 출판 즉시 큰 논쟁을 불러일으켰어요. 많은 과학자가 다윈의 이론을 받아들였지만, 일부는 종교적 이유나 당시 과학적 한계로 인해 반대하기도 했어요. 특히 인간이 다른 동물과 공통 조상을 가졌다는 생각은 많은 사회적·종교적 저항에 부딪혔어요.

오늘날 진화론은 의학, 농업, 보전 생물학 등 다양한 분야에 영향을 미치고 있어요.

Q. 다윈의 진화론이 당시 사회에 큰 충격을 준 이유는 무엇일까요? 우리가 세상을 바라보는 방식에 어떤 변화를 불러왔을까요?

소설을 탐구하다

작품의 창작 배경 및 상황

《종의 기원》의 정식 제목은《자연선택에 의한 종의 기원, 또는 생존 경쟁에서 유리한 종족의 보존에 관하여》에요.

다윈이 이 책을 쓰게 된 배경은 비글호 항해 경험으로부터 비롯돼요. 1831년, 22세의 다윈은 영국 해군 측량선 비글호의 박물학자로 승선하여 5년간 세계 일주 항해에 참여했어요. 이 여행 동안 그는 남아메리카의 다양한 생물과 지질을 관찰했고, 특히 갈라파고스 제도에서의 경험이 그의 사상 발전에 큰 영향을 미쳤죠.

갈라파고스 제도에서 다윈은 섬마다 조금씩 다른 특징을 가진 핀치새들을 발견했어요. 이 새들은 부리의 모양이 각 섬의 먹이 환경에 따라 다르게 발달했는데, 이것이 환경에 대한 적응과 변화의 증거가 되었죠. 다윈은 남아메리카에서 발견한 화석들이 현존하는 생물과 유사하면서도 다르다는 점에도 주목했어요.

항해에서 돌아온 후 다윈은 관찰 결과를 정리하며 진화에 관한 생각을 발전시켰어요. 그는 당시 인기 있던 토머스 맬서스의《인구론》을 읽고 '생존 경쟁'의 개념에 영감을 받았고, 동물 육종가들의 '인위적 선택' 사례를 연구하며 '자연선택'의 개념을 발전시켰죠.

다윈은 자신의 이론이 가져올 논쟁을 우려해 출판을 미루고 있었어요. 그는 20년 동안 증거를 모으고 이론을 다듬었지만, 발표를 주저하고 있었죠. 그러던 1858년, 알프레드 러셀 월리스라는 또 다른 자연학자가 다윈과 매우 유사한 진화론을 담은 논문을 보내왔어요. 이에 다윈은 서둘러 자신의 연구를 정리하여 1859년《종의 기원》을 출판하게 되었답니다.

책이 출판된 19세기 중반의 영국은 산업혁명으로 인해 급격한 변화를 겪고 있었어요. 과학적 발견이 이어지고 있었지만, 사회는 여전히 전통적인 종교적 세계관이 강했죠. 당시 지배적이던 생각은 모든 생물종이 신에 의해 개별적으로 창조되었다는 '종의 불변성'이어서 다윈의 이론은 이런 전통적 관점에 도전하는 것이었기에 큰 논쟁을 불러일으켰어요.

《종의 기원》은 출판 당일 전체 1250부가 판매될 정도로 큰 관심을 받았어요. 과학계에서는 점차 다윈의 이론을 받아들이기 시작했지만, 종교계와 일반 대중 사이에서는 여전히 반발했어요. 특히 다윈이 초판에서는 인간의 진화에 대해 직접적으로 언급하지 않았지만, 그의 이론이 인간도 다른 동물과 공통 조상을 가졌음을 암시한다는 점이 큰 논쟁을 불러일으켰어요.

20세기에 유전학이 발전하면서 다윈의 이론은 더 강화되었어요.

찰스 로버트 다윈(Charles Robert Darwin, 1809-1882):

다윈은 영국의 자연학자이자, 현대 진화론의 기초를 세운 과학자예요. 그는 영국 슈루즈베리에서 부유한 가정에서 태어났어요. 그의 아버지 로버트 다윈은 성공한 의사였고, 할아버지 에라스뮈스 다윈도 유명한 의사이자 자연철학자였지요. 이런 가정 환경 덕분에 다윈은 어린 시절부터 자연과 과학을 접할 기회가 많았어요.

어린 다윈은 자연물 수집에 큰 관심을 보였어요. 그는 곤충, 조개, 식물 등을 수집하고 관찰하는 것을 좋아했죠. 학교 교육에서는 뛰어난 성적을 보이지 않았지만, 자연에 대한 열정은 남달랐어요.

1825년, 다윈은 아버지의 뜻에 따라 의학을 공부하기 위해 에든버러대학교에 입학했어요. 하지만 그는 수술 장면을 견디지 못했고, 의학에도 큰 흥미를 느끼지 못했죠. 대신 그곳에서 자연사를 배우고 여러 자연학자와 교류했어요.

다윈은 의사가 되는 것을 포기하고 성직자가 되기 위해 1828년 케임브리지대학교 크라이스트 칼리지에 입학했어요. 그러나 여기서도 그의 주된 관심은 자연 연구였죠. 그는 식물학 교수 존 헨슬로와 친분을 쌓았고, 헨슬로의 추천으로 1831년 비글호 항해에 참여하게 되었답니다.

비글호 항해는 다윈의 인생을 바꾸어 놓았어요. 5년간의 여행 동안 남아메리카, 갈라파고스 제도, 오스트레일리아 등 다양한 지역의 동식물과 지질을 연구했고, 이 경험은 그의 진화론 발전에 핵심적인 영향을 미쳤죠.

영국으로 돌아온 후, 다윈은 런던에서 잠시 생활하다가 1842년 다운하우스로 이사했어요. 이곳에서 그는 아내 엠마 웨지우드와 함께 안정된 가정생활을 하며 연구에 몰두했죠. 다윈 부부는 10명의 자녀를 두었는데, 그중 세 명은 어린 나이에 사망했어요. 특히 10세에 사망한 딸 애니의 죽음은 다윈에게 큰 충격을 주었고, 그의 종교적 신념에도 영향을 미쳤다고 해요.

다윈은 건강이 좋지 않았어요. 비글호 항해 이후 그는 만성 질병에 시달렸는데, 이 때문에 그는 주로 집에서 연구하고, 공개적인 자리에 잘 나타나지 않았어요.

다윈은 1882년 4월 19일, 73세의 나이로 사망했어요. 그는 런던의 웨스트민스터 사원에 안장되었어요. 이는 그의 과학적 업적에 대한 영국 사회의 인정을 보여 주는 것이죠.

다윈은 진화론을 제안한 것을 넘어, 자연 세계를 이해하는 새로운 방식을 제시한 과학자였어요. 그의 업적은 생물학뿐만 아니라 심리학, 인류학, 철학 등 다양한 분야에 영향을 미쳤고, 오늘날까지도 과학과 문화에 큰 영향을 미치고 있답니다.

과학혁명과 근대 과학의 탄생

《종의 기원》이 출판된 19세기 중반은 과학혁명의 영향이 유럽 사회에 깊이 뿌리내린 시기였어요. 과학혁명은 16~17세기에 일어난 과학적 사고와 방법론의 급진적 변화를 말하는데, 다윈의 진화론은 이러한 과학혁명의 흐름 속에서 탄생한 또 하나의 혁명적 이론이었죠.

과학혁명은 코페르니쿠스의 지동설로부터 시작되었다고 볼 수 있어요. 그 이전까지 사람들은 지구가 우주의 중심이고 태양과 행성들이 지구 주위를 돈다고 믿었어요. 그러나 코페르니쿠스는 1543년 《천체의 회전에 관하여》라는 책에서 태양이 중심이고 지구를 포함한 행성들이 태양 주위를 돈다는 혁명적인 이론을 제시했죠.

코페르니쿠스의 이론은 처음에는 많은 반대에 부딪혔지만, 갈릴레오 갈릴레이와 요하네스 케플러의 연구를 통해 많은 증거가 발견되었어요. 특히 갈릴레오는 자신이 개량한 망원경으로 목성의 위성, 금성의 위상 변화 등을 관찰하며 지동설을 지지하는 증거를 제시했죠. 하지만 이 때문에 그는 당시 가톨릭교회와 갈등을 겪었고, 결국 종교재판을 받고 가택연금 처분을 받기도 했어요.

과학혁명의 정점은 아이작 뉴턴에 의해 이루어졌어요. 뉴턴은 1687년 《자연철학의 수학적 원리》에서 만유인력의 법칙과 운동 법칙을 제시하며, 우주의 운행을 수학적으로 설명했죠. 뉴턴의 이론은 천체의 움직임부터 사과가 떨어지는 현상까지 같은 법칙으로 설명할 수 있다는 것을 보여주었고, 이는 자연 세계에 보편적인 법칙이 존재한다는 생각을 강화했어요.

과학혁명은 단순히 몇 가지 이론의 변화가 아니라, 세계를 바라보는 방식의 근본적인 변화를 불러왔어요. 중세의 세계관이 신학적이고 목적론적이었다면, 근대 과학은 자연 현상을 기계적이고 수학적으로 설명하고자 했죠. 과학적 방법론도 발전했는데, 프랜시스 베이컨은 체계적인 관찰과 실험의 중요성을 강조했고, 데카르트는 논리적 추론과 수학적 방법을 중시했어요.

19세기에 들어서면서 과학은 더 전문화되고 체계화되었어요. 이 시기에는 화학, 전기학, 지질학 등 다양한 분야에서 중요한 발견이 이어졌죠. 특히 지질학자 찰스 라이엘의 《지질학의 원리》는 지구의 역사가 매우 오래되었으며, 지질학적 변화가 점진적으로 일어났다는 '균일설'을 제시했는데, 이는 다윈의 진화론 발전에 큰 영향을 미쳤어요.

《종의 기원》은 이러한 과학혁명의 연장선에서 이해할 수 있어요. 그가 제시한 진화론은 코페르니쿠스의 지동설만큼이나 혁명적이었고, 인간과 자연을 바라보는 시각을 근본적으로 변화시켰죠. 코페르니쿠스가 인간을 우주의 중심에서 내려놓게 했다면, 다윈은 인간을 생물학적으로 다른 동물들과 연결했답니다.

산업혁명과 빅토리아 시대의 영국

다윈이 살았던 19세기 영국은 산업혁명과 빅토리아 여왕 시대의 번영을 누리고 있었어요.

산업혁명은 18세기 중반 영국에서 시작된 제조업, 농업, 교통, 기술의 급격한 변화를 말해요. 제임스 와트의 증기기관 개발, 방직기의 발명, 철도 시스템의 구축 등으로 영국은 세계 최초의 산업화된 국가가 되었지요. 이에 따라 영국의 경제력과 국제적 영향력은 크게 증가했고, '대영제국'의 시대가 시작됐어요.

산업혁명으로 사회 구조도 크게 변화되었어요. 농촌에서 도시로의 대규모 인구 이동이 일어났고, 새로운 중산층과 노동자 계급이 형성되었지요. 도시는 급속히 성장했지만, 빈곤, 질병, 환경오염 같은 새로운 문제들도 나타났어요.

빅토리아 시대는 영국 역사에서 도덕적 가치와 사회적 엄격함이 강조된 시기로도 알려져 있어요. 빅토리아 여왕은 63년간 재위하며 영국 제국의 전성기를 이끌었고, 이 시기에 영국은 세계 무역과 금융의 중심지가 되었죠. 중산층을 중심으로 한 '빅토리아식 가치관'—근면, 검소, 경건함, 가정의 중요성 등—이 사회적 규범으로 자리 잡았어요.

이런 배경 속에서 다윈의 진화론은 복잡한 반응을 불러일으켰어요. 산업혁명의 성공으로 과학과 기술에 대한 신뢰가 높아져 있었고, 실용적이고 경험적인 접근법이 존중받았죠. 이는 다윈의 관찰과 증거에 기반한 방법론이 받아들여지는 데 도움이 되었어요. 그러나 다른 한편으로는 빅토리아 시대의 종교적, 도덕적 가치관이 강했기 때문에, 인간과 다른 동물들의 관계에 대한 다윈의 주장은 많은 논쟁을 불러일으켰죠. 특히 인간이 원숭이에서 진화했다는 (사실은 다윈이 직접 그렇게 주장한 것은 아니지만) 대중적 해석은 많은 사람에게 충격적이었어요.

1860년 옥스퍼드 대학교에서 열린 토론회에서 새뮤얼 윌버포스 주교가 다윈의 지지자 토머스 헉슬리에게 "당신이 할아버지 쪽으로 원숭이와 연결되어 있는지, 할머니 쪽으로 연결되어 있는지" 비꼬아 물었다고 해요. 이에 헉슬리는 "신의 손에 의해 만들어졌지만 거짓말하는 사람보다는, 원숭이의 후손이 되는 것이 낫다"라고 반박했다고 하는 유명한 일화도 있답니다.

빅토리아 시대는 과학적 발견과 종교적 신념 사이의 긴장이 고조되던 시기였어요. 지질학적 발견들은 성경에 기술된 것보다 지구의 나이가 훨씬 많다는 것을 시사했고, 화석 기록은 오랜 기간에 걸친 생물의 변화를 보여주었죠. 이 때문에 많은 지식인이 전통적인 종교적 믿음과 새로운 과학적 증거 사이에서 갈등을 겪었어요.

다윈 자신도 이러한 갈등을 경험했어요. 그는 원래 성직자가 되기 위해 공부했으며, 비글호 항해 당시에는 성경의 문자적 해석을 믿었으나 그의 연구가 진행됨에 따라 그의 신앙은 변화했고, 특히 딸 애니의 죽음 이후에 더욱 회의하게 되었다고 해요. 그럼에도 다윈은 공개적으로 무신론자임을 선언하지는 않았고, 그의 종교적 견해는 복잡하고 미묘했어요.

《종의 기원》은 이처럼 산업혁명과 빅토리아 시대의 복잡한 사회적, 문화적 맥락에서 나온 작품이었어요. 그것은 단순한 과학 이론이 아니라, 당시 사회가 겪고 있던 변화와 갈등을 반영하고 있었죠.

진화론의 영향과 유전학의 발전

다윈의 진화론은 발표 이후 과학, 철학, 종교, 사회 등 다양한 분야에 엄청난 영향을 미쳤어요. 그의 이론은 생물학의 중심 원리가 되었을 뿐만 아니라, 인간과 자연에 대한 이해를 근본적으로 바꾸었죠.

생물학 분야에서 다윈의 이론은 처음에는 일부 반대에 부딪혔지만, 점차 더 많은 과학자에게 받아들여졌어요. 그러나 당시 다윈의 이론에는 중요한 문제가 하나 있었어요. 바로 유전의 메커니즘을 설명하지 못했다는 점이죠. 다윈은 어떠한 특성이 어떻게 부모에서 자식으로 전달되는지 정확히 알지 못했어요.

다윈이 《종의 기원》을 출판했던 시기에 오스트리아의 수도사 그레고어 멘델이 완두콩 실험을 통해 유전의 법칙을 발견하고 있었어요. 멘델은 완두콩의 여러 특성(키, 꽃 색깔, 씨앗 모양 등)이 어떻게 세대를 거쳐 전달되는지 연구했고, 이를 통해 우성과 열성의 개념, 분리의 법칙, 독립의 법칙 등 기본적인 유전 법칙을 발견했죠.

하지만 안타깝게도 멘델의 연구는 당시 주목받지 못했어요. 그의 논문은 1866년에 발표되었지만 다윈도 멘델의 연구를 알지 못했죠. 알았다면 그의 이론에 큰 도움이 되었을 거예요.

멘델의 법칙이 재발견된 것은 1900년대 초반이었어요. 세 명의 식물학자-휴고 드 브리스, 카를 코렌스, 에리히 폰 체르마크-가 독립적으로 멘델의 논문을 발견하고 그 중요성을 인식했죠. 이는 현대 유전학의 시작을 알리는 사건이었어요.

20세기 초반, 토머스 헌트 모건과 그의 제자들은 초파리 실험을 통해 유전자가 염색체에 위치한다는 것을 증명했어요. 이후 DNA의 이중 나선 구조까지 발견되면서 유전 정보가 어떻게 저장되고 복제되는지 밝혀냈죠.

이런 유전학의 발전은 다윈의 이론을 더 강화했어요. 진화와 유전학이 결합된 '현대적 종합설'은 1930~1940년대에 형성되었고, 진화가 어떻게 일어나는지에 대한 더 완전한 설명을 제공했죠. 집단 유전학, 분자 생물학, 고생물학 등 다양한 분야의 연구가 다윈의 기본 아이디어를 지지하고 보완해 나갔어요.

사회적 진화론과 오용의 역사

다윈의 진화론이 인정받으면서, 인간 사회에 진화론을 적용하려는 시도도 나타났어요. 영국의 철학자 허버트 스펜서는 인간도 자연의 동식물과 마찬가지로 생존 경쟁을 해왔으며, 그 과정에서 우수한 종이 살아남아 인류의 질이 계속 향상되었다고 보았죠. 그리고 개인과 마찬가지로 사회도 이런 방식으로 진화한다고 주장했어요.

'사회진화론'은 스펜서의 이런 생각을 체계화한 이론이에요. 이 이론에 따르면, 생물이 진화하듯이 사회도 단순한 것에서 복잡한 것으로 진화하며, 진화의 원동력은 자연도태와 유사한 사회도태라고 해요. 따라서 부유한 사람은 경쟁에서 우수함을 증명한 사람이고, 가난한 사람은 인간 사회에서 도태된 무능력자인데, 국가가 나서서 개입하는 것은 사회 발전을 가로막는 조치라고 했죠.

당시는 제국주의가 번성할 때였고, 영국은 제국주의의 선두에서 식민지를 개척하고 있었어요. 제국주의자들은 자기들 입맛에 맞는 사회 진화론을 내세우며, 치열한 생존 경쟁을 뚫고 이룬 성공은 정당하다고 주장했어요. 유럽인이 신체적, 정신적, 도덕적으로 우월하기에 다른 인종을 정복하고 다스리는 것은 당연한 권리라고도 여겼죠. 1930년대 독일의 히틀러는 이러한 주장에 영향을 받아서, 유대인과 유색인을 수백만 명이나 죽음으로 내몰았어요.

13

올리버 트위스트
더 주세요, 이게 그렇게 잘못인가요?

선의 원리가 온갖 역경 속에서도 살아남아
끝내 승리하는 것을 보여주려 했다.

《올리버 트위스트》, 찰스 디킨스, 현대지성, 2020

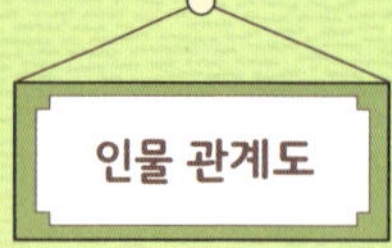

고아 소년

소매치기
범죄 조직 두목

올리버를
돕는 사람

올리버를
납치한 사람

  영국의 한 구빈원(빈민 수용소)에서 생활하는 고아 소년 올리버. 올리버의 어머니는 그가 태어나자마자 세상을 떠났고, 그의 출생 비밀은 미스터리로 남겨졌어요.

  구빈원 생활은 열악했어요. 아이들은 항상 배고픔에 시달렸고, 가혹한 규율 아래 지내야 했죠. 어느 날 올리버는 급식 담당자에게 "제발 더 주세요"라고 말했다가 큰 소동이 일어나고, 결국 장의사 미스터 썸버리의 도제(직업에 필요한 지식과 기능을 배우기 위해 스승 밑에서 일하는 직공)로 팔려 가게 돼요. 올리버는 장의사 집에서 다른 도제 노아에게 괴롭힘을 당하다가 결국 참지 못하고 런던으로 도망쳐요.

  길을 걷다 지친 올리버는 런던 근교에서 잭 도킨스라는 소년을 만나게 되고, 그의 안내로 페이긴이라는 노인의 거처로 가게 되죠. 올리버는 페이긴이 여러 소년에게 '손재주'를 가르치는 학교 선생님이라고 생각했지만, 사실 페이긴은 소년들을 이용해 소매치기를 하는 범죄 조직의 두목이었어요. 얼마 후 올리버는 자기도 모르게 소매치기에 동참하게 되어, 미스터 브라운로우라는 신사의 지갑을 훔치려다 붙잡혀요.

하지만 브라운로우는 올리버의 순수함을 알아보고 그를 자기 집으로 데려가 돌봐주죠. 올리버가 브라운로우의 집에서 행복하게 지내던 중, 페이긴의 일당인 낸시와 사이크스에게 다시 납치되어 범죄 조직으로 돌아가게 돼요.

페이긴은 올리버를 이용해 도둑질을 계획하고, 사이크스와 함께 올리버를 끌고 메일리 가족의 집을 털려고 시도해요. 도둑질 중에 경보가 울리자, 사이크스는 올리버를 쏘고 도망쳤고, 다친 올리버를 그 집에 살던 로즈 메일리와 그녀의 이모가 돌봐주죠.

한편, 낸시는 올리버의 비참한 상황을 불쌍히 여겨 로즈 메일리에게 올리버의 출생에 관한 비밀을 전해주기로 결심해요. 그녀는 올리버가 실은 로즈의 친척이며, 몽크스라는 남자가 올리버의 유산을 가로채려는 음모를 꾸미고 있다는 것을 알려주죠. 나중에 밝혀지길, 몽크스는 사실 올리버의 이복형제였어요. 하지만 이 사실이 페이긴의 동료 노아 클레이폴에게 발각되어 사이크스에게 알려지고, 사이크스는 분노하여 낸시를 잔인하게 살해해요. 결국 경찰은 낸시의 죽음을 추적하여 페이긴을 체포하고, 사이크스는 도망치던 중 우연히 목이 매달려 죽게 돼요. 올리버의 비밀이 밝혀지는데, 그는 로즈 메일리 언니의 아들이었고, 브라운로우 씨는 올리버 아버지의 오랜 친구였던 것이 드러나요.

이야기는 올리버가 브라운로우 씨의 양자가 되어 행복하게 살게 되는 것으로 마무리돼요.

소설을 탐구하다

작품의 창작 배경 및 상황

《올리버 트위스트》는 1837년부터 1839년까지 월간 연재물로 발표된 소설이에요. 이 작품은 디킨스의 두 번째 소설로, 그의 인기를 확고하게 다진 작품이죠.

산업혁명으로 인해 영국 사회는 급격한 변화를 겪고 있었어요. 농촌에서 도시로의 대규모 인구 이동이 일어났고, 도시는 인구 과밀로 인한 열악한 주거 환경, 위생 문제, 범죄 증가 등 다양한 사회 문제에 직면했어요. 특히 가난한 사람을 위한 구빈원 제도는 표면적으로는 도움을 주는 시설이었지만, 실제로는 빈민에게 거의 감옥과 같은 환경을 제공했답니다.

디킨스는 이 소설을 통해 당시 영국 사회의 심각한 문제들, 특히 1834년 개정된 '빈민법'에 따른 구빈원의 비인간적인 환경과 어린이 노동 착취 문제를 비판하고자 했어요.

디킨스는《올리버 트위스트》를 통해 사회적 약자, 특히 아이들이 겪는 고통에 대한 대중의 관심을 불러일으키고, 사회 개혁의 필요성을 역설했죠.《올리버 트위스트》는 출간 즉시 큰 인기를 끌었고, 많은 독자가 디킨스의 사회 비판에 공감했어요. 이 작품은 이후 영국의 사회 복지 제도 개혁에 영향을 미쳤다는 평가를 받고 있어요.

지은이 알아보기

찰스 디킨스(Charles Dickens, 1812-1870):

디킨스는 영국 빅토리아 시대를 대표하는 소설가로, 사회 비판적인 작품을 쓴 것으로 유명해요. 그는 영국 포츠머스에서 태어났으며, 어린 시절에는 비교적 안정된 중산층 가정에서 자랐지만, 아버지의 재정 문제로 가족이 곤궁에 처하게 되었죠. 디킨스가 12살이었을 때, 그의 아버지는 빚을 갚지 못해 채무자 감옥에 갇혔고, 어린 찰스는 가족을 부양하기 위해 구두약 공장에서 일하게 되었어요. 이 경험은 디킨스에게 평생 지울 수 없는 상처를 남겼고, 그의 작품 속에 자주 등장하는 가난하고 소외된 아이들의 모습은 이런 개인적 체험에서 비롯되었답니다.

디킨스는 10대 중반에 법률 사무소에서 일하기 시작했고, 20대 초반에는 신문 기자로 활동하며 글쓰기 경력을 쌓았어요. 1836년에《픽윅 클럽 회고록》이라는 첫 소설을 연재하기 시작해 큰 인기를 얻었고, 이어서《올리버 트위스트》로 더 높은 명성을 얻게 되었죠.

디킨스는 매우 다작하는 작가였어요.《데이비드 코퍼필드》,《블리크 하우스》,《위대한 유산》,《어려운 시절》,《두 도시 이야기》등 수많은 명작을 남겼죠. 그의 작품 대부분이 사회의 불의와 모순을 비판하면서도 유머와 감동으로 독자의 마음을 사로잡았어요.

디킨스는 공개 낭독회를 통해 작품을 대중에게 직접 선보이는 데도 열정을 보였어요. 그는 영국과 미국을 순회하며 수많은 낭독회를 열었는데, 무리한 활동이 건강을 해치는 원인이 되기도 했어요.

1870년 6월 9일, 디킨스는 마지막 소설 《에드윈 드루드의 미스터리》를 집필하던 중 뇌졸중으로 세상을 떠났어요. 그의 작품들은 오늘날까지도 전 세계적으로 읽히고 영화, 연극, TV 드라마 등으로 각색되고 있답니다.

산업혁명의 시작과 발전

'산업혁명'은 18세기 중반부터 19세기에 걸쳐 영국에서 시작된 제조업, 농업, 교통, 기술의 급격한 변화를 말해요. 영국에서 산업혁명이 시작된 데는 여러 요인이 있어요. 영국은 석탄과 철광석 같은 풍부한 천연자원을 가지고 있었고, 해외 식민지를 통한 원자재 공급과 시장 확보가 가능했어요.

산업혁명은 인류 역사상 가장 중요한 변화 중 하나로, 이를 통해 수천 년 동안 지속되었던 농업 중심의 경제가 기계와 공장 중심의 산업 경제로 바뀌었어요. '공장제'라는 생산 방식이 등장하고 새로 발명된 기계와 기술로 생산량이 늘어나면서 인류 사회에 큰 변화가 일어났기 때문에 '혁명'이라고 부르게 되었어요.

산업혁명이 일어나기 전까지는 가족이나 몇 명의 사람이 모여 가내 수공업 방식으로 물건을 만들었기 때문에 빠르게 많이 만들기는 어려웠어요. 그런데 공장이 생기고 기술자들이 한자리에 모여서 일하게 되면서 그들을 감독하기도 쉬워졌고 생산량이 크게 늘어요. 이를 '매뉴

팩처’ 또는 ‘공장제 수공업’이라고 해요. 처음 공장제 수공업이 시작되었을 때는 공장에 기술자들이 한데 모여 일하는 형식일 뿐이었어요. 그러다 점차 기술자들 사이에 일을 나눠서 하는 ‘분업’이 생겨났고 생산량은 점점 늘어났어요. 하지만 공장제 수공업에서 생산량을 늘리는 데에는 한계가 있었어요. 여기에 새로운 기술 발전으로 산업혁명이 일어나면서 ‘공장제 기계공업’으로 바뀌어 갔어요.

증기기관

산업혁명의 핵심은 기술 혁신이었죠. 제임스 와트의 증기기관(1769년)은 산업혁명의 상징적인 발명품으로, 이전에는 물이나 바람 같은 자연력에 의존하던 동력이 석탄을 연료로 하는 증기기관으로 대체되었죠. 이 덕분에 공장을 강가나 언덕 위가 아닌 어디에든 세울 수 있게 되었어요.

산업혁명을 이끈 대표적인 분야는 면직물 산업이었어요. 인구가 증가하면서 옷감이 많이 필요해지자 옷감을 짜는 실도 많이 필요해졌죠. 1770년에 하그리브스는 한 번에 16가닥의 실을 뽑을 수 있는 기계인 ‘제니 방적기’를 발명했어요. 1785년에는 사람 손을 대신해 옷감을 짜는 기계도 발명되

제니 방적기, 위키피디아, 저작자 Nicolás Pérez

었죠. 이렇게 영국의 면직물 산업은 점점 더 발전해 나중에는 영국 총 수출액의 절반이나 차지할 정도로 그 규모가 커졌어요. 영국 곳곳에는 수천 명이 넘는 노동자가 일하는 대규모 공장들이 속속 생겨났어요. 사람들은 공장의 일거리를 찾아 도시로 계속 몰려들었고, 공장에서 뿜어내는 매연으로 가득한 도시에는 어린아이부터 나이 든 사람들까지 하루 종일 일하는, 이전과 다른 새로운 풍경이 매일 펼쳐졌죠.

《올리버 트위스트》의 배경이 되는 1830년대는 영국 산업혁명이 절정에 달한 시기였어요. 런던과 같은 도시들은 공장과 빈민가가 빠르게 늘어나고 있었고, 농촌에서 온 사람들이 일자리를 찾아 도시로 몰려들었죠. 하지만 많은 사람이 실업과 빈곤에 시달렸고, 열악한 노동 환경과 주거 환경은 심각한 사회 문제가 되었답니다.

산업혁명이 가져온 사회 변화와 문제점

산업혁명이 가져온 가장 큰 변화는 대규모 도시화였죠. 공장이 들어선 도시로 인구가 몰려들면서 맨체스터, 버밍엄, 리즈 같은 산업 도시들이 급속도로 성장했어요. 런던의 인구는 1800년 약 1백만 명에서 1900년에는 650만 명으로 증가했답니다. 이런 급격한 도시화는 심각한 주거 및 위생 문제를 일으켰어요. 도시의 빈민가는 비좁고 더러웠으며, 깨끗한 물과 하수 시설이 부족했죠. 이 때문에 콜레라, 티푸스 같은 질병이 자주 발생했답니다. 1842년 에드윈 채드윅의 보고서는 이러한 위생 문제의 심각성을 지적하며 공중 보건 개선의 필요성을 제기하기도 했어요.

노동 환경도 열악했어요. 공장 노동자들은 하루 12~16시간을 위험하고 악조건인 환경에서 일했으며, 낮은 임금은 생존하기에 빠듯했죠. 특히 어린이 노동 문제가 심각했는데, 5~6살 된 아이들도 공장이나 광산에서 일해야 했어요. 산업화 이전에도 아이들은 농사일이나 집안일을 도왔지만, 산업혁명 이후 아동 노동의 성격은 크게 달라졌어요. 일하는 환경이 열악했던 것은 기본이고 임금은 성인의 절반 이하였어요. 특히 아이들은 몸집이 작아 좁은 공간에서 일할 수 있고, 손이 작아 정교한 작업이 가능하며, 통제하기 쉽다는 이유로 고용주들이 많이 고용했어요.

광산에서 일하던 아이들

광산에서는 5~6살 된 아이들이 '사다리꾼'으로 일했는데, 이들은 좁은 통로를 통해 석탄을 운반했어요. 방직 공장에서는 아이들이 기계 아래로 들어가 실이 끊어지면 연결하는 일을 했는데, 기계에 끼이는 사고가 빈번했지요. 굴뚝 청소부들은 더 어린 나이부터 일을 시작했고, 좁은 굴뚝 속에서 일하다가 질식하거나 화상을 입는 경우가 많았어요.

구빈원의 아이들은 특히 취약했어요. 《올리버 트위스트》에서 올리버가 경험했듯 이들은 종종 '도제'

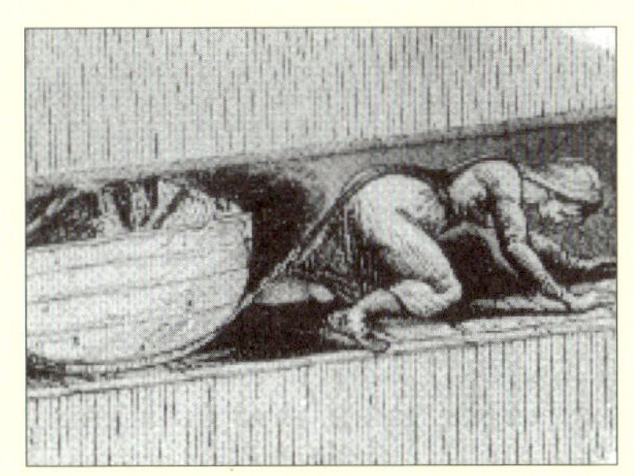

광산에서 일하는 아이, 위키백과

로 팔려 나갔는데, 실제로는 저임금이거나 무급으로 일해야 했죠. 도제 계약은 명목상 기술을 가르친다는 것이었지만, 실제로는 많은 아이가 학대와 착취를 당했답니다. 1833년에 만들어진 공장법은 9살 미만 아동의 노동을 금지하고 9~13살 아동의 노동 시간을 제한했지만, 법의 실행은 미흡했어요.

빈부 격차도 커졌어요. 공장주, 상인, 은행가 등 새로운 중산층은 부를 축적했지만, 노동자 계층은 극심한 빈곤에 시달렸죠. 1834년 개정된 빈민법은 빈민 구제를 제한하여 빈곤층의 상황을 더 악화시켰답니다. 구빈원은《올리버 트위스트》에서 디킨스가 강력히 비판한 시설이었어요.

범죄율도 증가했어요. 빈곤, 알코올 중독, 열악한 교육 환경 등은 범죄 발생의 원인이 되었고, 특히 소매치기, 강도 같은 재산 범죄가 잦았죠. 페이긴과 같은 범죄 조직의 두목들은 어린아이들을 이용해 범죄를 저지르게 하는 경우가 실제로 많았답니다.

이런 사회 문제들에 대응하여 다양한 개혁 운동이 일어났어요. 노동조합과 노동자들이 선거권을 얻기 위해 벌인 차티스트 운동은 노동자 권리와 정치적 개혁을 요구했고, 종교 단체와 자선 단체들은 빈민 구제와 교육에 앞장섰어요. 사회 개혁가들과 작가들은 글을 통해 사회 문제에 대한 인식을 높이는 데 기여했죠.

《올리버 트위스트》는 이러한 산업혁명기의 사회 문제들을 생생하게 보여 주는 작품으로, 구빈원의 비인간적인 환경, 도제 제도의 착취, 도시의 범죄 문제 등은 당시 영국 사회의 어두운 면을 반영하고 있어요.

빅토리아 시대 영국 사회와 문학

《올리버 트위스트》가 출간된 시기는 빅토리아 여왕(1837-1901) 즉위 초로, 흔히 '빅토리아 시대'라고 불리는 영국 역사의 중요한 시기였어요. 이 시대는 영국이 세계 최강국으로 부상하고 산업, 과학, 문화 등 다양한 분야에서 큰 발전을 이룬 시기였죠. 하지만 빅토리아 시대는 모순의 시대이기도 했어요. 부와 번영, 기술 발전, 제국의 팽창이 있던 한편 빈곤, 불평등, 사회 문제가 심각했기 때문이에요. 이런 모순은 빅토리아 시대 문학의 중요한 주제가 되었답니다.

빅토리아 시대 문학은 사실주의적 경향이 강했어요. 작가들은 현실 사회의 문제를 있는 그대로 묘사하고 비판하려 했죠. 특히 소설은 이 시대의 주요 문학 형식으로 자리 잡았는데, 많은 작품이 신문이나 잡지에 연재되어 폭넓은 독자에게 읽혔어요. 찰스 디킨스는 빅토리아 시대를 대표하는 작가로, 그의 작품들은 당시 사회의 모순과 불의를 생생하게 그려냈어요. 그는 《올리버 트위스트》 외에도 《데이비드 코퍼필드》, 《블리크 하우스》, 《어려운 시절》 등에서 사회 제도의 문제점, 빈부 격차, 교육 문제 등을 비판했죠.

빅토리아 시대의 문학은 단순한 오락을 넘어 사회 개혁의 도구로써의 역할도 했어요. 디킨스의 작품들은 구빈원, 채무자 감옥, 학교 제도 등에 대한 개혁을 촉진하는 데 기여했죠.

《올리버 트위스트》에서 묘사된 구빈원의 열악한 환경은 많은 독자에게 충격을 주었고, 사회 개혁의 필요성에 대한 인식을 높였답니다. 빅토리아 시대의 문학은 또한 도덕적 가치와 사회적 책임을 강조하는 경향이 있었어요. 선과 악의 대립, 개인의 도덕적 성장, 사회적 약자에 대한 연민과 책임 등이 중요한 주제였죠. 그래서《올리버 트위스트》에서 올리버의 타고난 선함이 모든 악과 유혹을 이겨내고 승리하는 구조를 볼 수 있죠.

이처럼《올리버 트위스트》는 빅토리아 시대 초기의 사회 현실을 반영하면서도, 인간의 선함과 도덕적 가치의 승리를 그린 작품으로, 오늘날까지도 많은 사람에게 감동과 교훈을 주고 있어요.

14

걸리버 여행기

거인국에서는 벌레, 소인국에서는 신

소위 이성적인 척하는 짐승이 그런 엄청난 짓을 저지른다면
그건 극악무도한 일이야. 왜냐하면 타고난 야만성보다
정신적 능력의 타락이 더 나쁜 짓이니까 말이야.

《걸리버 여행기》, 조나단 스위프트, 현대지성, 2019

인물 관계도

항해 중 여러 신비한 나라를
방문하는 영국 의사

영국 의사 레뮤얼 걸리버는 평범한 의사였으나, 항해 중 사고를 당해 여러 신비한 나라를 방문하게 돼요. 그는 네 번의 여행을 통해 각기 다른 나라에 가게 돼요.

걸리버는 첫 번째 여행에서 소인국 릴리퍼트에 도착해요. 그곳 주민은 키가 15cm밖에 되지 않고, 사소한 차이를 문제로 삼아 심각한 전쟁을 벌이기도 해요. 걸리버는 그 나라에서 거인으로서 대접받으며, 소인국의 정치적 음모와 권력 다툼을 목격하죠. 소인국은 구두 굽이 높은지 또는 낮은지에 따라 당파가 갈리고, 줄타기를 얼마나 잘하느냐에 따라 높은 관직에 오르기도 해요. 이웃 나라 블레푸스쿠와는 달걀을 어느 쪽 끝에서 깨야 하는지에 관해 전쟁을 벌이기도 해요. 걸리버는 릴리퍼트 왕비의 궁궐에 불이 났을 때, 소변으로 불을 껐다가 처형당할 위기에 처해 블레푸스쿠로 망명했다가 영국으로 돌아오게 돼요.

두 번째 여행에서 걸리버는 거인국 브로브딩낵으로 가게 돼요. 모든 것이 너무 작아 하찮게 느껴졌던 소인국과 달리 이번에는 소인의 입장이 되어 거대한 것들을 바라보니 멀리서 아름답게 보이던 것도 너무 자세히 보게 되어 역겨움을 느낄 정도가 되었어요. 그렇게 걸리버는 릴리퍼트의 소인들이 자신을 어떻게 느꼈을지 알게 되죠. 이곳에서 걸리버는 거대한 왕과 왕비 앞에서 영국의 정치와 제도를 설명하는데, 거인 왕은 영국의 정치 체계가 도덕적으로 부패하고 비합리적이라고 비판하며 인간의 정치적 부패와 전쟁을 비웃어요.

걸리버는 세 번째 여행에서 날아다니는 섬 라퓨타와 과학적 실험에 몰두하는 발니바비 섬을 방문하게 돼요. 라퓨타 섬의 귀족들은 과학과 수학에 집착하고 스스로 발전된 사람들이라고 생각하지만, 생김새도 이상하고 너무 사색에 빠지는 나머지 옆에서 시동들이 '톡톡이'로 쳐 주지 않으면 가려던 길을 가지 못해 혼자 길을 걸을 수도 없어요. 발니바비섬의 '창안 학술원'에서 진행하는 여러 실험도 비실용적이고 이상한 것뿐이죠. 이곳에서 걸리버는 과학적 사고의 한계를 체험하며, 비현실적인 지식 추구가 얼마나 어리석을 수 있는지 깨닫게 돼요.

마지막으로 걸리버가 여행한 곳은 말이 지배하는 휴이넘국이에요. 휴이넘은 이성적이고 도덕적인 말들이고, 인간 같은 야후는 야만적이고 본능에만 충실한 존재죠. 이곳에서 휴이넘이 야후를 지배하는데 휴이넘은 대자연의 이치와 이성만 따르며 살기에 의견 다툼도 없고 '거짓'이라는 말 자체가 없어요. 반면에 야후들은 탐욕과 폭력성 같은 본능만으로 생활하는 모습을 보고, 이곳에서 걸리버는 인간의 본성에 대해 깊이 회의하게 돼요. 결국 걸리버는 고향으로 돌아가지만, 그는 더 이상 인간 사회에 적응할 수 없게 되어 스스로 고립되어 모든 인간을 혐오하며 살아가요.

소설을 탐구하다

작품의 창작 배경 및 상황

《걸리버 여행기》는 풍자 소설이에요. 겉으로는 배가 난파된 상황에서 걸리버가 가게 되는 여러 나라의 단순한 모험담으로 보일지 모르지만, 전체적인 관점에서는 상징과 은유로 가득 찬 패러디를 통해 그 시대의 영국 현실을 비판하고 다양한 주제를 이야기하고 있어요.

18세기 영국은 왕권 대 의회, 구교 대 신교의 대립으로 정치적 혼란이 계속되고 있었고, 유럽 각국은 해외 식민지를 건설하기 위해 새 땅 찾기에 열을 올리고 있었어요. 이러한 분위기를 타고 문학에서는 미지의 세계를 탐험하는 여행기가 유행하고 있었는데, 스위프트는 사회의 부조리를 비판하기 위해 여행기 형식으로 글을 썼어요. 상상 속 세계를 통해 현실을 반영했고 사회, 정치, 문화, 그리고 인간 본성에 대한 풍자를 한 거죠.

《걸리버 여행기》에 등장하는 나라들의 의미는 다음과 같아요.

걸리버가 가장 먼저 여행한 릴리퍼트는 소인국으로 인간들이 시야가 얼마나 좁고 하찮은 문제들에 목매달고 있는지를 깨닫게 해 줘요.

릴리퍼트에서 구두 굽 높이에 따라 당파가 갈리는 것은 영국의 토리당과 휘그당을 풍자한 것입니다. 높은 굽 구두를 신는 트라멕산은 토리당을 의미하는데, 그들은 가톨릭 전통을 고수하고 강력한 왕권을 주장하죠. 낮은 굽 구두를 신는 슬라멕산은 휘그당을 의미하는데, 그들은 개신교를 믿는 신도들을 주축으로 왕권 대신 의회의 권한을 강화해야 한다고 주장했어요. 달걀을 어떻게 깨냐(좁은 쪽으로 깨냐, 넓은 쪽으로 깨냐)의 문제는 가톨릭과 개신교의 종교 갈등을 암시하고, 걸리버를 대하는 국왕이 겉으로는 관대하나 실은 쩨쩨한 모습을 보이는 것을 비꼬기도 하죠. 릴리퍼트와 블레푸스쿠의 대립은 당시 영국과 프랑스 간의 대립을 상징하는 것으로, 사소한 이유로 전쟁을 벌이는 두 나라의 모습은 영국과 다른 유럽 국가들 사이의 갈등이 얼마나 사소하고 무의미한 것으로 시작되었는지 보여주기도 해요.

걸리버의 두 번째 여행지인 브로브딩낵은 거인국으로 이곳에서는 걸리버가 작은 존재가 되어 여러 물건과 사람을 살펴보게 됩니다. 평소 그냥 대하던 물건이나 사람을 확대해서 자세하게 보게 되는 기회가 된 것이죠. 멀리서는 예쁘게 보였던 물건들도 확대해서 보니 결점들이 보이고 예쁘지 않은 모습에 놀라는 걸리버. 이는 스위프트가 영국 사회를 자세히 들여다보면 문제가 많은데 스스로 대단하게 본다는 오만함을 비판하는 것이죠.

걸리버 자신은 그대로인데, 주변에 의해 거인도 되었다가 소인도 되는 설정은 똑같은 것도 관점에 따라 다르게 보인다는 것을 의미하죠. 브로브딩낵의 왕이 걸리버에게 영국 이야기를 듣고 영국 정치를 '모략과 술책이 난무하는' 부패한 정치 체계라고 비판하는 것을 통해 스위프트가 당시 영국 정치를 어떻게 바라보았는지를 알 수 있어요.

걸리버는 세 번째로 과학자와 지식인이 사는 하늘의 섬인 라퓨타에 가게 되는데, 공중에 떠 있다는 설정 자체가 그들이 얼마나 현실적이지 못하고 뜬구름 잡는 일들을 하고 있었는지를 보여줘요. 라퓨타의 귀족들은 자기들이 수학과 과학에 능통하다고 생각하지만 실제로 그들은 이상한 얼굴에, 시종들이 함께 다니며 주의집중을 시켜 줘야 일상생활이 가능할 만큼 무능력한 사람들이에요. 이는 이론적 지식에만 집착하며 실질적으로는 무능력하고, 실용성이 없는 '학문을 위한 학문'만을 했던 당시 유럽의 과학적, 학문적 흐름에 대한 스위프트의 비판적 시각을 반영하고 있어요. 이런 모습은 발니바비의 '창안 학술원'에서 정점을 이루는데, 그들이 하는 실험(배설물을 음식물로 되돌리고, 지붕부터 집을 짓는 등)들은 현실성이 없는 것이 대부분이죠.

마지막으로 휴이넘국은 이성적이고 도덕적인 말들이 비도덕적이고 야만적인 인간 종족인 야후를 지배하는 사회로, 인간의 비이성적이고 탐욕적인 본성을 비판하고 있어요. 휴이넘과 야후의 대립은 인간의 문명과 본성에 대한 깊은 회의를 나타내며, 이 부분에서 스위프트는 인간 사회의 불완전성과 도덕적 타락을 신랄하게 비판하고 있어요. 그 시대 사람들이 자주 보는 동물인 '말'이 인간을 지배하는 것을 통해 탐욕과 오만에 찌든 인간들은 동물(말)보다 못하다는 것을 말하고 있죠.

이렇게 《걸리버 여행기》는 주인공 걸리버가 기이한 나라들을 여행하며 겪는 경험을 통해 당시 영국 사회와 유럽의 정치, 사회 구조를 풍자하는 내용을 담고 있어요.

지은이 알아보기

조너선 스위프트(Jonathan Swift, 1667~1745)

스위프트는 아일랜드의 저명한 풍자 작가이자 성직자였어요. 그는 영국 국교회의 성직자이자 정치가로서 영국 정부에 공헌을 많이 했지만, 식민지 아일랜드 출신이라는 꼬리표가 늘 따라다니며 출세에 걸림돌로 작용했어요. '잉글랜드계 아일랜드인'으로 완전한 잉글랜드인도 아니고, 아일랜드인도 아닌 정체성 때문에 평생 갈등했죠. 그런 입장이 스위프트가 정치와 종교, 사회적 문제에 대한 비판적인 시각을 유지하며 글을 쓰는 데 도움을 주었어요.

1714년, 영국에서 정치가로 일하던 스위프트는 쫓겨나듯 아일랜드로 가게 돼요. 당시 아일랜드는 영국의 식민지였는데, 그는 아일랜드의 수도 더블린에 있는 세인트패트릭 대성당의 주임 사제로 있으면서, 영국이 아일랜드를 약탈하는 현실을 알게 돼 큰 충격을 받아요.

당시 아일랜드 농경지의 80퍼센트가 영국인의 손에 넘어갔고, 터전을 잃은 농민은 거지가 되어 구걸하는 형편이었어요. 먹을 것이 없어 굶어 죽는 사람의 수가 아일랜드 전체 인구의 6분의 1에 달했을 정도였죠. 스위프트는 아일랜드의 고난이 영국 정부의 무자비한 식민지 정책 때문이라고 비판했어요. 아울러 이 상황에서 벗어나려면 아일랜드인 스스로 각성해야 한다고 지적하며 영국 상품 불매 운동과 아일랜드 상품 소비 운동을 주장했어요. 하지만 상황은 크게 나아지지 않았어요. 스위프트는 아일랜드 사람들이 스스로 삶을 바꾸어 보려는 의지를 보이지 않는다는 사실에 더 화가 났죠.

그래서 스위프트는 작품을 쓰기로 마음먹어요. 사람들을 즐겁게 하는 것이 아니라 인간의 내면에 숨겨진 추악한 본성과 부조리 등을 생생하게 폭로하고 조롱하는 풍자 소설을 쓰기로 한 거죠. 작품을 읽으며 분노하는 사람들도 있겠지만, 양심이 있다면 스스로 돌아보고 부끄러워할 것이고 그러면 뭔가 변화가 시작될 것으로 생각한 거죠. 즉 그의 풍자는 웃음을 주기 위한 것이 아니라, 독자가 현실의 모순을 직시하고 변화의 필요성을 느끼게 하려는 목적이었어요.

《걸리버 여행기》는 처음 출판된 1726년에만 3쇄를 찍었을 만큼 대단한 인기를 끌었어요. 영국 사회의 상류층을 이루던 문학 비평가들은 스위프트를 '인간을 미워하고 싫어하는 정신 이상자'라고 비난하며 책이 팔리지 못하게 했지만, 넘치는 상상력과 통렬한 풍자, 누구나 읽기 쉬운 글 덕분에, 이 책의 인기는 이어졌죠. 특히 환상적 이야기와 기발한 상상력은 어린이 독자까지 사로잡았어요.

17~18세기 영국 정치와 명예혁명

조나단 스위프트가 살던 17~18세기 영국은 정치적으로 혼란스러운 시기였어요. 국왕과 귀족 의회 사이에 정치적 갈등이 거듭되었어요. 스위프트가 태어난 무렵 영국 왕은 찰스 2세였는데, 그는 아버지였던 찰스 1세가 내전에서 패해 처형된 후 망명 생활을 하다가 왕정이 복고되자 1660년 왕위에 올랐어요. 가톨릭 친화적이었던 그는 가톨릭교도의 권리를 확대하는 법안을 추진하려다 의회의 반대에, 철회하고 말아요. 합법적인 자식이 없었기 때문에 가톨릭으로 개종한 동생 제임스가 왕위를 이어받을 것이 확실시되자 의회는 그의 왕위 계승을 원천 봉쇄하는 '배척법'의 입법을 추진하기도 했어요. 이 정치적 위기는 국왕을 옹호하는 토리당과 국왕의 뜻을 거역하고 가톨릭교도의 왕위 계승권을 막으려던 휘그당으로 정파가 나뉘는 계기가 되었죠.

찰스 2세는 이런 의회가 못마땅해 의회 해산, 사법부를 동원한 처벌 등 강압적인 방법을 동원했고, 결국 토리당이 이기면서 그의 동생이 제임스 2세로 왕위에 올랐어요. 그런데 제임스 2세가 의회를 무시하고 청교도를 탄압하며 가톨릭과 절대 왕정으로 돌아가려고 하자 토리당과 휘그당이 힘을 합쳐 왕을 몰아내게 돼요.

제임스 2세의 딸이던 메리와 그녀의 남편인 네덜란드 총독 윌리엄을 왕으로 추대한 것이죠. 제임스 2세가 도망가면서 메리와 윌리엄이 왕좌에 앉게 되었는데 의회는 이때 '법이 왕권보다 위에 있다.', '그 법은 의회가 만들기 때문에 의회 권력이 왕권보다 강하다.'라는 권리장전에 승인(1688~1689년)하게 하였어요. 권리장전은 의회의 입법권과 과세권, 의회의 소집과 면책권 등을 규정한 가장 중요한 문서의 하나가 되었어요. 이로써 영국은 절대 왕정을 무너뜨리고 입헌 군주제를 수립하게 되었고, 이 과정이 피를 흘리지 않고 명예롭게 이루어졌다고 하여 '명예혁명'이라고 해요.

18세기 초에 앤 여왕을 끝으로 스튜어트 왕조가 단절되고, 하노버 왕실이 들어서면서부터 의회에서 다수를 차지한 정당이 내각을 조직하는 의회 정치의 전통이 수립되기 시작했어요. 그리고 앤 여왕 때 스코틀랜드 의회가 영국과 합치게 되어 대영제국이 성립했어요(1707). 이렇게 의회의 힘이 강화되었지만, 정치적 파벌 싸움과 부패가 만연해 있었고 구교 대 신교의 종교 대립도 여전했죠.

과학적 사고의 시작

17~18세기는 과학혁명의 시기로 불려요. 무엇보다 '과학'이라는 분야가 하나의 독립적인 분과로 자리 잡기 시작했다는 것이 가장 큰 변화예요. 그 이전까지는 철학과 신학만이 있었고, 자연을 탐구하는 분

야는 그중 일부 영역에 불과하였으며, 그마저도 신학의 사고 내에서 벗어나지 못했어요. 그런데 프톨레마이오스의 지구 중심적 천체관이 코페르니쿠스-케플러의 태양 중심적 천체관으로 바뀌었고, 지구가 우주에서 특권적 지위를 상실하고 다른 행성과 동등한 지위를 갖게 되었어요. 또 지상에서도 뉴턴이 힘과 운동의 관계를 명확히 규정하여 물체의 운동에 대한 법칙을 찾아내죠. 그러면서 과학적 사고가 빠르게 발전하고 확산되기 시작했어요. 그러나 스위프트는 이성적 사고의 과도한 발전이 현실적인 문제 해결에서 멀어질 수 있다는 점을 경고하며, 비현실적 지식 추구의 무의미함을 풍자했죠.

계몽주의와 도덕성

17~18세기 과학혁명을 바탕으로 당시 유럽 사회에서는 계몽주의 사상과 함께 인간 이성에 대한 낙관적인 시각이 퍼지고 있었어요. 하지만 스위프트는 인간이 이성적 존재임에도 불구하고, 야만성과 폭력성을 드러내는 점을 비판하며, 도덕적 타락과 부패에 대한 경고를 작품에 담았어요.

휴이넘과 야후의 대립은 인간의 본성과 이성, 탐욕에 대한 깊은 철학적 질문을 던져요. 야후는 인간의 본능적이고 야만적인 측면을 상징하며, 휴이넘은 이성과 도덕을 상징해요. 이 대비를 통해 스위프트는 인간 사회의 본질에 대해 회의적인 시각을 드러내고 있답니다.

《걸리버 여행기》에서 유래된 것 ① 웹사이트 야후

야후YAHOO!는 미국의 포털 사이트이자 기업 이름으로 1990년대 말부터 2000년대 중반까지 많은 사람이 이용하던 검색 엔진이었어요. 한창 전성기였을 때는 미국, 캐나다뿐만 아니라 중남미, 한국을 비롯한 동아시아 및 동남아시아 국가, 대부분의 유럽과 아프리카 국가 등에서 압도적인 포털 점유율 1위를 달렸고, 중국에서도 상당한 점유율을 기록했을 정도였죠. 한국형 포털 사이트의 형태를 처음 제시한 곳이기도 한데 네이버와 다음 모두 야후를 어느 정도 벤치마킹했다고 알려져 있어요.

야후라는 이름은 'Yet Another Hierarchical Officious Oracle'의 줄임말인데 《걸리버 여행기》에서 인간을 의미하는 단어이기도 해요. 야후 창립자들은 스스로 《걸리버 여행기》에 나오는 야만적인 성향의 '야후'와 모습이 닮았다고 생각해서 즉흥적으로 포털사이트 이름을 정했다고 해요. 야후는 2000년대 중반 새롭게 치고 올라온 구글에 점유율을 빼앗기면서 포털사이트 점유율 1위를 내 주었고, 지금은 yahoo finance 분야나 일본(야후! 재팬) 정도를 제외하면 추억의 사이트로 남게 됐어요.

《걸리버 여행기》에서 유래된 것 ② 천공의 섬 라퓨타

〈이웃집 토토로〉, 〈하울의 움직이는 성〉, 〈센과 치히로의 행방불명〉 등으로 유명한 지브리의 애니메이션 중에 〈천공의 섬 라퓨타〉라는 작품이 있어요. 〈천공의 성 라퓨타〉는 스튜디오 지브리가 1985년에 만들어지고 바로 다음 해인 1986년에 만든 첫 작품이에요.

《걸리버 여행기》에서 '라퓨타'는 '하늘을 날아다니는 섬'으로 과학이 매우 발전했으며 섬이 자유롭게 움직이기도 하고, 지상에 있는 나라가 반기를 들면 벌을 주기도 하는 곳으로 묘사하고 있어요. 이곳에 사는 사람들의 모습은 전부 이목구비가 뒤틀려 있고, 분쟁을 해결하기 위해 양쪽의 머리를 반씩 쪼개서 합친다는 우스꽝스러운 해결책을 제시하기도 하죠.

영화 〈천공의 성 라퓨타〉는 《걸리버 여행기》에서 영감을 받아 만들어진 것으로 라퓨타는 하늘을 날아다닌다고 하는 전설의 섬으로 등장해요.

《걸리버 여행기》에서 유래된 것 ③ 걸리버 효과

'걸리버 효과'는 대기업이 소규모 벤처 기업에 뒤처지는 상황을 일컫는 용어에요. 자본이나 인력 면에서 월등한 기업이 기술력만 있는 벤처 기업에 발목 잡힌 모습이 《걸리버 여행기》에서 소인들에게 포로로 잡힌 걸리버를 연상케 한다고 해서 생긴 말이죠.

《걸리버 여행기》에서 유래된 것 ④ 릴리퍼트 효과

'릴리퍼트 효과Lilliput effect'란 대멸종 등 큰 격변 이후 살아남은 동물 종들이 이전에 존재하던 동물들에 비해 평균 몸 크기가 작아지는 현상을 의미해요. '릴리퍼트'는 《걸리버 여행기》에서 소인들이 살던 나라의 이름이에요. 이것에서 따 온 릴리퍼트 효과는 격변 이후 단기간의 생존 경쟁 기간에는 평균 몸 크기가 감소하고, 안정기에 접어들면 크기가 큰 동물 종들이 서서히 출현하기 시작하면서 점진적으로 평균 몸 크기가 증가하는 현상을 말해요. 이는 일반적으로 몸 크기가 클수록 직접 경쟁하거나 포식할 때 그리고 피식을 피할 때 유리한 경우가 더 많기 때문이지요. 학자에 따라서는 릴리퍼트 효과와 반대되는 현상이라 해서 이를 '브롭딩낵 효과Brobdingnag effect'라고 부르기도 해요.

지킬 박사와 하이드

내 안에 괴물이 살고 있다!

내 사악한 행위의 추악한 얼굴이 나의 애원 사이사이

계속해서 내 영혼을 들여다보고 있었네.

《지킬 박사와 하이드 씨의 기이한 사건》, 로버트 루이스 스티븐슨, 민음사, 2025

인물 관계도

의사   지킬의 상속인

지킬의 친구이자 변호사

《지킬 박사와 하이드》는 런던의 저명한 변호사 어터슨과 그의 친구인 의사 헨리 지킬을 중심으로 펼쳐지는 이야기예요. 이야기는 어터슨이 사촌인 리처드 엔필드와 산책하던 중 이상한 사건에 관해 듣게 되면서 시작돼요. 엔필드는 어느 날 밤 런던의 뒷골목에서 에드워드 하이드라는 기괴한 인물이 어린 소녀를 무자비하게 짓밟는 것을 목격했다고 해요. 분개한 엔필드는 하이드를 뒤따라가 보상을 요구했어요. 그러자 하이드가 보상금으로 수표를 주었는데, 놀랍게도 그 수표는 존경받는 의사인 헨리 지킬의 것이었죠.

어터슨은 자신의 고객이자 오랜 친구인 지킬 박사를 걱정해요. 특히 지킬이 최근 작성한 유언장에 하이드가 상속인으로 지정되어 있다는 사실을 알게 되면서 더욱 염려하죠. 어터슨은 하이드가 지킬을 협박하거나 나쁜 영향을 미치고 있다고 추측했어요.

얼마 후, 카루 경이라는 국회의원이 런던 거리에서 잔인하게 살해당하는 사건이 발생해요. 목격자의 증언에 따르면 범인은 하이드였죠. 어터슨은 지킬을 찾아가 이에 대해 이야기하지만, 지킬은 하이드와의 관계를 끊었다며 더 이상 걱정하지 말아 달라고 말해요.

이후 몇 개월 동안 지킬은 사교 활동에 다시 참여하며 평소처럼 지냈어요. 그러나 어느 날부터 그는 방문객을 거부하고 실험실에 박혀 지냈어요. 지킬의 집사인 풀이 어터슨에게 도움을 요청하죠. 그는 지킬의 목소리가 완전히 달라졌고 지킬이 아닌 다른 사람이 실험실에 있는 것 같다고 말하죠.

어터슨과 지킬의 또 다른 친구인 래니언 박사는 실험실 문을 부수고 들어가려고 하지만, 그 전에 래니언이 급사해요. 래니언이 남긴 편지에는 지킬과 관련된 끔찍한 진실을 알게 되었다는 내용이 있었죠. 하지만 그 편지는 지킬의 죽음 이후에만 열어 볼 수 있게 되어 있었어요.

마침내 지킬의 실험실 문을 부수고 들어간 어터슨과 풀은 하이드의 시체를 발견해요. 지킬은 없었고, 그가 남긴 자백문을 통해 모든 진실이 밝혀졌죠. 자백문에 따르면, 지킬은 인간의 본성에는 선과 악이 공존한다는 이론을 연구하던 중, 두 본성을 분리할 수 있는 약물을 개발했어요. 이 약물을 마시면 그는 자신의 악한 면인 하이드로 변신할 수 있었고, 해독제를 마시면 다시 지킬로 돌아올 수 있었죠. 처음에는 하이드로 변해 있는 동안 느끼는 자유로움과 무책임함을 즐겼지만, 점차 하이드가 강해지고 통제 불가능해지기 시작했어요. 결국 지킬은 자신의 의지와 상관없이 하이드로 변하게 되었고, 해독제도 더 이상 효과가 없어졌죠. 지킬은 영원히 하이드로 변해 버릴 것을 두려워하며, 마지막 순간에 독약을 마시고 스스로 목숨을 끊었어요.

소설을 탐구하다

작품의 창작 배경 및 상황

《지킬 박사와 하이드》는 빅토리아 시대 후기 런던을 배경으로 하고
있어요. 이 작품은 중세 고딕 양식으로 된 성을 배경으로 유령과 살인
등 기괴한 사건을 주로 다루던 고딕 소설과 추리 소설의 요소를 결합
한 독특한 작품으로, 출간 즉시 큰 인기를 끌었답니다.

스티븐슨은 이 이야기의 영감을 꿈에서 얻었다고 해요. 그는 끔찍한
악몽을 꾸고 나서 단 3일 만에 초고를 완성했다고 하죠. 하지만 아내
의 비판을 받고 처음 원고를 불태운 후에 더 깊은 심리적, 도덕적 주제
를 담아 다시 집필했다고 해요.

19세기 후반 영국 사회는 겉으로는 도덕적 엄격함과 예의범절을 중
요시했지만, 이면에는 많은 모순과 이중성이 존재했어요. 런던은 화려
한 번화가인 웨스트엔드와 범죄가 만연한 이스트엔드로 나뉘어 있었
고, 상류층 신사들이 공개적으로는 도덕적 생활을 강조하면서도 비밀

리에 유흥가를 드나드는 이중적인 면이 있었죠.

19세기 후반은 과학이 급속도로 발전하던 시기이기도 했어요. 다윈의 진화론, 정신분석학의 초기 형태, 범죄학 등 새로운 이론들이 등장하면서 인간의 본성과 정신에 대한 이해가 시작되었죠. 《지킬 박사와 하이드》는 이런 시대적 배경 속에서 인간의 이중성과 과학의 한계, 사회적 가면 뒤에 숨겨진 진실을 탐구하고 있어요. 이 소설은 출간 이후 여러 차례 영화, 연극, TV 드라마 등으로 각색되었고, '지킬과 하이드'라는 표현은 이중적 성격이나 인격을 의미하는 관용어로 널리 사용될 만큼 영향력을 지니게 되었어요.

지은이 알아보기

로버트 루이스 스티븐슨(Robert Louis Stevenson, 1850-1894):

스티븐슨은 스코틀랜드 에든버러에서 태어난 소설가, 시인, 여행 작가예요. 그는 병약한 소년기를 보냈는데, 특히 결핵으로 인한 건강 문제로 평생 어려움을 겪었죠.

스티븐슨은 에든버러 대학에서 공학을 공부하다가 법률로 전공을 바꿨고, 변호사 자격을 취득했지만 실제로 법조계에서 일한 적은 없어요. 대신 그는 글쓰기에 열정을 쏟았고, 여행을 통해 다양한 경험을 쌓았어요.

1876년, 스티븐슨은 프랑스 여행 중 팬니 오스본이라는 미국인 여성을 만나 사랑에 빠졌어요. 팬니는 스티븐슨의 작품 활동에 큰 영향을 미쳤고, 《지킬 박사와 하이드》의 초고에 대한 그녀의 비판은 작품을 더 깊이 있게 만드는 데 기여했죠.

스티븐슨의 주요 작품으로는 모험 소설 《보물섬》(1883), 역사 소설 《납치된 사람》(1886), 고딕 소설 《지킬 박사와 하이드》(1886) 등이 있어요. 특히 《지킬 박사와 하이드》는 빅토리아 시대의 사회적 긴장과 모순을 날카롭게 포착했다는 평가를 받고 있죠. 그는 아동 문학과 성인 문학을 넘나들며 다양한 장르의 작품을 남겼어요.

1894년 12월 3일, 스티븐슨은 44세에 뇌출혈로 갑작스럽게 세상을 떠났지만, 그의 작품들은 오늘날까지도 세계문학의 중요한 유산으로 남아있답니다.

빅토리아 시대 후기 사회와 문화

《지킬 박사와 하이드》가 출간된 1886년은 빅토리아 여왕이 영국을 통치하던 시대의 후기에 해당해요. 이 시기는 영국이 세계 최강의 제국으로 번영하던 때였지만, 동시에 내부적으로는 다양한 변화와 도전에 직면해 있었어요.

이 시기 영국은 전 세계 영토의 4분의 1을 지배하여 '해가 지지 않는 나라'라고 불렸어요. 산업혁명의 성과로 경제적 번영을 누렸고, 런던은 세계 금융과 무역의 중심지였기 때문이에요. 중산층이 크게 성장했고, 제국의 부와 안정은 자국민에게 자부심을 주었답니다.

그러나 표면적인 번영과 안정 아래에는 여러 사회적 문제와 변화의 조짐이 있었어요. 산업화로 인한 도시 빈곤층의 증가, 노동자들의 열악한 삶, 환경오염 등은 여전히 해결되지 않은 문제였고, 독일, 미국 같은 새로운 산업 강국이 등장하면서 영국의 경제적 우위가 도전받기 시작했어요. 사회적으로는 여성의 권리, 교육 기회, 참정권 등에 대한 요구가 높아졌고, 노동 운동도 활발해졌어요. 이후 1870년대부터는 초등 교육이 의무화되었고, 도시 위생과 주거 환경 개선을 위한 노력도 이루어졌어요.

빅토리아 시대의 도덕관은 매우 엄격했어요. 공적으로는 검소함, 근면함, 자제력, 종교적 경건함 등이 중요한 덕목으로 여겨졌죠. 특히 성(性)과 관련된 주제는 공개적으로 논의할 수 없었고, 엄격한 규범이 적용되었어요.

하지만 이런 엄격한 도덕규범 이면에는 이중성이 존재했어요. 런던은 화려한 상류층의 거주지인 웨스트엔드와 빈곤과 범죄가 만연한 이스트엔드로 나뉘었는데, 두 지역 모두 매춘, 알코올 중독, 아편 흡입 등의 문제가 은밀히 퍼져 있었죠. 많은 상류층 남성이 공개적으로는 도덕적 품행을 강조하면서도, 비밀리에 다른 삶을 살았다는 기록도 있어요.

《지킬 박사와 하이드》는 바로 이런 빅토리아 시대의 이중성을 상징적으로 보여 주는 작품이에요. 존경받는 의사 지킬과 악인인 하이드는 겉으로는 도덕적이지만 내면에는 억압된 욕망을 가진 빅토리아 시대 사회의 두 얼굴을 대변한다고 볼 수 있죠.

19세기 후반 과학 발전과 새로운 사상

19세기 후반은 과학과 기술이 급속도로 발전한 시기였어요.

의학 분야에서는 세균학, 마취학, 공중 보건학 등이 발전했죠. 파스퇴르와 코흐의 세균 이론, 리스터의 소독법 등은 의료 혁명을 가져왔고, 인체에 대한 이해도 깊어졌어요. 정신의학도 발전하기 시작했는데, 인간의 무의식과 심리에 관한 관심이 높아지게 되었어요.

범죄학에서는 롬브로소의 '선천적 범죄자' 이론이 등장했어요. 롬브로소는 범죄 성향이 신체적 특징과 연관된다고 주장했는데, 이는 범죄와 인간 본성 사이의 관계에 대한 새로운 시각을 제시했죠.

철학적으로는 니체, 쇼펜하우어 등의 사상가들이 인간 본성과 사회적 규범에 대한 비판적 시각을 제시했어요. 전통적인 선악 개념에 의문을 제기한 것이죠.

이런 과학적, 철학적 발전은 인간 본성에 대한 새로운 질문으로 이어졌어요. 인간은 본질적으로 선한가, 악한가? 우리의 본성은 유전적으로 결정되는가, 환경에 의해 형성되는가? 이성은 본능과 욕망을 통제할 수 있는가? 등의 질문들이 활발하게 논의되었죠.

《지킬 박사와 하이드》는 이런 과학적, 철학적 질문들을 문학적으로 탐구한 작품이에요. 지킬 박사는 과학을 통해 인간의 이중적 본성을 분리하려고 시도하지만, 결국 실패하고 자신의 악한 면인 하이드에게 압도당하고 말아요. 이는 과학적 지식의 한계와 인간 본성의 복잡성을 보여 주는 것이라고 볼 수 있죠.

작품 속에서 지킬은 "인간은 진실로 둘이 아니라 다양하다"라고 말하는데, 이는 인간의 정체성이 단순히 선과 악으로 이분화될 수 없다는 생각을 표현하고 있어요. 이런 점에서 스티븐슨의 작품은 당시의 과학적 사고를 반영하면서도, 그것을 넘어서는 통찰을 제공한다고 볼 수 있답니다.

빅토리아 시대 런던과 도시 환경

《지킬 박사와 하이드》의 배경이 되는 1880년대 런던은 당시 세계 최대의 도시이자 대영제국의 수도였어요. 인구 400만 명이 넘는 거대 도시였던 런던은 화려함과 빈곤, 발전과 퇴폐가 공존하는 이중적인 모습을 보였죠.

1880년대 런던은 안개와 스모그로도 유명했어요. 석탄을 사용하는 공장과 가정에서 나오는 연기가 안개와 결합해 도시 전체를 뒤덮었어요. 안개가 너무 짙어서 한낮에도 가로등을 켜야 할 정도였고, 호흡기 질환의 원인이 되기도 했답니다.《지킬 박사와 하이드》에서도 런던의 안개는 자주 등장하며, 작품의 음산한 분위기를 더해 줘요.

빅토리아 시대 후기 런던의 또 다른 특징은 범죄율의 증가였어요. 특히 1888년에 런던의 화이트채플 지구와 그 주변의 빈민가에서 활동한 신원 미상의 연쇄 살인범 '잭 더 리퍼'가 저지른 연쇄 살인 사건은 런던 시민에게 큰 충격을 주었죠.

작품 속에서 지킬의 집은 번화가에 있는 고급 저택이지만, 뒷문은 더럽고 위험한 뒷골목으로 연결되어 있어요. 이는 곧 런던이라는 도시의 이중적 구조와 지킬과 하이드의 이중적 정체성을 상징적으로 보여 주는 설정이랍니다.

고딕 문학과 《지킬 박사와 하이드》

《지킬 박사와 하이드》는 19세기 고딕 문학의 특징을 잘 보여 주는 작품이에요. 고딕 문학은 18세기 말에 시작되어 19세기에 크게 발전한 장르로 공포, 미스터리, 초자연적 요소 등을 활용해 독자에게 불안과 공포를 불러일으키는 것이 특징이죠.

19세기 후반 빅토리아 시대의 고딕 문학은 초기 고딕 소설과 달리, 초자연적 공포보다는 심리적·사회적 공포에 초점을 맞추는 경향이 있었어요. 《지킬 박사와 하이드》는 초자연적 요소(마법약을 통한 변신)를 사용하면서도, 실제로는 인간의 이중성, 억압된 욕망, 사회적 가면 등 심리적, 사회적 주제를 탐구하고 있어요. 이는 빅토리아 시대 고딕 문학의 특징을 잘 보여 주는 부분이에요.

작품에는 고딕 문학의 여러 전통적 요소가 등장해요. 밤과 안개로 뒤덮인 런던의 음산한 분위기, 비밀스러운 실험실, 이상한 소리와 느낌, 그리고 무엇보다 인간의 내면에 숨겨진 악의 존재 등이 그것이죠. 특히 하이드는 인간의 억압된 본능과 욕망을 구체화한 존재로, 빅토리아 시대 사회가 두려워했던 것을 대표한다고 볼 수 있어요.

당시 고딕 문학은 빅토리아 시대의 엄격한 도덕관과 낙관적 진보관에 대한 반발이기도 했어요. 산업화와 과학 발전으로 모든 것이 더 나아질 것이라는 믿음 아래, 인간의 어두운 면은 종종 무시되었죠. 고딕 문학은 이런 억압된 측면을 드러내며, 진보와 이성만으로는 설명할 수 없는 인간 존재의 복잡성을 탐구했답니다. 《지킬 박사와 하이드》도 중요한 고딕 소설 작품이죠.

《지킬 박사와 하이드》는 또한 당시 새롭게 등장한 심리 고딕 소설의 중요한 사례기도 해요. 이는 공포가 외부의 괴물이나 초자연적 존재가 아니라, 바로 우리 자신의 내면에서 온다는 것을 보여 주죠. 지킬과 하이드는 별개의 인물이 아니라 같은 사람의 두 측면이라는 점에서, 인간 심리의 복잡성과 다면성을 탐구한 최초의 심리 스릴러라고도 볼 수 있어요.

이런 점에서 《지킬 박사와 하이드》는 빅토리아 시대의 사회적, 문화적 불안을 반영하면서도, 모든 시대와 문화에 적용될 수 있는 보편적인 인간 심리의 문제를 다루기 때문에 오늘날까지도 많은 독자에게 깊은 인상을 남기는 작품이랍니다.

16

80일간의 세계 일주
80일? 그 내기를 받아들이지

고독이란 슬픈 거니까요. 고통을 털어놓을 만한 사람이
한 명도 없다니! 어떤 고난도 두 사람이 함께 하면
좀 더 견딜 만하다고 흔히들 말하지요.

《80일간의 세계 일주》, 쥘 베른, 열린책들, 2010

영국 런던에 사는 필리어스 포그는 부유한 신사로 정확하고 규칙적인 삶을 사는 인물이에요. 매일 같은 시간에 일어나 아침 식사를 하고, 같은 시간에 집을 나서서 개혁 클럽에 가는 등 분 단위로 생활하는 사람이었죠.

어느 날, 클럽에서 친구들과 대화를 나누던 중 세계 일주에 관한 기사가 화제가 돼요. 철도와 증기선의 발달로 이제는 80일 안에 세계를 일주할 수 있다는 내용이었죠. 이에 대해 친구들과 논쟁을 벌이던 포그는 2만 파운드를 걸고 실제로 80일 안에 세계를 일주하겠다는 내기를 제안해요. 친구들이 내기를 받아들이며 그의 모험이 시작돼요.

포그는 여행을 떠나기 직전 프랑스인 하인 파스파르투를 고용해요. 파스파르투는 이전에 여러 직업을 거친 재주 많은 사람이었어요. 두 사람은 1872년 10월 2일 저녁, 런던에서 기차를 타고 여정을 시작합니다.

그들이 떠난 직후, 런던의 한 은행에서 대규모 강도 사건이 발생해요. 경찰은 포그가 범인이라고 의심해 탐정 픽스는 포그를 체포하기 위해 그를 추적하기 시작했어요.

포그와 파스파르투는 프랑스 파리를 거쳐 이탈리아, 이집트를 지나 인도로 향해요. 인도에서 그들은 열차가 철로 공사로 인해 더 이상 갈 수 없게 되자, 코끼리를 타고 여행하기도 해요. 이 과정에서 사티(과부를 남편과 함께 화장하는 풍습) 의식에 끌려가는 아우다라는 젊은 인도 여성을 구출하게 되고, 그녀는 포그 일행과 함께 여행하게 되죠.

홍콩으로 가는 도중, 탐정 픽스는 파스파르투에게 접근해 포그의 여행을 방해하려 해요. 홍콩에서 포그는 미국으로 가는 배를 타려 했지만, 파스파르투가 픽스에게 속아 배를 놓치게 되어 다른 배를 구해야 했어요. 일본 요코하마를 거쳐 미국 샌프란시스코에 도착한 포그 일행은 대륙 횡단 철도를 이용해 미국을 가로질러 뉴욕으로 향해요. 미국 여행 중에는 인디언의 습격을 받기도 하고, 폭풍으로 다리가 무너지는 위험한 상황도 겪게 돼요. 뉴욕에 도착했을 때는 영국으로 가는 배를 놓치고 말아요. 포그는 다른 배의 선장을 설득해 리버풀로 향하는 화물선을 전세 내지만, 항해 도중 연료가 떨어지자, 배의 목재 부분을 태워 연료로 사용해 가까스로 리버풀에 도착하게 돼요.

리버풀에 도착한 포그는 바로 픽스에게 체포돼요. 하지만 진짜 은행 강도가 이미 체포되었다는 소식을 들은 픽스는 포그를 석방하고 사과하죠. 그러나 이 사건으로 인해 포그는 런던으로 가는 기차를 놓치게 되고, 80일의 기한을 지키지 못할 것 같아 절망하게 돼요. 런던에 도착한 포그는 내기에서 졌다고 생각하고 집으로 돌아갔어요. 이틀 후에 개혁 클럽에 가서 패배를 인정하려는 순간, 파스파르투가 달려와 오늘이 바로 80일째 되는 날이라고 알려줘요. 실은 포그 일행이 동쪽으로 세계 일주를 하면서 하루를 '얻었기' 때문이었죠. 그들은 서둘러 개혁 클럽으로 가서 마감 시간 직전에 도착해 내기에서 승리하죠. 포그는 여행을 통해 아우다와 사랑에 빠져 결혼하게 되고, 파스파르투도 행복한 결말을 맞이해요.

Q. 《80일간의 세계 일주》에서 필리어스 포그는 철도와 증기선을 이용해 세계를 여행했어요. 19세기 교통혁명으로 세계는 어떻게 변화하고, 이런 변화는 오늘날 우리 삶에 어떤 영향을 미쳤나요?

소설을 탐구하다

작품의 창작 배경 및 상황

《80일간의 세계 일주》는 당시 급속도로 발전하던 교통수단인 철도와 증기선의 발달로 세계가 '작아'지던 시대적 배경을 반영한 소설이에요.

쥘 베른이 이 소설을 쓰게 된 직접적인 계기는 1870년 토마스 쿡이 최초의 세계 일주 관광 상품을 출시했다는 소식을 접한 것이었다고 해요. 1869년 수에즈 운하의 개통, 1869년 미국 대륙횡단 철도의 완성 등 교통과 기술의 발전으로 세계 여행이 가능하게 된 현실적 배경도 있었죠.

이 소설은 큰 인기를 끌었고, 1874년에는 연극으로 각색되어 파리와 런던에서 공연되었어요. 이후 여러 차례 영화와 TV 시리즈로 제작되며 세계적인 고전 모험 소설로 자리 잡았답니다.

《80일간의 세계 일주》는 모험 이야기를 넘어, 19세기 후반 산업혁명과 교통혁명으로 인한 세계의 변화, 서로 다른 문화와 국가 간의 만남 등을 다루고 있어요. 포그의 여정은 당시 영국을 중심으로 한 서구 제국주의의 확장과 맞물려 있으며, 그의 여행 경로는 대부분 영국의 식민지나 영향력 아래 있던 지역들을 통과하고 있죠.

이 작품은 당시 사람들의 시간에 대한 인식 변화도 반영하고 있어요. 철도의 발달로 정확한 시간표가 중요해졌고, 1884년에는 국제 표준시와 시간대 개념이 도입되었어요. 포그가 시간에 집착하는 인물로 그려진 것은 이런 시대적 변화를 상징적으로 보여 주는 것이라고 볼 수 있어요.

지은이 알아보기

쥘 베른 (Jules Verne, 1828~1905):

베른은 프랑스 낭트에서 태어났어요. 당시 낭트는 다양한 국적의 사람들이 드나드는 큰 항구도시여서, 그는 어린 시절부터 자연스럽게 여행과 모험을 꿈꾸게 되었죠. 특히 쥘 베른은 해양 모험 소설을 즐겨 읽었다고 해요. 그는 대대로 법조인을 배출한 가문의 뜻에 따라 19세에 법과대학에 입학했지만 글을 쓰는 것이 좋아 매일 도서관을 드나들며 성실하게 글을 썼어요.

쥘 베른은 끊임없이 작품 활동을 한 성실한 작가로도 유명해요. 그가 쓴 소설은 《80일간의 세계 일주》를 비롯해 무려 64편에 이르는데, 그중 54편이 과학적인 상상력을 바탕으로 쓴 모험 이야기죠. 그 당시에는 존재하지 않던 잠수함, 로켓, 텔레비전, 인터넷과 같은 것들을 상상해서 소설의 소재로 썼는데, 최소한 100년 이상 앞선 상상력이라 할 수 있어서 그를 예언가라고 말하는 사람들도 있었어요. 하지만 그의 상상은 철저한 자료 조사에서 비롯된 결과물이었죠. 쥘 베른은 새로운 발견이나 발명을 조사해 2,000여 권의 노트에 자세히 기록해 두고 소설의 기초 자료로 썼어요. 흥미진진하고 실감 나는 모험 이야기를 쓰기 위해 틈나는 대로 여행했는데, 그는 배를 세 척이나 가지고 있었다고 해요.

쥘 베른의 소설은 연극, 영화, 동화, 만화로 수없이 각색되어 전 세계의 과학, 문화, 경제 전반에 많은 영향을 끼쳤어요. 그의 소설을 보고 과학자를 꿈꾸었던 한 소년은 세계 최초로 로켓을 개발했고, 세계 최초의 원자력 잠수함의 이름은 그의 소설 《해저 2만 리》에 등장하는 잠수함 이름을 그대로 따 '노틸러스'라고 지었다고 하죠. 한 세기가 넘도록 전 세계 대중의 사랑을 받는 그는 '공상 과학 소설의 아버지'로 불린답니다.

교통혁명과 세계의 연결

19세기는 교통과 통신의 혁명적 발전으로 세계가 급속도로 '가까워지는' 시기였어요. 교통혁명은 증기기관의 발명과 함께 시작되었고, 철도와 증기선이 그 중심에 있었죠. 철도의 발전은 1830년 영국의 리버풀-맨체스터 철도 개통으로 본격화되었어요. 이후 철도망은 유럽 전역과 북미, 그리고 유럽의 식민지로 빠르게 확산되었죠. 특히 1869년 미국 대륙횡단 철도의 완성은《80일간의 세계 일주》에서 포그의 미국 횡단을 가능하게 한 중요한 교통 발전이었어요.

증기선도 세계 여행에 혁명을 가져왔어요. 1838년 대서양을 횡단한 최초의 정기 증기선 항로가 개설되었고, 이전에 몇 주 또는 몇 달이 걸리던 대양 횡단이 며칠로 단축되었죠. 수에즈 운하의 개통(1869년)은 유럽과 아시아 사이의 항해 거리를 크게 줄였어요.

이러한 교통혁명은 이동 시간만 단축시킨 것이 아니라, 세계 경제와 사회에도 큰 변화를 불러왔어요. 무역이 활성화되면서 상품, 자본, 사람, 아이디어의 교류가 빨라졌고, 이는 세계화의 첫 번째 물결이라고 볼 수 있어요.

철도와 증기선의 발달은 관광 산업의 발전으로도 이어졌어요. 토마스 쿡은 1841년 최초의 패키지여행 상품을 만들었고, 1872년에는 첫 세계 일주 관광 상품을 출시했어요. 이렇게 일반인들도 세계 여행을 꿈꿀 수 있게 된 것은 교통혁명이 가져온 큰 변화였죠.

《80일간의 세계 일주》는 이런 교통혁명으로 변화된 세계를 생생하게 보여 주는 작품이에요. 포그의 여행은 정확한 시간표, 연결된 교통망, 그리고 예측 가능한 여행 루트가 있었기에 가능했어요. 그럼에도 포그는 여정에서 많은 예상치 못한 장애물과 모험을 겪게 되는데, 이는 교통혁명에도 여전히 세계의 다양성과 불확실성이 존재함을 보여 주는 것이죠.

제국주의와 세계 일주 루트

《80일간의 세계 일주》에서 포그가 여행한 루트는 당시 영국을 중심으로 한 제국주의의 확장과 밀접하게 연관되어 있어요. 포그의 여행 경로는 대부분 영국의 식민지나 영향력 아래 있던 지역들을 통과하고 있는데, 이는 19세기 후반 세계 질서의 한 단면을 보여줘요.

19세기는 유럽 강대국들, 특히 영국과 프랑스가 아시아와 아프리카 지역으로 식민지를 확장하던 시기였어요. 이들은 군사력뿐만 아니라 앞선 교통과 통신 기술을 바탕으로 식민지를 효율적으로 통치하고자 했죠.

수에즈 운하는 지중해와 홍해 사이 지협 164킬로미터를 뚫은 것으로, 프랑스 기술자 페르디낭 마리 드 레셉이 1859년 4월 25일 포트 사이드에서 기공식을 한 지 10년 만에 개통되었어요. 고대부터 많은 사람이 지중해와 홍해를 잇는 운하 건설을 추진했지만, 기술력 부족과 정치적 이유로 실패했었죠.

운하 개통 이전에 유럽에서 아시아로 가려면 두 가지 길이 있었어요. 아프리카 남단의 희망봉을 돌아가는 방법과 수에즈 지협을 건너 홍해로 가는 방법이었는데, 당시 수에즈 지협에는 악명 높은 호텔에서 열흘 가까이 묵어야 했고, 인도행 증기선에 쓰일 석탄을 낙타에 싣고 가야 했어요.

하지만 운하길이 열리면서 유럽에서 아시아까지 시간이 대폭 줄어들게 돼요. 희망봉 루트와 비교했을 때, 런던에서 봄베이까지 51퍼센트, 콜카타까지는 32퍼센트, 싱가포르까지는 29퍼센트의 시간을 단축할 수 있었어요.

수에즈 운하의 개통은 영국이 인도와 아시아 식민지를 더 효율적으로 통치하는 데 큰 도움이 되었어요. 포그가 이집트를 거쳐 인도로 가는 루트는 당시 영국 제국의 주요 교통로였죠. 인도는 영국의 가장 중요한 식민지로, 포그가 여행할 당시 영국은 이미 인도 대부분을 지배하고 있었답니다.

홍콩과 싱가포르 같은 아시아의 주요 항구들도 영국의 식민지였다는 점도 포그가 아시아를 수월하게 여행할 수 있는 부분이었어요. 일본은 1854년 미국과의 개항 이후 서구에 개방되기 시작했고, 미국은 19세기 후반 서부 개척과 함께 태평양까지 영토를 확장했죠.

포그의 여행은 이렇게 제국주의로 연결된 세계를 따라 이루어졌어요. 그는 영국 신사의 특권, 즉 돈과 영향력을 이용해 어려움을 극복했고, 다른 문화와 사람들을 자신의 관점에서 바라보았죠. 하지만 여행을 통해 그는 변화하기 시작했고, 특히 아우다를 구하는 과정에서 다른 문화에 대한 이해와 존중을 보여주게 되었어요.

베른의 소설은 제국주의에 대한 직접적인 비판은 아니지만, 그 시대의 세계 질서와 문화적 차이, 그리고 기술의 발전이 가져온 변화를 생생하게 그려내고 있어요. 포그의 정확한 계산과 서구적 합리성은 때로는 다른 문화와 예상치 못한 상황에 직면해 도전받기도 하지만, 결국 그의 적응력과 인간적 성장을 통해 모험이 성공적으로 마무리되는 구조랍니다.

세계 표준시와 국제 날짜 변경선

《80일간의 세계 일주》의 결말에서 포그는 동쪽으로 세계를 일주하면서 하루를 '얻게' 되어 예상보다 하루 일찍 런던에 도착하게 되었어요. 이 재미있는 반전은 실제로 존재하는 시간과 날짜의 개념에 기반한 것이에요.

19세기 후반까지 세계 각국은 자국의 기준에 따라 시간을 정했어요. 그러나 철도와 전신의 발달로 국가 간, 대륙 간 통신과 교통이 빨라지면서 표준화된 시간의 필요성이 대두되었죠. 그래서 1884년 워싱턴에서 열린 국제 자오선 회의에서는 영국 그리니치 천문대를 지나는 자오선을 기준으로 세계 표준시와 24개의 시간대를 설정했답니다.

국제 날짜 변경선은 태평양 중앙을 남북으로 통과하는 가상의 선으로, 이 선을 넘을 때 날짜가 하루 바뀌게 돼요. 서쪽으로 날짜 변경선을 넘으면 하루가 더해지고, 동쪽으로 넘으면 하루가 빠지게 되죠. 이는 지구가 서쪽에서 동쪽으로 자전하기 때문에 생기는 현상이에요.

포그는 동쪽으로 여행하면서(런던 → 인도 → 아시아 → 미국 → 런던) 실제로는 하루를 '얻게' 되었어요. 그는 80일이 지났다고 생각했지만, 실제로는 79일만 지난 것이었죠.

베른이 이 소설을 쓸 당시에는 아직 국제 표준시와 날짜 변경선 개념이 공식적으로 확립되지 않았어요. 그런 상황에서도 그는 시간 개념을 정확히 이해하고 소설의 중요한 요소로 활용했죠. 이는 베른이 과학과 지리학에 깊은 지식이 있었음을 보여 주는 부분이에요.

시간의 표준화는 교통혁명과 함께 세계를 더 가깝게 연결하는 데 중요한 역할을 했어요. 오늘날 우리가 당연하게 여기는 세계 표준시와 시간대 개념은 19세기 말에 형성된 것이며, 이는 세계화의 중요한 기반이 되었어요. 《80일간의 세계 일주》는 이런 시간 개념의 변화를 흥미롭게 활용한 작품으로, 과학적 지식과 모험을 결합한 베른의 창의성을 잘 보여주고 있어요.

19세기 세계 여행과 관광 산업

《80일간의 세계 일주》가 출간된 19세기 후반은 현대적 의미의 관광 산업이 시작된 시기였어요. 이전까지 여행은 주로 군사적, 상업적, 종교적 목적이나 교육을 위한 '그랜드 투어'(귀족 자제들의 유럽 문화 여행) 형태였지만, 19세기에는 여가와 즐거움을 위한 관광이 대중화되기 시작했죠. 이런 변화의 중심에는 토머스 쿡이 있었어요. 그는 1841년 영국에서 첫 단체 관광 상품을 내놓았고, 1860년대부터는 유럽과 중동 지역으로 패키지여행 상품을 만들었어요. 1872년에는 최초의 세계 일주 관광 상품을 출시했는데, 이는 베른의 소설 구상에 영향을 주었다고 알려져 있어요.

철도와 증기선의 발달은 여행의 비용을 낮추고 접근성을 높였어요. 베데커나 머레이 같은 출판사에서 발행한 여행 가이드북이 인기를 끌었고, 여행자들을 위한 호텔과 서비스도 발전하기 시작했죠. 19세기 후반 세계 여행은 여전히 많은 비용과 시간이 필요한 활동이었어요. 포그처럼 세계 일주를 할 수 있는 사람들은 주로 부유한 상류층이었지요. 하지만 점차 중산층도 여행에 참여할 수 있게 되면서, 관광은 새로운 산업으로 성장하기 시작했답니다.

당시 여행자들은 오늘날과 달리 많은 불편과 위험을 감수해야 했어요. 정확한 시간표와 연결된 교통망이 있었지만, 날씨, 정치적 상황, 건강 문제 등 여러 변수가 여행에 영향을 미쳤지요.《80일간의 세계 일주》에서 포그가 겪는 다양한 모험과 장애물은 당시 세계 여행이 가진 불확실성을 잘 보여주고 있어요.

세계 여행은 문화적 만남과 교류의 기회도 제공했어요. 포그와 파스파르투가 여행 중에 만나는 다양한 문화와 사람은 19세기 세계의 다양성을 보여주죠. 하지만 이런 부분은 서구 중심적 시각에서 이루어져《80일간의 세계 일주》에서도 다른 문화에 대한 묘사가 때로는 편견이나 고정관념에 기반하기도 했죠. 오늘날 글로벌 관광 산업의 뿌리는

19세기 후반에 형성되기 시작했어요.

《80일간의 세계 일주》는 영화(배우 재키 챈이 출연하는 책과 동명의 2004년 영화 추천)와 애니메이션으로도 제작되며 꾸준히 사랑받고 있어요. 모험과 유머, 그리고 인간의 가능성을 탐구하는 이 작품은 오늘날에도 여전히 흥미롭고 매력적인 이야기로 남아있습니다.

17

레 미제라블

빵 한 조각에 19년이라고?

언제나 많이 사랑하거라.
세상에 이것 말고 다른 게 어디 있겠느냐. 서로 사랑해라.

《레 미제라블》, 빅토르 위고, 비룡소, 2015

장 발장을
돕는 은인

빵 한 조각을 훔쳐
감옥에 간 사나이

장 발장을 쫓는 사람

장 발장이 돕는 대상

팡틴의 딸

코제트와 사랑하는 사이

《레 미제라블》의 배경은 프랑스 혁명의 여파가 가시지 않은 19세기 초 프랑스에요. 주인공 '장 발장'은 굶주린 조카들을 위해 빵 한 조각을 훔치다 19년 동안 감옥살이를 하게 되었어요. 출소 후에도 그의 신분증명서에는 '위험한 자'라는 글씨가 새겨져 있어서 세상은 그를 배척했어요. 사회에 대한 분노로 절망에 빠진 그는 다시 범죄의 길로 빠질 위기에 처해요. 그런 장 발장에게 미리엘 주교는 호의를 베풀죠. 그런데 장 발장은 미리엘 주교의 은그릇을 훔쳐 달아나고 헌병에게 붙잡히게 돼요. 붙잡힌 장 발장에게 미리엘 주교는 왜 은촛대는 가져가지 않았냐며 은촛대까지 챙겨 주고, 그의 따뜻한 용서에 장 발장은 이전과 다른 삶을 살기로 결심해요. 이후 장 발장은 '마들렌'이라는 가명으로 성공한 사업가이자 시장이 되어 많은 사람을 돕고 존경받는 인물이 되지요. 굶주린 사람들이 찾아오면 음식과 일자리를 주면서 마을 사람들을 살폈고 가난한 사람들에게 아버지 같은 존재가 되었어요.

한편, 팡틴은 여인숙을 운영하는 테나르디에 부부에게 딸 코제트를 맡기고 마들렌(장 발장)이 운영하는 공장에서 일해요. 어느 날 공장의 여감독이 팡틴에게 더 이상 공장에 나오지 않아도 된다고 통보해 팡틴은 직장을 잃죠. 이후 한 남자와 시비가 붙은 팡틴을 마들렌이 도와주게 되고, 팡틴의 빚도 갚아 주면서 딸 코제트도 찾아서 데려오겠다고 약속하죠. 그러나 장 발장의 과거를 집요하게 쫓는 자베르 경감은 그의 행복을 위협했어요. 장 발장은 가혹한 운명 속에서도 가난한 소녀 코제트를 맡아 키우며 아버지 같은 존재가 돼요. 코제트는 장 발장의 품에서 성장하여, 젊은 혁명가 마리우스와 사랑에 빠져요.

프랑스는 혁명의 열기가 점차 고조되며, 혁명군들은 봉기를 일으켜요. 마리우스 역시 혁명의 중심에 서게 되지만, 그는 전투 중 치명상을 입어요. 이를 본 장 발장은 목숨을 걸고 마리우스를 구해 내 코제트와 그의 행복을 지켜 주고자 하죠. 자베르 경감도 자신의 신분을 속이고 밀정을 하다가 혁명 단원에서 들켜 바리케이드가 점령되기 직전 총살당할 위기에 처하는데, 이를 알게 된 장 발장은 본인이 자베르를 처리하겠다고 말하고는 자베르를 놓아 줘요. 장 발장의 선행에 감명받은 자베르는 이후 스스로 목숨을 끊고 말아요.

마침내 장 발장은 코제트와 마리우스를 결혼시킨 후, 자신이 키워 낸 딸의 행복을 지켜보며 조용히 세상을 떠나요.

Q. 《레 미제라블》의 배경이 되는 프랑스 혁명의 정신인 '자유, 평등, 박애'는 작품 속에서 어떻게 표현되고 있나요?

소설을 탐구하다

작품의 창작 배경 및 상황

《레 미제라블》제목의 의미는 '불쌍한 사람들'이에요. 이 소설의 배경은 프랑스 혁명 이후 19세기 초의 사회적, 정치적 혼란과 빈곤인데, 특히 1832년 프랑스에서 일어났던 '6월 봉기'가 소재에요.

이 작품은 가난한 사람들의 삶을 통해 프랑스 사회의 불평등과 불의를 고발하고, 그 속에서도 빛나는 인간애와 정의를 강조하고 있죠. 장발장은 빈곤 때문에 죄인이 되었지만, 결국 사랑과 용서의 힘으로 구원받아요. 이는 프랑스 대혁명 이후에도 여전히 계층 간 불평등과 사회적 부조리가 해결되지 않았다는 점을 비판적으로 그려내고 있어요.

지은이 알아보기

빅토르 위고(Victor Hugo, 1802~1885):

위고는 프랑스 낭만주의를 대표하는 시인이자 소설가, 극작가예요. 그의 아버지는 나폴레옹 휘하의 장군이었고, 어머니는 왕당파 집안이었어요. 정치적인 입장이 너무나 달랐던 부모님은 결국 헤어지게 되었는데 위고는 어린 시절에는 아버지와, 10살 이후에는 어머니와 함께 지냈다고 해요.

그는 어린 시절부터 문학에 관심을 보였으며, 낭만주의 운동에 적극

참여했어요. 그의 작품들은 프랑스 사회와 정치의 여러 측면을 반영하며, 특히 사회적 부조리와 가난한 자들의 고통을 다루고 있어요. 처음에는 왕당파였던 어머니의 영향으로 왕당파를 지지했고, 1825년 샤를 10세가 즉위할 때 왕정을 찬양하는 시를 쓰기도 했어요. 하지만 샤를 10세의 부조리한 정치에 실망하게 되고 7월 혁명을 전후하여 공화당파가 되어 자유민주주의를 위해 싸우게 되었어요.

위고는 1830년 7월 혁명과 1848년 프랑스 혁명을 직접 경험했으며, 정치에도 참여했어요. 특히 위고는 소설《레 미제라블》을 통해서 1832년 6월 봉기를 알리고자 했어요. 이 봉기는 단 이틀 동안 벌어졌고, 철저한 실패로 끝나 거의 잊힌 사건이 되었어요. 위고는 봉기 첫날이던 6월 5일 튈르리 정원에서 글을 쓰고 있었는데 갑자기 총소리를 들었고, 소리가 난 방향을 갔더니 그의 눈앞에 정부군과 시민군이 벌이는 시가전이 펼쳐지고 있었다고 해요.

위고는 30년 뒤인 1862년《레 미제라블》을 펴내요. 19세기 초반 비참했던 프랑스 민중의 삶과 6월 봉기를 세밀하게 묘사했어요.《레 미제라블》은 3000페이지에 달하는 대작이에요. 위고는 이 소설을 통해 사회 정의와 인간의 존엄성을 강조하며, 혁명 후에도 변하지 않는 사회 문제에 대해 깊이 고민했어요. 그의 문학은 그 시대를 넘어 현대에도 큰 영향을 미치고 있답니다.

프랑스 혁명과 그 후의 프랑스

1789년 프랑스에서는 극심한 굶주림과 신분제에 대한 불만, 불평등한 세금 제도 때문에 불만이 폭발하고 있었어요. 제3계급(평민)은 대부분 가난한 농민과 노동자들이었는데, 이들은 무거운 세금을 내고도 정치적 권리를 누리지 못했죠. 반면, 귀족과 성직자는 면세 특권을 누리며 호화로운 생활을 하고 있었어요. 이러한 불평등은 혁명으로 이어졌는데 민중은 국왕이었던 루이 16세를 처형하고 '왕이 없는 나라', 즉 공화국을 선포하게 돼요. 이것이 바로 '프랑스 대혁명'이에요.

하지만 혁명 이후 프랑스는 굶주림 문제를 해결하기는커녕 더 큰 소용돌이에 빠지게 돼요. 프랑스 국왕이 사형당한 것을 군주제에 대한 도전으로 받아들인 프로이센, 오스트리아, 에스파냐 등의 주변 국가들이 동맹을 맺어 프랑스를 공격했고, 쫓겨난 왕족과 귀족이 이들과 결탁했어요. 혁명 지도부는 외국군과도 싸워야 했고, 프랑스 내부의 반혁명 세력과도 전쟁을 벌이면서 권력 다툼을 하는 등 혼란스러운 상황이었어요.

이처럼 혼란한 가운데 프랑스를 구할 강한 지도자가 나타났는데, 그가 바로 나폴레옹이었어요. 그는 프랑스로 쳐들어온 주변 동맹군들을 막아 내고 알프스산맥을 넘어 이탈리아를 차지했고, 오스트리아의 수도인 빈까지 쳐들어갔어요. 가는 곳마다 승리를 거둔 나폴레옹은 이집트 알렉산드리아까지 차지하기에 이르렀죠. 그런데 전쟁에서 계속 승리하며 프랑스 국민의 영웅이 된 나폴레옹이 한 일은 무엇이었을까요?

나폴레옹 대관식

바로 쿠데타를 일으켜 나라의 지도자인 통령이 되었고, 이후 황제의 자리에 올라간 것이에요. 혁명의 열망이 군사 독재로 변질되었죠. 이후 나폴레옹은 영국까지 정복할 욕심에 트라팔가르 해전에서 넬슨 제독과 맞붙었는데 영국 함대에 크게 졌고, 결정적으로 러시아와의 싸움에서 추위와 굶주림 때문에 크게 패하고 말았어요. 이 패배로 나폴레옹은 황제의 자리에서 물러나 엘바섬으로 쫓겨나고 말았죠. 나폴레옹은 탈출에 성공해 다시 전쟁을 벌였으나 1815년 워털루 전쟁에서 패배하면서 대서양에 있는 세인트헬레나섬으로 유배되어 1821년, 그곳

〈나폴레옹 1세의 대관식〉, 자크루이 다비드, 1805~1807, 루브르 박물관, 위키백과

에서 눈을 감았어요.

7월 혁명

나폴레옹 몰락 이후 프랑스에는 외국으로 망명했던 루이 16세의 동생들이 돌아와 차례로 즉위해요. 루이 18세에 이어 왕위에 오른 샤를 10세는 언론의 자유를 탄압하고 선거권을 축소하는 등 프랑스를 혁명 이전의 구체제로 돌리려고 하죠. 특히 1830년 하원 선거에서 왕정을 반대하는 사람이 많이 당선되었는데, 샤를 10세가 의회를 해산하고 왕정에 반대하는 사람들을 쫓아냈어요. 이는 파리 시민의 분노를 불러왔

<민중을 이끄는 자유의 여신>, 외젠 들라크루아, 1830, 루브르 박물관, 위키백과

고, 자유주의 세력과 파리 시민들은 1830년 7월 다시 한번 혁명을 일으키게 돼요. 그 결과 프랑스 혁명을 지지했던 루이 필리프가 새로운 왕으로 추대되었어요. 이렇게 의회 해산부터 루이 필리프 즉위까지 모두 7월에 이뤄졌어요. 그래서 샤를 10세를 몰아낸 사건을 '7월 혁명'이라고 해요. 유명한 들라크루아의 그림 〈민중을 이끄는 자유의 여신〉이 바로 이 7월 혁명을 그린 작품이에요.

6월 봉기

하지만 프랑스 사회는 달라진 게 없었어요. 왕정을 지지하는 귀족, 입헌군주정을 바라는 중산층, 공화정을 원하는 노동자와 하층민의 대립은 점점 깊어만 갔죠. 산업혁명의 영향으로 빈부 격차는 심해지고, 흉작, 식량 부족, 물가 상승으로 경기가 극도로 나빠졌어요. 1832년에는 콜레라까지 발생하여 많은 사람이 목숨을 잃으면서 민중의 삶은 점점 피폐해지고, 선거권은 세금을 많이 내는 지주와 자본가에게만 돌아가 민중은 더 분노하게 되었어요.

1832년 6월 1일 대표적인 공화주의 정치가였던 라마르크 장군이 콜레라로 사망하자, 그의 장례식 때 그동안 분노했던 공화주의자들이 봉기를 일으켰어요. 이것이 바로 '6월 봉기'로,《레 미제라블》의 배경이 되는 사건이에요. 6월 봉기는 7월 혁명과 2월 혁명 사이에 학생, 부랑자, 노동자를 주축으로 일어난 혁명 운동이지만 잘 알려지지 않았어요. 6월 항쟁이 엄청난 사상자를 남긴 채 실패로 돌아갔기 때문이에요. 하지만 혁명의 뜻은 후손에게 이어졌고, 결국 6월 봉기 16여 년이 지난 후 그들의 뜻은 다시 2월 혁명으로 나타났어요.

2월 혁명

1848년 2월 22일, 프랑스의 반체제 지식인들은 보통 선거권과 공화정을 요구하는 대중 집회를 계획했어요. 그러나 집회는 금지됐고, 대규모 항의 시위가 걷잡을 수 없을 만큼 폭발적인 사태로 치달았어요. 군대마저 시위대열에 합류하자 결국 루이 필리프 왕은 퇴위를 발표하지 않을 수 없었어요. 혁명의 승리였지요. 1848년 2월 혁명은 결국 제2공화국을 수립하는 계기가 되었어요.

프랑스 혁명은 억압받던 계층에게 자유와 평등, 희망을 주었지만, 그 이상이 온전히 실현되지는 않았어요. 《레 미제라블》은 혁명 이후에도 계속되는 가난과 불평등, 그 속에서 피어나는 희망과 인간애를 통해 당시 사회의 모순을 비판하고 있어요. 위고는 이 작품을 통해 혁명 자체보다는 인간의 존엄성과 연대, 궁극적인 구원의 가능성을 강조했어요. 오늘날에도 전 세계적으로 사랑받는 뮤지컬 〈레 미제라블〉이 "One Day More", "I Dreamed a Dream" 같은 노래로 꿈과 희망, 인간의 존엄성을 노래하는 것도 바로 이런 정신을 이어받은 것이라고 할 수 있어요.

18

적과 흑

평민이 귀족 사회에서 살아남는 법

인간에게 말이 주어진 것은 생각을 숨기기 위해서이다.

《적과 흑》, 스탕달, 민음사, 2004

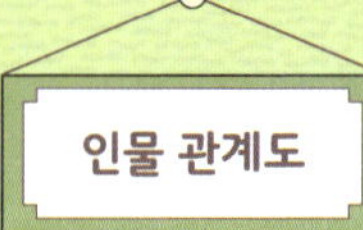

쥘리앙과 사랑에 빠지는
시장 부인

쥘리앙과 사랑에 빠지는
라 몰 후작의 딸

가난한 목수의 아들

마틸드의 아버지

프랑스의 작은 마을 베리에르에 사는 가난한 목수의 아들 쥘리앙은 지적이고 야심 찬 젊은이예요. 그는 나폴레옹을 열렬히 숭배하며 공부를 통해 신분 상승을 꿈꿨죠.

쥘리앙은 처음에 베리에르의 시장인 드 레날 씨의 집에서 가정교사로 일하게 돼요. 그는 그곳에서 드 레날 부인과 가까워지고, 둘은 위험한 사랑에 빠져요. 지방 귀족 가문의 귀부인이자 두 아이의 어머니인 드 레날 부인은 쥘리앙과의 관계로 죄책감에 시달리지만, 그의 지성과 열정에 매료되고 말죠. 하지만 둘의 관계는 오래가지 못해요.

소문이 퍼지기 시작하자 쥘리앙은 베리에르를 떠나 신학교로 들어가요. 그곳에서 그는 교회 내의 정치 관계와 위선을 경험하게 되고, 교회 지도자들의 후원으로 파리의 귀족 가문인 라 몰 후작의 비서로 일하게 돼요. 쥘리앙은 라 몰 후작의 딸 마틸드와 사랑에 빠져요. 마틸드는 귀족 사회의 관습과 제약에 반항하는 성격이었고, 쥘리앙의 대담함과 지성에 끌렸어요. 두 사람의 관계는 상류 사회에서 스캔들이 되었지만, 마틸드의 임신으로 라 몰 후작은 마지못해 둘의 결혼을 허락하죠. 그러나 쥘리앙의 과거가 그를 붙잡게 돼요. 드 레날 부인이 쥘리앙과의 관계를 고해성사에서 고백하도록 압력을 받고, 이를 알게 된 남편이 라 몰 후작에게 모든 것을 알리는 편지를 보낸 거죠. 분노한 쥘리앙은 베리에르로 돌아가 미사 중인 교회에서 드 레날 부인을 권총으로 쏘지만, 그녀는 죽지 않고 부상을 입어요.

쥘리앙은 체포되어 감옥에 갇히고 재판에서 사형 선고를 받아요. 그는 감옥에서 자기 삶을 되돌아보죠. 그동안 자신이 사회적 성공에 너무 집착했음을 깨닫고, 드 레날 부인에 대한 진실한 사랑을 인정하죠. 드 레날 부인은 상처에서 회복된 후 쥘리앙을 용서하고 그를 구하기 위해 노력하지만, 쥘리앙은 운명을 받아들이기로 결심해요. 결국 그에게는 사형이 집행되고, 그의 죽음 이후 얼마 지나지 않아 드 레날 부인도 슬픔으로 세상을 떠나고 말아요. 마틸드는 쥘리앙의 시신을 수습하여 그가 사랑했던 산 위에 묻어 주죠.

《적과 흑》은 복잡한 인물 쥘리앙 소렐을 통해 나폴레옹 이후 프랑스 사회의 계급 문제, 개인의 야망과 좌절, 사랑과 배신, 그리고 사회적 위선을 탐구하는 작품이에요.

Q. 《적과 흑》에서 쥘리앙 소렐은 '적'(군인)과 '흑'(성직자)이라는 두 직업과 경로 사이에서 갈등해요. 나폴레옹 이후 프랑스에서 두 직업이 지니는 의미는 무엇일까요?

소설을 탐구하다

작품의 창작 배경 및 상황

《적과 흑》의 부제는 '19세기 연대기'로, 이 작품은 1820년대 프랑스 사회를 배경으로 하고 있어요. 스탕달이 이 소설을 쓰던 시기는 프랑스 역사의 중요한 전환점이었어요. 나폴레옹의 몰락 이후 복고된 부르봉 왕조의 샤를 10세가 1830년 7월 혁명으로 퇴위 되고, 루이 필리프가 새로운 왕으로 즉위하던 시기였죠. 이런 정치적 혼란과 사회적 변화의 분위기는 작품 전체에 영향을 미쳤어요.

《적과 흑》의 배경이 되는 1820년대 프랑스는 복고왕정 시기로, 나폴레옹 전쟁 이후 유럽의 구질서를 회복하려는 '빈 체제'의 영향 아래 있었어요. 귀족과 교회의 권력이 다시 강화되고, 나폴레옹 시대의 혁명적 이상과 가치는 억압되었죠. 하지만 동시에 산업혁명이 진행되면서 부르주아 계급이 성장하고, 사회 내부에는 변화의 욕구가 꿈틀거리고 있었어요.

스탕달은 직접 목격한 시대의 모순과 갈등을 작품에 담아냈어요. 그는 나폴레옹의 열렬한 지지자였고, 복고왕정 하의 보수적 사회 분위기에 비판적이었죠. 주인공 쥘리앙 소렐은 어떤 면에서 스탕달 자신의 분신이기도 하며, 그의 좌절과 비극은 혁명 이후 프랑스 사회의 한계를 상징적으로 보여준다고 볼 수 있어요.

《적과 흑》은 출간 당시에는 크게 주목받지 못했지만, 후대에 19세기 최고의 심리 소설 중 하나로 평가받아요. 등장인물의 복잡한 내면 심리를 세밀하게 묘사하는 스탕달의 기법은 현대소설에 큰 영향을 미쳤고, 사실주의 문학의 중요한 이정표가 되었답니다.

지은이 알아보기

스탕달(Stendhal, 1783-1842):

스탕달은 프랑스 소설가로, 본명은 마리-앙리 베일Marie-Henri Beyle이에요. 그는 프랑스의 부유한 부르주아 가정에서 태어났어요. 어머니는 그가 어릴 때 세상을 떠났고, 엄격한 왕당파였던 아버지와의 관계는 좋지 않았죠. 이런 어린 시절의 경험은 나중에 그의 작품 속 인물들의 심리를 형성하는 데 영향을 미쳤어요.

1799년, 16세의 베일은 파리로 가서 잠시 공부했고, 곧 나폴레옹의 군대에 입대했어요. 그는 나폴레옹의 이탈리아와 독일 원정에 참여했고, 러시아 원정에도 함께했어요. 이 시기 그는 유럽 여러 나라를 여행하며 다양한 문화를 경험했고, 특히 이탈리아에 큰 애정을 가지게 되었어요.

나폴레옹의 몰락 후, 베일은 이탈리아 밀라노에 정착했어요. 그곳에서 그는 문학과 예술에 심취했고, 처음으로 글을 쓰기 시작했죠. 1821년 《로마, 나폴리, 피렌체에서의 여행》이라는 여행기를 출판할 때 처음으로 '스탕달'이라는 필명을 사용했답니다.

1830년, 그는 자신의 가장 유명한 소설인 《적과 흑》을 발표했고, 이어서 1839년에《파르마 수도원》을 출간했어요. 그러나 스탕달의 작품들은 생전에는 별로 인정받지 못했고, 그의 사망 후 약 50년이 지나서야 그 가치를 제대로 평가받기 시작했어요.

스탕달은 심리 소설의 선구자로 평가받고 있어요. 그는 등장인물의 미묘한 심리적 변화와 동기를 탐구하는 데 집중했고, 특히 사랑, 야망, 질투와 같은 감정을 깊이 있게 다뤘기 때문이에요. 그의 문체는 간결하고 직접적이며, 사회에 대한 날카로운 관찰과 풍자가 특징이에요.

그의 이름은 의외의 분야에도 등장하고 있는데 바로 '스탕달 증후군'이에요. 예술 작품을 감상하거나 아름다운 풍경을 보면서 극도의 흥분, 현기증, 심장 박동 증가, 심지어 환각까지 경험하는 현상을 가리키는 것이죠. 이는 스탕달이 이탈리아 피렌체를 방문했을 때 르네상스 시대 미술 작품들을 감상하며 극도의 흥분과 어지러움을 느꼈다는 이야기에서 유래했어요.

나폴레옹의 몰락과 빈 체제

《적과 흑》의 내용을 이해하려면 나폴레옹의 몰락과 그 이후 유럽의 정치 질서를 알아야 해요. 나폴레옹 보나파르트는 프랑스 혁명 이후 권력을 장악하여 1804년 스스로 황제가 되었고, 승승장구하며 유럽 대부분을 정복했지만, 1812년 러시아 원정의 실패를 시작으로 패배했어요.

1814년 나폴레옹이 처음 패배했을 때, 유럽의 강대국들은 나폴레옹을 엘바섬으로 보내고 프랑스에 루이 18세를 왕으로 복귀시켰어요. 그러나 1815년 나폴레옹이 엘바섬에서 탈출해 다시 권력을 잡는 '백일천하'를 선언하게 돼요. 하지만 나폴레옹은 워털루 전투에서 패배했고, 세인트헬레나섬으로 유배되어 1821년에 그곳에서 생을 마감했어요.

나폴레옹의 최종 패배 후, 1814~1815년에 빈 회의가 열렸어요. 이 회의에서 오스트리아의 메테르니히, 러시아의 알렉산드르 1세, 영국의 캐슬레이, 프로이센의 하르덴베르크 등 유럽 강대국의 지도자들은 나폴레옹 이전의 구질서를 회복하고 유럽의 세력 균형을 유지하기 위한 체제를 구축했어요. 이를 '빈 체제'라고 불러요. 빈 체제의 주요 원칙은 다음 세 가지였어요. 첫째, 복고주의(정통성의 원칙). 나폴레옹 이전의 왕조와 국경을 가능한 한 회복하는 것이었죠. 둘째, 정당성. 합법적인 왕조의 권리를 인정하는 것입니다. 셋째, 보상과 균형. 전쟁에서 승리한 국가들에 영토를 재분배하고 세력 균형을 유지하는 것이죠.

프랑스에서는 루이 18세가 다시 왕위에 올랐고, 이것이 '복고왕정' 시기의 시작이었어요.《적과 흑》의 배경이 되는 1820년대는 루이 18세의 사망 후 그의 동생 샤를 10세가 왕위에 오른 시기로, 더 보수적이고 반동적인 정책이 시행되었죠.

빈 체제는 유럽에 약 30년간의 평화를 가져왔지만, 프랑스 혁명과 나폴레옹 시대에 퍼진 자유주의와 민족주의 이념을 억압하는 보수적인 체제였어요. 이는 곳곳에서 저항과 혁명의 씨앗을 뿌렸고, 결국 1830년 프랑스 7월 혁명, 1848년 유럽 전역의 혁명으로 이어졌답니다.

《적과 흑》의 주인공 쥘리앙 소렐은 바로 이런 시대적 배경 속에서 살아가는 인물이에요. 그는 나폴레옹을 열렬히 숭배하지만, 나폴레옹 시대는 이미 지나갔고, 사회는 보수화되었죠. 쥘리앙의 좌절과 갈등은 이런 시대적 모순을 반영하고 있답니다.

복고왕정기 프랑스 사회와 계급

《적과 흑》의 배경이 되는 복고왕정 시기는 사회적으로 복잡한 갈등과 변화가 일어나던 때였어요. 표면적으로는 혁명 이전의 구체제로 돌아간 것처럼 보였지만, 실제로는 프랑스 혁명과 나폴레옹 시대의 영향으로 사회 구조가 이미 크게 변화한 상태였기 때문이죠.

복고왕정기에는 귀족과 성직자들이 다시 특권을 되찾고 정치적 영향력을 행사했어요. 그러나 혁명 시기에 많은 귀족이 망명하거나 재산을 잃었고, 나폴레옹 시대에는 새로운 엘리트 계층이 형성되었기 때문에, 옛 귀족들의 권력 회복은 완전하지 않았어요. 특히 혁명 중에 귀족들의 토지가 부르주아지(중세 성 안에 사는 자유 시민이자 상공업자, 은행가, 전문직 등의 자본가 계급)에 팔렸는데, 이 소유권은 복고왕정 시기에도 대부분 인정되었어요.

한편, 산업혁명이 프랑스에서도 진행되면서 부르주아지의 경제적 영향력이 커지고 있었어요. 하지만 이들은 정치적으로 여전히 소외되어 있었고, 이에 불만이 쌓이고 있었죠. 도시 노동자와 농민들의 생활 조건은 열악했고, 경제적 불평등도 심각했어요.

나폴레옹은 '능력 있는 자들에게 길을 열어 주는' 정책을 폈지만, 복고왕정기에는 다시 출신과 신분이 중요해졌어요. 그러나 완전히 닫힌 사회는 아니었고, 교육을 통한 계층 상승의 가능성은 제한적으로나마 존재했답니다.

《적과 흑》의 주인공 쥘리앙 소렐은 바로 이런 사회에서 계층 이동을 시도하는 인물이에요. 그는 하층민 출신이지만 지적 능력과 야망이 있었고, 교회와 귀족 사회라는 두 개의 '사다리'를 통해 상승하려 했던 것이에요. '적'과 '흑'이라는 제목은 이 두 경로를 상징하는데, '적'은 나폴레옹 시대의 군인을, '흑'은 성직자의 옷 색깔을 의미하죠.

그러나 쥘리앙의 비극적 결말은 당시 사회의 계급적 한계와 모순을 보여 주는 것이에요. 그는 아무리 노력해도 자신의 신분에서 완전히 벗어날 수 없었고, 상류 사회에 진입하려는 시도는 실패로 끝나고 말아요. 이는 표면적으로는 개인의 능력을 인정하는 듯 보이지만, 실제로는 여전히 출신과 배경이 중요했던 당시 사회의 현실을 반영하고 있어요. 스탕달은 이런 사회적 모순을 예리하게 포착하여《적과 흑》에 담아냈고, 이는 오늘날까지도 계급과 사회 이동성에 관한 중요한 통찰을 제공하고 있답니다.

19세기 초 프랑스의 정치적 긴장

복고왕정 시기는 크게 두 단계로 나눌 수 있어요. 루이 18세(1814~1824) 시기는 비교적 온건했던 반면, 샤를 10세(1824~1830) 시기는 더 보수적이고 반동적이었어요.

루이 18세는 프랑스 혁명과 나폴레옹 시대의 변화를 어느 정도 인정하고 헌정 체제를 받아들였어요. 그는 1814년 '헌장'을 공포하여 제한적이나마 입헌군주제를 도입했고, 재산을 가진 시민에게 투표권을 주었죠. 그러나 이는 매우 제한적인 것이었고, 인구의 약 1퍼센트만이 투표권을 가졌어요.

정치적으로는 크게 세 세력이 대립하고 있었어요. 먼저 극우파(울트라 왕당파)가 있었죠. 극우파는 혁명 이전의 구체제로 완전히 돌아가길 원했고, 귀족과 교회의 특권 회복을 주장했어요. 다음으로 자유주의자(리버럴)는 프랑스 혁명의 이념을 지지하고, 더 넓은 참정권과 자유를 요구했어요. 마지막으로 온건 왕당파는 두 극단 사이에서 타협책을 모색했어요.

1824년 루이 18세가 사망하고 그의 동생 샤를 10세가 왕위에 오르면서 정치적 분위기는 더 보수화되었어요. 샤를 10세는 울트라 왕당파의 지지를 받았고, 교회와 귀족의 권한을 강화하는 정책을 폈죠. 특히 교회는 교육과 사회 전반에 대한 영향력을 회복했고, 이는 자유주의자들의 큰 반발을 사게 되었어요.

1827년 선거에서 자유주의 세력이 승리하자, 샤를 10세는 1830년 7월 '칙령'을 발표해 언론의 자유를 억압했어요. 이것이 7월 혁명이 일어나는 직접적인 계기가 되었고, 결국 샤를 10세는 퇴위하게 되었죠. 그 자리에 '시민 왕' 루이 필리프가 즉위하며 7월 왕정이 시작되었어요.

스탕달은 《적과 흑》의 다양한 인물을 통해 이런 정치적 갈등을 보여주고 있어요. 드 레날 시장은 샤를 10세를 지지하는 기회주의적 보수파로, 라 몰 후작은 자신의 귀족적 전통에 자부심을 가지면서도 정치적으로는 상당히 자유주의적인 인물로 그려지고 있죠. 《적과 흑》이 출간된 것은 1830년 7월 혁명 직후였는데, 스탕달은 이 작품에 혁명의 원인이 된 사회적, 정치적 모순을 잘 포착해 표현한 것입니다.

톰 아저씨의 오두막
노예도 사람입니다

아주 인도적인 한 법률학자가 이런 말을 했다.
"인간을 최악으로 학대하는 방법은 그를 목매달아 죽이는 것이다."
아니다. 그보다 더 나쁘게 인간을 학대하는 방법이 있다.
그것은 노예제도이다.

《톰 아저씨의 오두막》, 해리엇 비처 스토, 문학동네, 2011

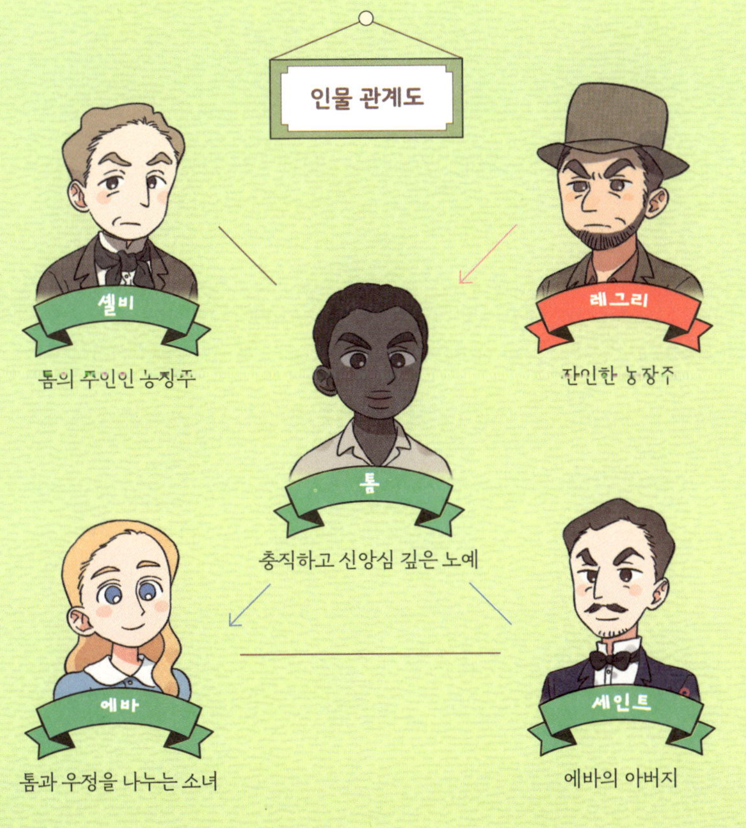

《톰 아저씨의 오두막》의 주인공 톰은 켄터키주 농장주 셸비 씨 밑에서 일하는 충직하고 신앙심 깊은 노예예요. 그는 자신이 사는 오두막에서 아내와 자녀들과 비교적 평온한 삶을 살고 있었죠.

그러나 셸비 씨가 빚을 갚기 위해 톰과 해리엇이라는 여자 노예의 아들 해리를 노예 상인 헤일리에게 팔기로 하면서 이야기가 시작돼요. 해리엇은 자기 아들이 노예로 팔려 가는 것을 원치 않아, 남편 조지를 두고 아들을 데리고 도망치기로 결심해요. 그녀는 오하이오 강을 건너 자유의 땅인 북부로 가려고 하죠.

톰은 도망가지 않고 자신의 운명을 받아들이며 헤일리에게 팔려 가요. 배를 타고 남쪽으로 이동하던 중, 톰은 물에 빠진 소녀 에바를 구해요. 에바의 아버지인 세인트 클레어는 이를 고마워하며 톰을 사들여 자신의 뉴올리언스 저택으로 데려갔어요.

에바와 톰은 깊은 우정을 나누고, 에바의 영향으로 세인트도 노예제도의 불의에 대해 생각하기 시작해요. 그러나 에바가 병으로 죽고 곧이어 세인트 클레어마저 사고로 목숨을 잃게 되면서, 톰은 세인트 클레어의 약속대로 자유를 얻지 못하고 그의 아내에 의해 경매장에 팔려 가게 되죠.

톰은 매우 잔인한 농장주 사이먼 레그리에게 팔려 가요. 레그리는 톰의 신앙심과 다른 노예들을 돕는 모습을 못마땅하게 여겨 그를 괴롭히고 학대해요. 레그리의 농장에 카시라는 여성 노예가 오랜 고통으로 절망에 빠져 있었는데 톰은 카시에게 고통 속에서도 신앙을 잃지 않고 희망을 주려고 노력해요. 카시와 다른 여성 노예 에멜린은 레그리의 농장에서 탈출할 계획을 세우고, 톰에게도 함께 도망치자고 제안하지만, 그는 거절해요. 대신 그는 두 여성이 탈출하는 것을 돕죠. 레그리는 톰이 두 여성의 탈출을 도왔다고 의심하고 그들의 행방을 말하라고 강요하지만, 톰이 끝까지 말하지 않자 심한 매질을 당해요.

한편, 해리엇과 그녀의 아들 해리는 여러 어려움을 겪으며 북부로 탈출하게 돼요. 그들은 오하이오 강의 떠다니는 얼음 조각들 사이를 뛰어넘어 강을 건너고, 여러 조력자의 도움으로 캐나다까지 도망치는 데 성공하죠. 해리엇의 남편 조지도 별도로 도망쳐 나중에 가족과 재회해요.

이야기의 결말에서 톰은 레그리의 잔혹한 학대를 견디다 결국 죽음을 맞이해요. 그가 죽기 직전, 셸비 씨의 아들인 조지 셸비가 톰을 데려가기 위해 도착하지만, 너무 늦고 말죠. 조지 셸비는 톰의 죽음을 목격한 후 노예제도에 반대하기로 결심해요.

소설은 여러 인물의 이후 삶을 보여주며 마무리돼요. 해리엇과 조지 해리스 가족은 캐나다에서 자유를 얻고, 나중에 아프리카 리베리아로 이주해 그곳에서 새 삶을 시작해요. 조지 셸비는 자신의 농장에 있는 모든 노예를 해방시키죠.

Q. 미국 노예제도가 인간의 존엄성과 인권에 어떤 영향을 미쳤는지 생각해 봅시다. 소설 속 노예 소유주들(셸비, 세인트, 레그리)은 각각 어떻게 다른 태도를 보였나요? 이를 통해 제도적 불의 속에서 개인의 도덕적 선택이 지닌 의미는 무엇일까요?

소설을 탐구하다

작품의 창작 배경 및 상황

《톰 아저씨의 오두막》은 1851년부터 1852년까지 〈내셔널 이라〉라는 잡지에 연재되었던 소설로, 1852년 3월에 단행본으로 출간되었어요. 이 소설은 엄청난 반향을 불러일으켜 첫해에만 미국에서 30만 부, 영국에서 150만 부가 팔리는 기록적인 성공을 거두었어요.

스토우는 이 소설을 통해 당시 미국 남부 노예제도의 잔혹성과 비인간성을 폭로하고, 이에 대한 도덕적 분노를 불러일으키고자 했어요. 그녀는 직접적인 계기로 1850년에 제정된 '도망 노예법'을 언급했는데, 이 법은 남부에서 탈출한 노예들을 체포하여 주인에게 돌려보내는 것을 의무화했어요. 더 심각한 것은 북부 주민도 도망친 노예를 도우면 벌금이나 감옥에 가야 했고, 심지어 도망 노예를 신고하지 않아도 처벌받을 수 있었죠. 또한 의심받는 사람이 노예라는 증거만 있으면 재판 없이도 남부로 끌려갈 수 있어서, 자유민이던 흑인들조차 노예로 잘못 끌려가는 경우도 많았어요. 이 법은 북부로 도망친 노예들을 돕는 사람들을 처벌하고 노예들을 남부로 돌려보내도록 했기 때문에, 노예제 반대론자던 스토우에게는 참을 수 없는 악법이었던 것이죠.

스토우는 오하이오주 신시내티에 살면서 켄터키주 경계에 있는 노예제 지역을 직접 목격했고, 그곳에서 도망 노예들을 만나고 그들의 이야기를 들었어요. 또한 그녀의 남편인 캘빈 스토우는 신학교 교수로, 그들의 집은 도망 노예들이 자유를 찾아 북부로 이동하는 '지하철도'의 한 정거장 역할을 했다고 해요.

소설의 주요 인물과 사건들은 실제 존재했던 사람들과 사건들에서 영감을 받았어요. 예를 들어, 탈출에 성공한 조시아 헨슨이라는 노예의 이야기가 톰 캐릭터의 모델이 되었다고 하죠. 스토우는 이런 실제 이야기들을 바탕으로 문학적으로 재창조했고, 감성적인 장면을 많이 포함시켰어요.

《톰 아저씨의 오두막》은 노예제도 폐지론자들에게는 강력한 선전 도구가 되었고, 남부 노예제도 옹호자들에게는 과장되고 왜곡된 묘사라며 비난을 받았어요. 에이브러햄 링컨 대통령이 스토우를 만났을 때 "이 작은 책을 쓴 작은 여인이 이 큰 전쟁을 일으켰군요"라고 말했다는 일화는 이 소설이 얼마나 큰 영향을 미쳤는지를 보여주죠.

오늘날《톰 아저씨의 오두막》은 역사적, 문학적으로 중요한 작품으

로 평가받지만, 동시에 인종적 고정관념을 강화했다는 비판도 받고 있
어요. 특히 '톰 아저씨'라는 표현이 복종적이고 순종적인 흑인을 묘사
하는 부정적인 용어로 사용되기도 했죠. 그럼에도 이 작품이 노예제
반대 운동과 미국 역사에 미친 영향력은 부정할 수 없답니다.

지은이 알아보기

해리엇 비처 스토우(Harriet Beecher Stowe, 1811~1896):

스토우는 미국의 작가이자 노예제 반대 운동가로, 코네티컷주 리치
필드에서 태어났어요. 그녀는 당시 유명한 개신교 목사이자 신학자였
던 라이먼 비처의 일곱 번째 자녀였어요. 비처 가문은 종교적, 사회적
개혁에 깊이 관여했으며, 해리엇의 여러 형제도 목사, 교육자, 사회 운
동가로 활동했죠.

해리엇은 언니 캐서린이 설립한 하트퍼드 여성 세미나리에서 공부
했고, 나중에는 그곳에서 교사로 일하기도 했죠. 21세에 그녀는 가족
과 함께 오하이오주 신시내티로 이주했는데, 이곳에서 노예제도의 현
실을 직접 목격했어요.

1836년, 해리엇은 캘빈 엘리스 스토우 신학 교수와 결혼했어요. 그
들은 일곱 명의 자녀를 두었는데, 그중 한 아들이 콜레라로 사망한 것
이 그녀에게 큰 영향을 미쳤어요. 이런 상실감은 《톰 아저씨의 오두막》
에서 노예 어머니들이 자녀와 헤어지는 고통을 묘사할 때 반영되었다
고 해요.

1850년 도망 노예법이 제정되자, 해리엇은 노예제도의 잔혹함을

폭로하는 소설을 쓰기로 결심했어요.《톰 아저씨의 오두막》의 성공 이후, 스토우는 국제적으로 유명한 인물이 되었고, 영국과 유럽을 순회하며 강연했어요. 그녀는 전 생애에 걸쳐 30권이 넘는 책을 출판했는데, 소설, 수필, 여행기, 전기 등 다양한 장르를 아울렀어요. 다른 주요 작품으로는《드레드: 대늪지의 이야기》(1856),《올드타운 포크스》(1869),《핑크와 화이트 티라니》(1871) 등이 있어요. 그녀의 작품은 오늘날까지도 미국 문학과 역사에 영향을 미치고 있답니다.

미국 노예제도의 역사

미국 노예제도의 역사는 17세기 초 영국 식민지 시대로 거슬러 올라가요. 1619년, 최초의 아프리카인들이 버지니아 제임스타운에 끌려왔는데, 이들은 처음에는 계약 하인indentured servants으로 간주되었어요. 계약 하인은 일정 기간 노동을 제공한 후 자유를 얻을 수 있었지만, 점차 흑인은 평생 노예 상태에 있어야 하는 법적 제도가 발전하게 되었죠.

18세기에 들어서면서 남부 식민지에서는 담배, 쌀, 인디고 등의 작물 재배를 위한 대규모 농장(플랜테이션) 경제가 발전했고, 이에 따라 노예 노동에 대한 의존도도 크게 높아졌어요. 1776년 미국 독립 당시에는 많은 건국의 아버지들, 심지어 "모든 인간은 평등하게 태어났다"라고 선언한 토머스 제퍼슨조차 노예를 소유하고 있었어요.

미국 헌법은 직접적으로 '노예'라는 단어를 사용하지는 않았지만, 여러 조항에서 노예제도를 인정하고 보호했어요. 특히 '3/5 타협'은 노예를 인구 계산 시 3/5의 인간으로 간주하며 남부 주들에게 의회에서 더 많은 대표권을 주었지요. 헌법은 1808년까지 노예무역을 금지할 수 없다고 규정했고, 도망 노예를 주인에게 돌려주도록 요구했어요.

1793년 일라이 휘트니의 면화 탈곡기 발명은 면화 재배를 크게 효율화시켰고, 이에 따라 남부 경제에서 노예 노동의 중요성이 더 커졌어요. 같은 시기에 북부 주들은 점차 노예제를 폐지하기 시작했고, 남북 간의 경제적, 문화적 차이가 더 뚜렷해졌죠.

19세기 전반, 미국은 새로운 영토를 획득하면서 그곳에 노예제 시행 여부를 두고 격렬한 논쟁이 벌어졌어요. 1820년 미주리 타협, 1850년 타협 등으로 갈등을 해결해 보려 했지만, 근본적인 문제는 해결되지 않았어요. 특히 1850년 도망 노예법은 북부에서도 도망 노예를 체포하여 남부로 송환하도록 요구해 북부인의 분노를 사게 돼요.

노예들의 삶은 극도로 힘들었어요. 그들은 법적 재산으로 간주되어 기본적인 인권을 부정당했고, 가족이 뿔뿔이 흩어지는 경우가 많았으며, 주인의 폭력과 학대에 노출되었죠. 그럼에도 노예들은 다양한 방법으로 저항했는데, 작업 속도를 늦추거나, 도구를 파손하거나, 도망치거나, 때로는 반란을 일으키기도 했어요.

1831년 '냇 터너의 반란'은 가장 유명한 노예 반란 중 하나였어요. 버지니아주 노예였던 냇 터너는 종교적 환상을 보았다며 하나님이 자신에게 노예 해방의 사명을 주었다고 믿었어요. 그는 동료 노예들과 함께 반란을 일으켜 약 60명의 백인을 살해했고, 이 사건은 이틀 동안 계속되었어요. 하지만 결국 진압되었고, 터너는 체포되어 처형당했죠.

이 반란 이후 남부 각 주는 노예에 대한 감시와 통제를 더 강화했고, 노예들의 교육이나 집회를 더욱 엄격히 금지했어요. 냇 터너의 반란은 남부 백인에게 큰 공포를 안겨주었고, 노예제도에 대한 남북 간 갈등을 더 심화시키는 계기가 되었답니다.

도망 노예들을 북부와 캐나다로 탈출시키는 비밀 네트워크인 '지하철도'는 많은 노예에게 자유를 찾는 길을 제공했어요. 해리엇 터브먼, 윌리엄 스틸 같은 지하철도 '지도자'들은 수백 명의 노예를 자유로 인도했죠.

《톰 아저씨의 오두막》의 배경이 되는 1850년대는 노예제 문제로 미국 사회가 크게 분열되던 시기였어요. 이 소설은 그런 갈등 속에서 노예제의 비인간성을 폭로하고, 이에 대한 도덕적 분노를 불러일으켜 결국 남북전쟁으로 이어지는 여론 형성에 중요한 역할을 했답니다.

노예제 반대 운동과 남북 갈등

《톰 아저씨의 오두막》이 출간된 19세기 중반은 미국에서 노예제 반대 운동이 활발하게 전개되던 시기였어요. 노예제 폐지론자들은 노예제도가 기독교 정신과 민주주의 원칙에 위배된다고 주장하며, 즉각적인 노예 해방을 요구했어요.

노예제 반대 운동의 선구자 중에는 윌리엄 로이드 개리슨이 있었어요. 그는 1831년에 〈해방자The Liberator〉라는 신문을 창간하고, 노예제도의 즉각적인 폐지를 주장했죠. 프레더릭 더글러스는 도망 노예 출신으로, 자기 경험을 바탕으로 한 연설과 자서전을 통해 노예제도의 잔혹함을 폭로했어요. 소저너 트루스는 흑인 여성 노예 출신으로, 노예제 반대와 여성 권리를 위해 투쟁했죠.

북부에서는 노예제 반대 운동이 점점 더 강해졌지만, 남부는 노예제도를 자신들의 경제와 문화의 핵심으로 간주하고 강하게 방어했어요. 남부인들은 노예제가 성경에 의해 정당화되며, 흑인은 본질적으로 열등하기에 백인의 보호와 지도가 필요하다고 주장했죠. 그들은 노예제가 경제적으로 필수적이며, 북부의 간섭은 '주권'에 대한 침해라고도 여겼어요.

1850년대의 정치적 갈등은 노예제 문제를 중심으로 점점 더 격화되었어요. 1854년 캔자스-네브래스카 법은 주민이 노예제 허용 여부를 투표로 결정할 수 있게 했는데, 이는 캔자스에서 친노예제 세력과 반노예제 세력 간의 폭력적 충돌('유혈의 캔자스')이 일어나기도 했죠.

1857년 드레드 스콧 판결에서 연방 대법원은 흑인이 미국 시민이 될 수 없으며, 의회는 영토에서 노예제를 금지할 권한이 없다고 판결했어요. 이 판결은 북부인들에게 큰 충격을 주었고, 노예제 반대 세력을 더 강화시켰어요. 1859년에는 급진적 노예제 폐지론자인 존 브라운이 버지니아주 하퍼스 페리에서 노예 반란을 일으키려 했으나 실패하고 처형되었어요. 남부인은 이 사건을 북부의 위협으로 인식한 반면에, 많은 북부인은 브라운을 순교자로 여겼죠.

1860년 에이브러햄 링컨이 대통령에 당선되자, 남부 주들은 연방에서 탈퇴하기 시작했어요. 링컨은 선거 운동 중 노예제의 확장을 막겠다고 약속했지만, 기존 노예제는 인정한다고 했어요. 그러나 남부는 링컨의 당선이 노예제의 종말을 의미한다고 보았고, 1861년 4월 남북 전쟁이 시작되었어요.

《톰 아저씨의 오두막》은 이런 갈등 상황에서 출판되어 큰 영향을 미쳤어요. 소설은 노예제의 도덕적 문제를 개인적 이야기를 통해 감정적으로 호소함으로써, 많은 북부인이 노예제에 반대하는 입장을 취하게 했죠. 특히 기독교 신앙을 가진 중산층 여성 사이에서 큰 공감을 얻었고, 이들은 노예제 반대 운동의 중요한 지지 기반이 되었어요.

남북전쟁과 노예 해방

미국의 남북전쟁(1861~1865)은 노예제도를 둘러싼 깊은 갈등에서 비롯되었어요. 전쟁의 직접적인 원인은 11개 남부 주가 미연방에서 탈퇴하고 별도로 '미국 연합국'을 형성한 것이었어요. 남부는 주권과 자치권을 지키기 위해 싸운다고 주장했지만, 그 핵심에는 노예제도를 유지하려는 의지가 있었죠. 그러나 노예 해방을 둘러싼 남부와 북부의 입장을 단순히 인권의 차원에서 접근할 것은 아니에요.

19세기 초반 미국은 경제 인프라를 기준으로 북부, 서부, 남부로 나눌 수 있는데, 북부와 서부는 무역과 운송사업, 공업생산이 주요 수입원이었고, 남부는 담배, 사탕수수 등 전 세계 면화의 3분의 2를 생산하는 농업에 기반을 두고 있었어요. 상대적으로 남부의 면화 농업은 노예 노동에 의거하고 있기에 노예제에 관한 입장이 북부와 달랐던 것이지요.

게다가 연방정부의 보호무역주의에 따른 높은 관세가 남부의 경제에 큰 타격을 주었어요. 남부는 미연방에서 탈퇴하려고 했고 북부는 이를 막으려고 했으며 남북전쟁으로 이어졌죠.

그래서 전쟁 초기, 링컨 대통령은 노예 해방보다는 연방의 보존에 초점을 맞추었어요. 그는 노예 소유주들의 권리를 침해하지 않겠다고 약속하기도 했어요.

다만 전쟁이 진행되면서 노예제 문제가 전쟁의 중심 이슈로 떠올랐어요. 1863년 1월 1일, 링컨의 '노예 해방 선언'은 중요한 전환점이 되었어요. 실질적으로는 당시 반란 상태인 남부 지역의 노예들에게 즉각적인 자유를 가져다주지는 못했지만, 이 선언은 전쟁의 도덕적 목적을 명확히 했고, 노예제 폐지를 전쟁의 공식적인 목표로 만들었어요.

남북전쟁 동안, 수십만 명의 노예가 북군 진영으로 도망쳐 자유를 찾았고, 약 20만 명의 흑인 남성(자유인과 해방된 노예 모두)이 북군에 입대하여 연방을 위해 싸웠어요. 이들의 참전은 북군의 승리에 기여했을 뿐만 아니라, 전후 흑인들의 시민권 요구에 근거를 제공했죠.

1865년 4월, 남북전쟁은 남부의 항복으로 끝이 났고, 그해 12월 미국 전역에서 노예제도가 공식적으로 폐지되었어요. 이로써 약 400만 명의 노예가 법적으로 자유를 얻게 되었죠.

《톰 아저씨의 오두막》은 노예제도의 비인간성을 대중에게 강력하게 전달하여 노예제 반대 여론을 형성하는 데 크게 이바지했고, 결국 남북전쟁과 노예 해방으로 이어지는 역사적 흐름에 중요한 역할을 했답니다.

하지만 노예 해방 이후에도 흑인들의 완전한 평등은 이루어지지 않았어요. 남부에서는 모든 공공기관에서 합법적으로 백인, 흑인을 분리하도록 한 '짐 크로우 법'이 제정되어 흑인들에 대한 차별이 이어졌죠. 이후 미국은 100년 가까이 민권 운동이 일어나기까지 인종 차별이 계속되었어요. 이는 남북전쟁의 진정 무엇을 위한 것이었는지 되묻게 하죠.

20

국부론

보이지 않는 손, 자본주의의 시작

훌륭하게 통치되는 사회에서는, 분업의 결과로
서로 다른 기술의 생산물이 크게 증대되어
전체 부가 가장 낮은 계급까지도 퍼져 나간다.

《국부론》, 애덤 스미스, 현대지성, 2024

《국부론》은 경제학의 아버지라 불리는 애덤 스미스가 1776년에 펴낸 경제학 저서로, 국가의 부가 어떻게 생성되고 분배되는지에 대한 체계적인 분석을 담고 있어요. 이 책은 총 5권으로 구성되어 있어요.

1권에서는 노동 분업의 중요성을 설명해요. 스미스는 핀 공장의 예를 들어, 한 사람이 모든 과정을 담당하는 것보다 여러 사람이 각각의 과정을 전문적으로 담당할 때 생산성이 크게 향상된다고 설명했죠. 상품의 가치는 그것을 생산하는 데 투입된 노동의 양으로 결정된다는 '노동 가치설'도 제시했어요.

2권에서는 자본의 성격과 축적 과정이 나와 있어요. 스미스는 자본을 고정자본과 유동자본으로 구분하고, 자본의 축적이 경제 성장의 핵심 요소라고 주장했어요. 그는 저축이 자본 형성의 기초가 되며, 이를 통해 더 많은 노동자를 고용하고 생산성을 높일 수 있다고 설명했죠.

3권에서는 여러 나라의 경제 발전 과정을 역사적으로 고찰해요. 스미스는 봉건제도의 붕괴부터 상업과 제조업의 발전까지 유럽 경제의 변화를 분석하면서, 도시와 농촌의 상호 의존 관계를 강조했어요.

4권은 당시 지배적이었던 중상주의 경제 정책에 대한 비판을 담고 있어요. 중상주의자들은 국가의 부를 금이나 은과 같은 귀금속의 양으로 측정하고, 수출을 장려하고 수입을 제한하는 정책을 주장했죠. 반면 스미스는 국가의 진정한 부는 생산되는 재화와 서비스의 총량에 있다고 주장하며, 자유로운 무역이 모든 참가국에 이익이 된다는 '절대 우위론'을 제시했어요.

5권에서는 정부의 역할과 과세 원칙을 설명하고 있어요. 스미스는 정부가 국방, 사법 제도, 공공시설과 같은 기본적인 공공재를 제공해야 한다고 주장했지만, 경제 활동에 대한 과도한 개입은 경계했어요. 그는 공정하고 효율적인 조세 제도의 원칙도 제시했어요.

《국부론》 전체를 관통하는 가장 중요한 개념은 '보이지 않는 손'이에요. 이것은 개인이 자신의 이익을 추구하는 과정에서 의도하지는 않았지만, 사회 전체의 이익도 증진시킨다는 내용이에요. 스미스는 정부의 간섭 없이 자유로운 시장에서 개인들의 자기 이익 추구가 자원의 효율적 배분을 끌어낸다고 주장했죠.

이 책은 경제 이론서를 넘어, 인간 본성, 사회 구조, 역사적 변화 과정에 대한 깊은 통찰을 담고 있어요.《국부론》은 출간 이후 자본주의 경제 체제의 이론적 기초가 되었고, 오늘날까지도 경제학의 가장 중요한 고전 중 하나로 평가받고 있답니다.

소설을 탐구하다

작품의 창작 배경 및 상황

《국부론》은 1776년 영국에서 출간되었는데, 이 시기는 산업혁명이 막 시작되던 때였어요. 영국 사회는 농업 중심 경제에서 제조업 중심 경제로 전환하는 중요한 변화를 겪고 있었죠. 증기기관의 발명, 방직 기술의 혁신, 공장 시스템의 도입 등 새로운 생산 방식이 등장하면서 경제 구조가 근본적으로 바뀌고 있었죠.

이 시기는 계몽주의 사상이 유럽 지식인 사이에서 널리 퍼지고 있었던 때이기도 해요. 계몽주의는 이성과 과학적 방법을 강조하며, 사회와 정치, 경제에 대한 전통적인 견해에 도전했죠. 스미스는 이런 계몽주의 사상가 중 한 명으로, 당시 지배적이었던 중상주의 경제 정책에 대한 비판적 시각을 발전시켰어요.

《국부론》은 스미스가 10년 이상의 연구와 사색을 통해 완성한 작품이에요. 스미스는 이 책을 쓰기 전에 《도덕감정론》(1759)이라는 철학책을 출간했는데, 여기서 그는 인간 행동의 도덕적 기초를 탐구했어요.《국부론》은 이런 인간 본성에 대한 이해를 바탕으로, 경제 활동의 원리를 체계적으로 분석한 결과물이었죠.

스미스는《국부론》을 집필하기 위해 다양한 사례와 통계 자료를 수집했어요. 직접 공장과 작업장을 방문하고, 상인과 제조업자들과 대화하며, 여러 나라의 경제 제도를 비교 연구했어요. 이런 실증적인 접근 방법은 그의 이론에 현실적인 기반을 제공했답니다.

《국부론》이 출간된 1776년은 미국이 영국으로부터 독립을 선언한 해이기도 해요. 미국의 독립은 당시 영국의 식민지 무역 정책과 깊은 관련이 있었고, 스미스는 책에서 식민지 관리 정책에 대해 비판적 견해를 제시했어요. 또한 식민지에 대한 배타적 무역 특권이 식민지와 본국 모두에게 해롭다고 주장했어요.

《국부론》은 윌리엄 피트와 같은 영국의 정치가들에게 영향을 미쳤고, 19세기 영국의 자유무역 정책에 이론적 기반을 제공했어요. 또한 미국, 프랑스 등 여러 나라의 경제사상과 정책에도 큰 영향을 미쳤답니다.

지은이 알아보기

애덤 스미스(Adam Smith, 1723~1790):

스미스는 어린 시절 몸이 약했지만, 뛰어난 지적 능력을 보여 14세에 글래스고대학에 입학했어요. 글래스고 대학에서 프랜시스 허치슨이라는 철학자의 가르침을 받았는데, 계몽주의 사상을 깊이 공부하게 되었어요.

1751년, 스미스는 글래스고 대학의 도덕철학 교수가 되었는데 이 시기에 《도덕감정론》을 집필했어요. 이 책에서 스미스는 인간의 도덕적 판단이 공감(sympathy)에 기초한다는 이론을 발전시켰고, 큰 호평을 받았어요.

이후 스미스는 교수직을 사임하고 젊은 귀족의 가정교사로서 유럽 대륙을 여행했어요. 이 여행 중 볼테르, 디드로, 케네 등 프랑스의 계몽주의 사상가들과 교류했고, 특히 중농주의자들의 경제 이론에 영향을 받았죠. 이 경험은 후에 《국부론》을 집필하는 데 중요한 밑거름이 되었어요. 그는 단순히 이론가가 아니라, 현실 세계의 관찰과 경험을 통해 자신의 이론을 발전시켰던 실용적인 사상가였지요.

스미스는 생애 동안 결혼하지 않았고, 1790년 7월 어머니의 사망 후 얼마 지나지 않아 67세의 나이로 세상을 떠났어요. 그의 유언에 따라 미발표 원고 대부분이 소각되었지만, 《국부론》과 《도덕감정론》은 오늘날까지 경제학과 철학의 고전으로 남아있답니다.

산업혁명과 자본주의의 탄생

《국부론》이 출간된 18세기 후반은 산업혁명이 본격적으로 시작되던 시기였어요. 산업혁명 이전의 경제는 주로 농업에 기반을 두고 있었고, 제품은 장인들이 소규모 작업장에서 수공업으로 생산했어요.

1765년 제임스 와트가 개선한 증기기관은 공장에 강력한 동력을 제공했고, 방직 기술의 발명(제니 방적기, 뮬 방적기, 역직기 등)은 섬유 산업의 생산성을 크게 향상시켰어요.

이런 기술 혁신과 함께 생산 방식도 크게 변화했어요. 가내수공업에서 공장 시스템으로의 전환이 이루어졌고, 노동 분업이 확대되었죠. 스미스가《국부론》에서 설명한 핀 공장이 바로 이런 노동 분업의 효율성을 보여 주는 사례였어요.

산업혁명은 경제 구조뿐만 아니라 사회 전체를 변화시켰어요. 도시화가 급속히 진행되었고, 새로운 사회 계층인 산업 자본가(부르주아지)와 산업 노동자(프롤레타리아트)가 등장했죠. 이러한 변화는 전통적인 사회 질서를 크게 뒤흔들었어요.

《국부론》은 이런 변화의 시기에 경제 활동의 원리를 체계적으로 설명하고, 새로운 경제 체제의 이론적 토대를 제공했다는 점에서 큰 의미가 있어요. 스미스가 제시한 자유 시장, 자기 이익 추구, 분업, 자본 축적 등의 개념은 자본주의 경제 체제의 핵심 원리가 되었죠.

자유무역과 중상주의의 대립

애덤 스미스는 당시 지배적이었던 중상주의를 강력하게 비판했어요. 중상주의는 16세기부터 18세기까지 유럽의 경제 정책을 지배했던 사상으로, 국가의 부를 금이나 은과 같은 귀금속의 양으로 측정하고, 이를 늘리기 위해 수출을 장려하고 수입을 제한하는 정책을 말해요.

중상주의자들은 무역을 '제로섬 게임'으로 보았어요. 즉, 한 국가의 이익은 다른 국가의 손실을 의미한다고 생각했죠. 이런 관점에서 그들은 무역 흑자를 달성하기 위해 다양한 정책을 시행했어요. 수출에 보조금을 지급하고, 수입에 높은 관세를 부과했으며, 식민지를 확보하여 원자재 공급원과 제품 판매 시장으로 활용했어요.

스미스는 이러한 중상주의 정책이 국가의 진정한 부를 증가시키지 못한다고 비판했어요. 국가의 부는 금과 은의 양이 아니라, 생산되는 재화와 서비스의 총량에 있다고 주장했죠. 그는 무역이 제로섬 게임이 아니라, 모든 참가국에 이익이 될 수 있다고도 믿었어요.

스미스는 '절대 우위론'을 통해 자유무역의 이점을 설명했어요. 각 국가가 효율적으로 생산할 수 있는 상품에 집중하고 그것을 교환하면, 모든 국가가 더 많은 상품을 소비하고 함께 발전할 수 있다는 것이죠.

스미스의 자유무역 사상은 19세기 영국의 경제 정책에 큰 영향을 미쳤어요. 1846년 국내 농산물 보호를 위해 수입 농산물에 높은 관세를 부과하는 곡물법 폐지는 영국이 보호무역에서 자유무역으로 전환하는 중요한 계기가 되었고, 19세기 중반부터 영국은 자유무역의 선도국이 되었어요.

하지만 모든 국가가 자유무역을 받아들인 것은 아니었어요. 미국과 독일 같은 산업화 후발주자들은 보호무역 정책을 통해 자국 산업을 보호하고 육성했어요.

자유무역과 보호무역의 대립은 오늘날까지도 계속되고 있어요. 세계무역기구WTO와 같은 국제기구가 자유무역을 촉진하기 위해 노력하고 있지만, 각국은 여전히 특정 산업을 보호하기 위한 다양한 무역 장벽을 유지하고 있죠.

시장 경제와 '보이지 않는 손'

'보이지 않는 손'은 스미스가 시장 경제가 어떻게 작동하는지 설명하기 위해 사용한 은유적 개념으로, 개인들이 자기 이익을 추구하는 과정에서 의도하지 않게 사회 전체의 이익도 증진된다는 내용을 말해요.

스미스는 빵집 주인이 빵을 굽는 이유는 사람들을 배불리 먹이려는 자선 때문이 아니라 자신의 이익을 위해서라고 설명했어요. 하지만 자유 시장에서 그는 고객을 만족시켜야만 이익을 얻을 수 있기에, 결과적으로 사회에 필요한 빵을 제공하게 된다는 것이지요. 이처럼 개인의 이익 추구가 '보이지 않는 손'에 이끌려 사회 전체의 이익으로 귀결된다는 것이 스미스의 주장이에요.

스미스의 이론에 따르면, 시장 가격이 수요와 공급에 따라 자유롭게 움직이도록 해야 해요. 가격이 상승하면 공급자들은 더 많이 생산하려 하고, 소비자들은 소비를 줄이게 되어 균형이 이루어지고, 반대로 가격이 하락하면 공급은 줄고 수요는 늘어나게 돼요. 이런 방식으로 시장은 스스로 균형을 찾아가고, 자원이 효율적으로 배분된다는 것이죠.

그러나 스미스도 시장의 한계를 인식하고 있었어요. 그는 국방, 사법 제도, 공공시설과 같은 필수적인 공공재는 정부가 만들어야 한다고 주장했어요. 또 독점, 담합, 정보 불균형과 같은 시장 실패의 가능성도 있다고 설명했고요.

스미스의 '보이지 않는 손' 개념은 후대 경제학자들에 의해 더 정교화되었어요. 새고전파 경제학자들은 수학적 모델을 통해 '완전 경쟁 시장'에서 자원 배분의 효율성이 극대화된다는 것을 증명하려 했어요.

반면, 케인스와 같은 경제학자들은 시장 실패의 가능성을 강조하며 정부의 적극적인 개입을 지지했고, 마르크스주의자들은 자본주의 시장 경제의 근본적인 모순을 지적했죠.

오늘날 대부분의 경제학자는 시장의 효율성을 인정하면서도, 시장 실패가 발생할 수 있는 영역에서는 정부의 적절한 개입이 필요하다는 균형 잡힌 시각을 강조하고 있죠. 금융 위기, 환경오염, 경제 양극화 같은 현대 경제의 문제들은 '보이지 않는 손'만으로는 해결되기 어렵다는 생각에 경제학자들만이 아니라 많은 지식인과 시민이 동의하고 있어요.

자본주의의 발전과 변화

《국부론》이 출간된 이후 약 250년 동안, 스미스가 설명한 자본주의 경제 체제는 전 세계로 확산되고 다양한 형태로 발전했어요. 오늘날 대부분의 국가가 정도의 차이는 있지만 시장 경제를 채택하고 있으며, 무역과 투자를 통해 글로벌 경제 시스템으로 통합되어 있죠.

19세기는 자본주의의 급속한 확장기였어요. 산업혁명이 유럽 전역과 미국, 일본 등으로 확산되면서 새로운 산업과 기술이 등장했고, 국제 무역이 많이 증가했죠. 이 시기에는 정부의 개입이 최소화된 '자유 방임주의' 경제 정책이 주류를 이루었답니다. 동시에 노동 착취, 빈부 격차 확대, 도시 환경 악화 등의 문제도 심각해졌고, 이는 사회주의 같은 대안적 경제 체제에 대한 관심으로 이어졌어요.

20세기 초, 1929년 경제 대공황은 자본주의의 취약성을 드러냈어요. 주가 폭락으로 시작된 경제 위기는 전 세계로 확산되어 대량 실업과 생산 감소를 가져왔죠. 이 위기에 대응하여 경제학자 케인스는 정부의 적극적인 재정 정책을 통해 경제를 안정화시켜야 한다고 주장했고, 이는 '케인스주의'로 알려진 경제 이론의 기초가 되었어요.

제2차 세계대전 이후, 서구 국가들은 케인스주의적 접근을 채택하여 '혼합 경제' 모델을 발전시켰어요. 이는 기본적으로 자유시장경제를 유지하면서도 정부가 경제 안정화, 복지 제도, 공공 서비스 제공 등의 역할을 담당하는 체제였죠. 이 시기는 서구 경제의 황금기로, 높은 경제 성장률과 생활 수준의 향상이 이루어졌어요.

1970년대에는 높은 인플레이션과 경제 침체가 동시에 나타나는 '스태그플레이션'이 발생하면서, 케인스주의에 대한 비판이 강화되었어요. 이에 프리드리히 하이에크, 밀턴 프리드먼 같은 경제학자들이 주장한 '신자유주의'가 부상했죠. 신자유주의는 시장의 자율성을 강조하고, 규제 완화, 민영화, 자유무역 확대 등을 주장했어요.

1980년대 이후, 세계화의 흐름 속에서 자본, 상품, 서비스, 정보가 국경을 초월하여 자유롭게 이동하는 글로벌 경제 체제가 형성되었어요. 다국적 기업의 영향력이 커지고, 금융 시장이 급속히 발전했으며, 새로운 정보 통신 기술이 경제 활동의 방식을 근본적으로 변화시켰죠.

2008년 글로벌 금융 위기는 규제 완화된 금융 시장의 위험성을 드러내며 다시 한번 자본주의 체제의 개혁 필요성을 제기했어요. 이후 경제적 불평등, 환경 문제, 디지털 경제로의 전환 등이 주요 과제로 부상했고, 이에 대응하기 위한 다양한 경제 정책과 이론이 논의되고 있어요.

오늘날 자본주의는 다양한 형태로 존재해요. 미국의 자유방임적인 모델, 유럽의 사회적 시장 경제, 북유럽의 복지 국가, 동아시아의 발전 국가 모델 등이죠. 이는 스미스가 《국부론》에서 제시한 기본 원리들이 각 사회의 역사적, 문화적, 정치적 맥락에 따라 다양하게 해석되고 적용될 수 있음을 보여 준답니다.

21

자유론
네 자유가 나를 해치지 않는 한

우리 자신의 이익을 우리 자신의 방식으로 추구해 나갈 수 있는
자유만이 자유라는 이름으로 불릴 자격이 있다.

《자유론》, 존 스튜어트 밀, 현대지성, 2018

《자유론》은 영국의 철학자이자 경제학자인 존 스튜어트 밀이 1859년에 발표한 철학책이에요. 이 책은 개인의 자유와 그 한계에 대한 밀의 생각을 담고 있고, 자유주의 사상의 고전으로 여겨지고 있죠. 《자유론》은 5장으로 구성되어 있어요.

첫 번째 장에서 밀은 책의 주제를 소개하며, 개인의 자유에 대한 그의 핵심 원칙을 제시했어요. 이 원칙은 흔히 '위해 원칙'이라고 불리는 것으로, "문명사회에서 어떤 구성원에게 그의 의지에 반하여 권력이 행사될 수 있는 유일한 목적은 다른 사람들에게 해를 끼치는 것을 방지하기 위해서이다"라는 내용이에요. 즉, 개인의 행동이 다른 사람에게 해를 끼치지 않는 한, 사회나 정부는 그 개인의 자유를 제한할 수 없다는 것이죠.

두 번째 장에서는 사상과 표현의 자유에 관해 이야기해요. 밀은 모든 의견, 심지어 잘못된 의견까지도 검열 없이 자유롭게 표현될 수 있어야 한다고 주장했어요. 그는 사상의 자유로운 교환을 통해 진리가 발견되고 발전한다고 믿었어요. 밀에 따르면, 어떤 의견이 틀렸더라도 그것을 억압하면 우리는 그 의견이 왜 틀렸는지 이해할 기회를 잃게 되는 것이라고 했죠.

세 번째 장에서는 개성의 자유, 즉 각자 자신의 방식대로 살 자유에 관해 이야기해요. 밀은 다양성과 개성이 인류의 진보에 필수적이라고 주장했어요. 개인은 자신만의 생활 방식을 유지하고 발전시킬 자유가 있어야 하며, 이것이 개인과 사회 모두 유익하다고 주장했어요. 또 사회적 관습과 대중의 압력이 개인의 다양성을 억압할 수 있다고 경고했죠.

네 번째 장에서는 사회가 개인에게 가할 수 있는 권력의 한계에 대해 더 깊이 탐구하고 있어요. 밀은 사회의 간섭이 정당화될 수 있는 경우와 그렇지 않은 경우를 구분하려고 노력했어요. 그는 개인이 다른 사람에게 해를 끼치지 않는 한, 자기 선택에 따른 결과를 스스로 감당해야 한다고 주장했죠.

마지막 다섯 번째 장에서는 앞서 논의한 원칙들의 실제 적용에 관해 다루고 있어요. 밀은 무역, 교육, 가족 관계 등 다양한 영역에서 국가의 개입이 어디까지 정당화될 수 있는지 검토했어요. 그는 국가의 개입이 개인의 자유를 보호하고 확장하는 데 도움이 될 때만 정당하다고 보았죠.

《자유론》 전체를 관통하는 밀의 핵심 주장은 개인의 자유가 인간 발전과 사회 진보의 필수 조건이라는 것이에요. 하지만 그는 무제한의 자유를 주장하지는 않았고, 다른 사람에게 해를 끼치지 않는 범위 내에서의 자유를 말했답니다. 이런 균형 잡힌 시각은 오늘날까지도 자유와 책임, 개인과 사회의 관계에 관한 논의에 중요한 참고가 되고 있어요.

Q. 밀은 다양성과 개성이 사회 발전에 필수적이라고 주장했어요. 자유주의의 역사적 발전 과정에서 다양성에 대한 인식은 어떻게 변화해왔을까요?

소설을 탐구하다

작품의 창작 배경 및 상황

《자유론》은 1859년에 출간되었는데, 이 시기는 영국에서 빅토리아 시대의 절정기였어요. 19세기 중반 영국은 산업혁명의 성과로 경제적 번영을 누리는 동시에 급격한 사회 변화로 인한 다양한 사회 문제가 대두되고 있었죠.

이 시기 영국 사회는 표면적으로는 엄격한 도덕규범과 관습이 지배했지만, 내부적으로는 자유주의와 보수주의, 진보와 전통 사이의 갈등이 있었어요. 정치적으로는 선거권 확대, 종교적 자유, 여성의 권리 등에 관한 논쟁이 활발했고, 지적으로는 과학 발전(특히 다윈의 진화론)과 전통적 믿음 사이의 충돌이 일어나고 있었죠.

《자유론》은 이런 사회적, 지적 맥락 속에서 탄생했어요. 밀은 당시 확산되고 있던 민주주의가 '다수의 압제'로 변질될 위험성을 우려했고, 개인의 자유를 보호하기 위한 철학적 기초를 제공하고자 한 것이에요. 특히 그는 토크빌의 《미국의 민주주의》에서 영감을 받아, 다수의 의견이 소수의 목소리를 억압할 수 있는 위험성을 경계했어요.

《자유론》은 밀의 아내인 해리엇 테일러 밀과의 공동 작업으로 알려져 있어요. 해리엇은 밀의 사상 발전에 큰 영향을 미쳤고, 두 사람은 여성의 권리와 평등에 관한 진보적 견해를 공유했어요. 안타깝게도 해리엇은 《자유론》이 출간되기 전인 1858년에 사망했고, 밀은 이 책을 그녀에게 헌정했답니다.

《자유론》이 출간된 후 밀의 자유주의적 견해를 지지하는 사람들이 있었던 반면, 그의 주장이 전통적 가치와 사회 질서를 위협한다고 비판하는 사람들도 있었어요. 특히 보수적인 기독교 진영에서는 밀의 종교적 회의주의를 경계했죠.

시간이 흐르면서 《자유론》은 점차 자유주의 사상의 고전으로 자리 잡았고, 20세기와 21세기의 자유와 권리에 관한 논의에 지속적인 영향을 미치고 있어요. 개인의 자유, 표현의 자유, 다양성의 가치 등에 관한 밀의 사상은 현대 민주주의 사회의 기본 원칙에 깊이 녹아들어 있답니다.

지은이 알아보기

존 스튜어트 밀(John Stuart Mill, 1806~1873)

밀은 영국의 철학자, 경제학자, 정치 이론가로, 19세기 자유주의 사상의 가장 영향력 있는 인물 중 한 명이에요. 그는 아버지인 제임스 밀과 벤담의 공리주의 철학의 영향 아래 특별한 교육을 받았죠.

밀은 어린 시절 매우 독특했어요. 그의 아버지는 아들을 천재로 키우기 위해 엄격한 교육 프로그램을 시행했어요. 밀은 3살에 그리스어를, 8살에 라틴어를 배웠고, 12살에는 이미 논리학과 정치경제학을 공부했다고 해요. 이런 조기 교육은 밀의 지적 발달에 큰 도움이 되었지만, 그에게 심리적 부담을 주기도 했어요. 20살 무렵 밀은 심각한 우울증을 겪었고, 이 경험은 감정과 개성의 중요성을 깨닫는 계기가 되었죠.

1830년대, 밀은 해리엇 테일러를 만나 깊은 지적, 감정적 교감을 나누게 돼요. 밀은 해리엇이 자신의 사상 발전에 큰 영향을 미쳤다고 인정했고, 특히 여성의 권리와 평등에 관한 견해는 해리엇과의 관계에서 비롯된 것이라고 밝혔어요.

밀은 실제 정치 활동에도 참여했어요. 1865년부터 1868년까지 영국 의회 의원으로 활동하면서 선거권 확대, 노동자 권리, 아일랜드 토지 개혁 등 진보 정책을 지지했죠. 특히 그는 여성 참정권의 열렬한 옹호자였고, 영국 의회에서 최초로 여성 참정권 법안을 발의한 인물이기도 합니다.

밀의 사상은 공리주의와 자유주의의 결합이라고 볼 수 있어요. 그는 벤담으로부터 '최대 다수의 최대 행복'이라는 공리주의 원칙을 이어받았지만, 단순한 양적 쾌락이 아닌 질적 차이를 중시해야 한다고 주장했어요. 또한 그는 개인의 자유, 표현의 자유, 다양성의 가치를 강조하며 자유주의 전통에 중요하게 기여했죠. 그의 사상과 저작은 오늘날까지도 철학, 경제학, 정치학 분야에 지대한 영향을 미치고 있답니다.

자유주의의 기원과 발전

자유주의는 17~18세기 계몽주의 시대에 그 뿌리를 두고 있는 정치 철학이에요. 이 사상은 개인의 자유와 권리를 중시하고, 정부 권력의 제한을 주장하며, 법치주의와 관용을 강조해요. 자유주의는 유럽에서 시작되어 점차 전 세계로 확산되면서 현대 민주주의 체제의 이론적 토대가 되었어요.

자유주의의 초기 사상가 중 한 명인 존 로크는 《통치론》에서 자연권이라는 개념을 발전시켰어요. 그는 모든 사람이 생명, 자유, 재산에 대한 기본권을 가지고 있으며, 정부의 목적은 이러한 권리를 보호하는 것이라고 주장했죠. 로크는 또한 권력 분립과 대의 정부의 개념을 발전시켜, 후대 민주주의 제도의 기초를 마련했답니다.

18세기 계몽주의 시대에는 몽테스키외, 볼테르, 루소와 같은 사상가들이 자유주의적 이념을 더 발전시켰어요. 몽테스키외는 《법의 정신》에서 입법, 행정, 사법의 삼권분립 이론을 체계화했고, 볼테르는 종교적 관용과 표현의 자유를 강력히 옹호했지요. 이런 사상들은 1776년 미국 독립 선언과 1789년 프랑스 혁명의 이념적 기초가 되었어요.

19세기에 들어서면서 자유주의는 크게 두 가지 흐름으로 발전했어요. 하나는 고전적 자유주의로, 애덤 스미스, 제러미 벤담, 존 스튜어트 밀과 같은 사상가들이 이끌었어요. 이들은 정부의 최소 개입, 자유 시장, 자유무역을 강조하고, 개인의 자유와 권리 보호에 초점을 맞췄어요.

다른 하나는 사회적 자유주의로 19세기 후반에 발전했어요. 이 흐름은 산업혁명으로 인한 사회 문제와 불평등에 대응하여, 정부가 사회 복지와 기회 평등을 위해 더 적극적인 역할을 해야 한다고 주장했죠.

20세기에 들어서면서 자유주의는 더욱 다양한 형태로 발전했어요. 두 차례의 세계 대전과 대공황을 겪으면서, 많은 국가는 정부의 경제 개입을 확대하는 케인스주의 정책을 채택했고, 복지 국가 모델이 발전했죠. 한편, 프리드리히 하이에크와 밀턴 프리드먼 같은 사상가들은 고전적 자유주의의 원칙으로 돌아가야 한다고 주장하며, 신자유주의의 이론적 토대를 마련했어요.

오늘날 자유주의는 현대 민주주의 국가들의 기본 이념으로 자리 잡았지만, 그 해석과 적용에 있어서는 여전히 다양한 견해가 존재해요. 현대 철학자들은 자유주의 전통을 이어받으면서도, 정의, 평등, 인권에 관한 새로운 이론을 발전시키고 있어요.

19세기 사회적 변화와 자유 담론

《자유론》이 출간된 19세기 중반은 유럽 사회가 급격한 변화를 겪고 있던 시기였어요. 정치적으로는 점진적인 민주화가 진행되었어요. 영국에서는 1832년, 1867년, 1884년에 선거법 개정을 통해 참정권이 확대되었고, 유럽 대륙에서는 자유주의적 요구가 분출되고 있었어요. 하지만 이런 민주화 과정은 기존 질서에 도전하는 것이었기 때문에, 보수 세력의 강한 저항도 있었답니다.

이런 배경에서 자유에 관한 담론은 19세기 내내 중요한 지적, 정치적 주제였어요. 자유주의자들은 개인의 자유와 권리를 확대하고자 했지만, 그 방법과 범위에 대해서는 다양한 입장이 있었죠. 예를 들어, 경제적 자유주의자들은 시장의 자유로운 작동을 강조한 반면, 사회적 자유주의자들은 실질적 기회 평등을 위한 사회 개혁을 주장했어요.

《자유론》은 이런 시대적 맥락 속에서 개인 자유의 중요성을 강조하며, 자유의 의미와 한계에 대한 철학적 기본을 제공했어요. 밀은 근대적 개인주의의 발전과 함께 나타난 새로운 형태의 억압, 즉 사회적 관습과 대중의 압력이 개인의 자유를 억압할 수 있다고 보고, 이에 맞서 개성과 다양성의 가치를 옹호했어요.

자유에 관한 논의는 19세기 후반으로 갈수록 점점 더 사회적 차원을 포함하게 되었어요. 산업화가 가져온 빈곤과 불평등 문제가 심각해지면서, 단순한 정치적, 법적 자유를 넘어 경제적, 사회적 자유가 필요하다고 보았죠. 이런 맥락에서 사회주의, 사회민주주의 같은 사상적 흐름이 발전했는데 이들은 실질적 자유를 위한 사회 개혁을 주장했어요.

여성의 자유와 권리에 관한 논의도 중요한 주제였어요. 19세기 전반에 걸쳐 여성 참정권과 평등권을 요구하는 움직임이 점차 강해졌는데, 밀도 여성의 법적, 사회적 평등을 강력히 옹호했고, 의회 의원 시절에는 여성 참정권 법안을 발의하기도 했죠.

이처럼 19세기는 자유의 개념이 확장되고 심화되는 시기였어요.《자유론》은 이런 시대적 흐름 속에서 개인 자유의 철학적 기초를 제공했고, 이후 자유주의 사상의 발전에 중요한 바탕이 되었답니다.

표현의 자유와 민주주의

《자유론》에서 밀이 강조한 가치 중 하나는 표현의 자유예요. 그는 모든 의견, 심지어 잘못된 의견까지도 자유롭게 표현될 수 있어야 한다고 주장했어요. 밀이 표현의 자유를 옹호한 이유는 크게 세 가지였죠.

첫째, 억압된 의견이 실은 진리일 수도 있다는 것이에요. 인간은 오류를 범할 수 있기에, 우리가 틀렸다고 생각하는 의견이 사실은 옳을 수 있다는 겸손함이 필요하다고 주장했어요.

둘째, 설령 억압된 의견이 전체적으로는 틀렸다고 하더라도, 그 안에 일부 진실이 포함되어 있을 수 있다는 거예요. 밀은 대부분 의견이 전적으로 옳거나 전적으로 틀린 경우는 드물다고 보았고, 다양한 관점의 교환을 통해 더 완전한 진리에 도달할 수 있다고 믿었어요.

셋째, 설령 어떤 의견이 완전히 참이라 해도, 그것이 도전받지 않고 단순히 받아들여진다면 그 의견은 죽은 진리가 될 위험이 있다고 보았어요. 밀은 활발한 토론과 반박을 통해 의견이 검증될 때만 진정한 의미가 이해되고 보존될 수 있다고 주장했죠. 이와 같이 밀이 표현의 자유를 옹호한 것은 민주주의의 발전에 큰 영향을 미쳤어요. 민주주의는 단순히 다수결로 결정하는 제도가 아니라, 자유로운 토론과 다양한 관점의 교환을 통해 집단적 의사결정을 내리는 과정이기 때문이죠. 그는 진정한 민주주의를 위해서는 표현의 자유가 꼭 필요하다고 보았어요.

19세기 이후 많은 국가에서 언론, 출판, 집회, 결사의 자유가 확대되었고, 이는 민주주의의 발전에 기여했어요. 하지만 표현의 자유는 여전히 논쟁의 대상이 되고 있지요. 혐오 발언, 명예훼손, 국가 안보 위협, 허위 정보 등에 관련된 표현을 어디까지 제한할 수 있는가 하는 문제는 현대 사회에서도 중요한 쟁점이랍니다.

오늘날 인터넷과 소셜 미디어의 발달로 누구나 쉽게 자기 의견을 표현하고 전파할 수 있게 되었어요. 이는 표현의 자유를 확대하는 측면이 있지만, 동시에 허위 정보의 확산, 온라인 괴롭힘 등의 문제도 생겼어요. 밀이 살았던 시대와는 매우 다른 미디어 환경에서, 표현의 자유를 어떻게 적용할 수 있을지는 현대 사회의 중요한 과제랍니다.

다양성과 관용의 가치

《자유론》에서 밀이 강조한 또 다른 중요한 가치는 다양성과 관용이에요. 그는 개인의 개성과 다양한 생활 방식이 인류의 진보와 발전에 필수적이라고 주장했어요. 밀에 따르면, 다양성은 단순히 개인적 취향의 문제가 아니라 사회 전체의 발전과 활력을 위한 조건이었죠.

역사적으로 보면, 다양성과 관용의 가치는 점진적으로 확대됐어요. 16~17세기 유럽의 종교 전쟁 이후, 종교적 관용이 필요하다고 보았고, 계몽주의 시대를 거치면서 관용의 범위가 정치적 견해, 생활 방식 등으로 확장되었어요. 19세기에는 밀과 같은 사상가들이 다양성의 적극적 가치를 강조하면서, 단순한 관용을 넘어 다양성을 장려해야 한다는 인식이 확산되었죠.

20세기에는 두 차례의 세계 대전과 전체주의의 경험을 통해, 다양성과 관용의 가치가 더욱 중요하게 인식되었어요. 특히 제2차 세계 대전 이후, 1448년 세계인권선언과 같은 국제 규범이 만들어지면서 인종, 종교, 성별, 정치적 견해 등에 관계없이 모든 인간의 기본권은 존중되어야 한다는 원칙이 확립되었죠.

1960년대 이후에는 시민권 운동, 여성운동, 성소수자 인권 운동 등 다양한 사회 운동을 통해 소수자의 권리와 정체성이 더 강조되었어요. 이런 흐름은 문화적 다양성, 다문화주의, 정체성 정치(인종, 민족, 문화, 젠더 집단 등 어떤 집단의 정체성을 바탕으로 정치 세력을 구성하고, 해당 정체성의 이익과 관점을 집중적으로 대변하고자 하는 움직임) 등의 개념으로 발전했고, 사회적 소수자와 약자의 목소리가 더 많이 반영되는 방향으로 이어졌죠.

오늘날 세계에서는 다양성과 관용의 가치는 더욱 중요해지고 있어요. 서로 다른 문화, 종교, 생활 방식의 사람들이 함께 살아가기 위해서는 차이를 인정하고 존중하는 태도가 필요하기 때문이죠.

하지만 다양성의 한계와 공통의 가치에 대한 논쟁도 계속되고 있어요. 보편적 인권과 특정 문화적 관행 사이의 충돌, 표현의 자유와 혐오 발언 사이의 경계, 종교적 자유와 세속적 가치의 균형 등이 현대 사회의 중요한 쟁점이 되고 있죠.

현대

서부전선 이상 없다
전쟁터에 영웅은 없었다

결국 전쟁은 젊은이들의 꿈과 미래에 대한
희망을 짓밟고 인간성마저 빼앗았다.

《서부전선 이상 없다》, 에리히 마리아 레마르크, 열린책들, 2009

《서부전선 이상 없다》는 제1차 세계대전 당시 독일군으로 참전한 청년 파울 보이머와 그의 친구들 이야기를 담고 있어요. 이 소설은 전쟁의 실상과 전쟁이 젊은이들의 삶에 미친 파괴적 영향을 생생하게 그리고 있죠.

이야기는 파울과 그의 고등학교 동창들이 애국심에 불타 전쟁에 자원입대하는 장면으로 시작돼요. 그들의 선생님 칸토렉은 국가와 황제를 위해 싸우는 것이 영광스러운 일이라며 학생들을 전쟁터로 내몰죠. 하지만 기본 훈련을 받는 과정에서부터, 그들은 전쟁의 현실이 자기들이 배운 영웅적이고 애국적인 이미지와는 완전히 다르다는 것을 깨닫기 시작해요.

프랑스 서부전선에 배치된 파울과 친구들은 참호 속에서의 끔찍한 전투, 포격, 가스 공격, 쥐와 이 같은 해충들, 배고픔과 질병 등 전쟁의 모든 공포를 경험해요. 그들은 적군을 죽이는 법, 살아남기 위해 동물적 본능을 발달시키고 공포와 함께 살아가는 법 등을 배워요.

소설은 한 장면 한 장면 생생해요. 파울이 참호 속에서 프랑스 병사를 죽이고 그의 시체와 하룻밤을 보내며 죄책감에 시달리는 장면, 친구 켐메리히가 부상으로 다리를 잃고 천천히 죽어가는 장면, 또 다른 친구 카트가 파울의 품에서 숨을 거두는 장면 등이 인상적이죠.

전쟁이 계속되면서 파울의 친구들은 하나둘 죽어가고, 그는 점점 더 공허함과 절망에 빠져들어요. 파울은 휴가를 받아 고향에 돌아갔을 때, 더 이상 예전의 삶으로 돌아갈 수 없다는 것을 깨달아요. 전쟁의 실상을 모르는 민간인은 여전히 애국의 환상에 사로잡혀, 파울은 그들과 소통할 수 없었죠.

결국 파울은 모든 친구를 잃고 홀로 남아요. 전쟁이 거의 끝나가 던 1918년 10월, 전선이 비교적 조용하던 날에 파울은 총에 맞아 죽어요. 그의 죽음은 너무나 사소하게 처리되어, 그날의 전황 보고서에는 단지 "서부전선 이상 없다"라는 말만 남게 됩니다.

Q. 제1차 세계대전 당시 각국 정부는 포스터, 신문, 학교 교육 등을 통해 대규모 전쟁 선전을 펼쳤어요. 당시 전쟁 선전의 특징은 무엇이고, 젊은이들에게 어떤 영향을 미쳤나요?

소설을 탐구하다

작품의 창작 배경 및 상황

《서부전선 이상 없다》는 출간 즉시 큰 반향을 일으켰고, 전 세계 수많은 언어로 번역되어 2000만 부 이상 팔렸답니다. 레마르크는 자기 경험을 바탕으로 이 소설을 썼어요. 그는 제1차 세계대전 당시 18세의 나이로 독일군에 입대해 서부전선에서 싸웠고, 1917년에 부상을 입어 전쟁이 끝날 때까지 군 병원에서 보냈죠.

레마르크가 이 소설을 쓴 시기는 제1차 세계대전이 끝나고 10년 정도 지난 1920년대 후반이었어요. 이 시기는 독일을 포함한 유럽 국가들이 전쟁의 상처에서 회복하려 노력하던 때였죠. 독일은 베르사유 조약으로 인해 막대한 전쟁 배상금을 지급해야 했고, 1923년에는 심각한 인플레이션을 겪었어요.

《서부전선 이상 없다》는 전쟁의 영웅적·애국적 측면보다는 그 잔혹함과 무의미함, 그리고 청년들의 삶을 파괴하는 측면을 강조하고 있어요. 이는 전쟁 후 등장한 '환멸의 세대'의 감정을 대변하는 것이었죠.

《서부전선 이상 없다》는 국제적으로 큰 성공을 거두었어요. 1930년에는 영화로 제작되어 아카데미상을 수상했고, 이후에도 여러 차례 영화와 TV 드라마로 만들어졌죠. 2022년 넷플릭스에서 새롭게 영화화되었답니다.

레마르크는 특정 정치적 관점을 주장하기보다는 전쟁을 경험한 평범한 젊은이들의 관점에서 공포, 우정, 상실, 환멸 등을 인간적으로 묘사했죠. 이런 휴머니즘적 관점이 시대와 국경을 초월한 공감을 얻고 있답니다.

지은이 알아보기

에리히 마리아 레마르크(Erich Maria Remarque, 1898~1970):

레마르크는 독일의 소설가로, 제1차 세계대전의 참혹함을 그린《서부전선 이상 없다》로 가장 잘 알려져 있어요.

레마르크는 가톨릭 교사 양성 학교에 다녔지만, 1916년 제1차 세계대전이 한창일 때 18세의 나이로 독일군에 징집되었어요. 그는 서부전선에 배치되어 참호전에 참가했고, 1917년 7월 영국군의 공격 중에 심각한 부상을 입죠.

전쟁이 끝난 후, 레마르크는 초등학교 교사, 비석 판매원, 자동차 타이어 판매원, 스포츠 기자 등 여러 일을 했어요. 1920년대 중반부터는 잡지 편집자로 일하며 글을 쓰기 시작했어요.

1929년, 그는 자신의 전쟁 경험을 바탕으로《서부전선 이상 없다》를 발표했어요. 이 소설은 즉시 큰 성공을 거두었고, 출간 첫해에만 독일에서 100만 부 이상 팔렸죠. 그러나 이 책의 반전 메시지는 나치와 같은 극우 민족주의자들의 분노를 샀어요. 1933년 아돌프 히틀러와 나치당이 정권을 잡은 후, 레마르크의 책은 '비독일적'이라는 이유로 금지되었고, 공개적으로 불태워졌어요. 레마르크는 이미 1931년 스위스로 이주하였는데, 이는 그의 생명을 구했죠. 1938년 나치 정권은 그의 독일 시민권을 박탈했어요.

레마르크는 망명 생활 중에도 계속해서 글을 썼어요. 《개선문》, 《생과 사의 시간》 등 그의 작품들은 국제적으로 큰 성공을 거두었고, 여러 언어로 번역되었어요.

1939년 레마르크는 미국으로 이주했고, 1947년에 미국 시민권을 취득했어요. 그는 할리우드에서 활동하며 여러 영화계 인사와 교류했고, 여배우 마를레네 디트리히와도 깊은 관계를 맺었죠. 1958년, 그는 할리우드 여배우 폴렛 고다드와 결혼했어요.

이후 1970년 9월 25일, 스위스 로카르노에서 세상을 떠난 레마르크는 20세기 중요한 반전 작가로 기억되고 있어요.

1차 세계대전의 배경과 전개

《서부전선 이상 없다》의 배경이 되는 제1차 세계대전(1914~1918)은 인류 역사상 처음으로 전 세계적 규모로 벌어진 전쟁이었어요. 이 전쟁은 그 규모와 파괴력, 그리고 사상자 수에서 이전의 어떤 전쟁보다 훨씬 컸고, '모든 전쟁을 끝내기 위한 전쟁'이라고 불렸죠.

제1차 세계대전의 원인은 매우 복잡하고 다양해요. 가장 직접적인 계기는 1914년 6월 28일 오스트리아-헝가리 제국의 황태자 프란츠 페르디난트가 사라예보를 방문했다가 세르비아 민족주의자에 의해 암살당한 사건이었어요. 이 사건을 계기로 오스트리아-헝가리 제국은 세르비아에 선전포고했고, 연쇄적으로 다른 국가들도 전쟁에 뛰어들게 되었죠.

그러나 보다 근본적인 원인으로는 다음과 같은 것들이 있어요. 첫째, 군비 경쟁이 심각했어요. 특히 영국과 독일은 해군력 증강을 위해 경쟁했고, 유럽 대륙의 국가들은 육군을 강화했죠. 둘째, 제국주의적 경쟁이 치열했어요. 유럽 강대국들은 아프리카와 아시아에서 식민지

획득을 위해 경쟁했고, 이 과정에서 갈등이 심화되었죠. 셋째, 민족주의가 팽배했어요. 각국은 자국의 우월성을 강조하고, 다른 나라에 대한 적대감을 키웠죠. 특히 발칸 반도에서는 여러 민족의 독립운동과 이를 둘러싼 강대국들의 개입이 갈등을 악화시켰어요. 넷째, 복잡한 동맹 체제가 형성되어 있었어요. 삼국동맹(독일, 오스트리아-헝가리, 이탈리아)과 삼국협상(영국, 프랑스, 러시아)이라는 두 진영으로 나뉘어, 한 나라가 공격받으면 동맹국들이 참전하는 구조였죠.

전쟁이 시작되자, 각국은 빠른 승리를 기대했어요. 특히 독일은 '슐리펜 계획(프랑스의 강력한 방어선을 회피하기 위해 벨기에와 네덜란드를 통과하여 프랑스를 침공하는 계획)'에 따라 프랑스를 빠르게 제압한 후 러시아와 싸우려 했죠. 그러나 예상과 달리 전쟁은 장기화되었고, 서부전선에서는 참호전이 전개되었어요.

참호전은《서부전선 이상 없다》에 생생하게 묘사된 것처럼, 지루하고 끔찍한 형태의 전투였어요. 프랑스와 벨기에에 걸쳐 수백 킬로미터에 이르는 참호가 구축되었고, 양측은 서로 참호를 공격하다가 막대한 희생을 치렀지만, 전선은 거의 움직이지 않았죠. 이런 '고착 상태'가 4년 가까이 지속되었어요.

전쟁 중에는 새로운 무기와 전술이 도입되었어요. 기관총, 화학 무기(독가스), 전차, 항공기, 잠수함 등이 사용되었고, 이에 따라 전쟁의 양상은 더욱 잔혹해졌죠. 특히 독가스는 레마르크의 소설에서도 자세히 묘사된 것처럼, 병사들에게 극도의 공포와 고통을 안겨주었어요.

전쟁은 전선뿐만 아니라 후방에도 큰 영향을 미쳤어요. 총력전의 개넘이 등장하면서, 모든 국민이 전쟁 수행에 동원되었죠. 여성들은 남성들이 떠난 공장에서 일했고, 음식과 물자는 배급되었으며, 언론은 전쟁 선전물로 가득 찼어요.

1917년, 두 가지 중요한 변화가 있었어요. 하나는 러시아에서 혁명이 일어나 차르 정권이 무너지고, 결국 러시아가 전쟁에서 이탈한 것이었어요. 다른 하나는 미국이 무제한 잠수함 작전에 반발해 협상국 측으로 참전한 것이었죠. 이는 전쟁의 향방을 결정짓는 중요한 전환점이 되었어요.

결국 1918년 11월 11일, 독일은 항복 문서에 서명하고 전쟁은 끝났어요. 4년 3개월 동안 지속된 전쟁으로 약 2000만 명(군인과 민간인 포함)이 사망했고, 유럽의 정치·경제·사회적 지형은 완전히 바뀌었죠. 오스트리아-헝가리 제국, 오스만 제국, 독일 제국, 러시아 제국 등 4개 제국이 붕괴되었고, 새로운 국가들이 탄생했어요.

1919년 체결된 베르사유 조약은 독일에 막대한 전쟁 배상금을 부과하고, 군비를 제한하고, 식민지를 빼앗았어요. 베르사유 조약은 독일 국민 사이에 분노와 좌절감을 낳았고, 이는 나중에 나치즘이 등장하는 배경이 되었죠.

참호전과 군인의 삶

《서부전선 이상 없다》에서 생생하게 묘사된 것 중 하나가 바로 참호전과 거기서 살아가는 군인들의 일상이에요. 제1차 세계대전의 서부전선에서는 약 700킬로미터에 달하는 참호가 구축되었고, 수백만 명의 군인들이 그곳에서 지옥 같은 시간을 보냈죠. 참호는 지그재그 형태로 파진 깊은 도랑이었어요. 깊이는 약 2미터, 너비는 1~2미터 정도로, 적의 총탄이나 포탄으로부터 최대한 보호받을 수 있도록 설계되었죠. 참호의 바닥에는 나무판자를 깔았지만, 비가 오면 금방 진흙탕이 되었고, 겨울에는 얼어붙었어요.

참호 체계는 복잡해서 최전방 참호, 지원 참호, 예비 참호 등 여러 줄의 참호가 연결되어 있었고, 이들 사이에는 교통호가 있었죠. 참호에는 식량과 탄약 저장소, 의무실, 관측소 등 각종 시설도 갖추어져 있었지만, 참호에서 군인의 삶은 고통스러웠어요.

비위생적인 환경이 큰 문제 중 하나였죠. 화장실 시설은 원시적이었고, 썩은 음식과 배설물로 악취가 진동했어요. 이러한 환경은 쥐, 이, 벼룩 등 해충의 온상이 되었고, 시체를 파먹어 고양이만 하게 살찐 쥐가 돌아다녔다고 해요. 레마르크의 소설에서도 쥐와의 싸움이 자세히 묘사되어 있어요.

겨울에는 동상이, 비가 많이 오는 계절에는 '참호족'trench foot이라 불리는 질병이 흔했죠. 이는 발이 계속 젖어있어 발생하는 질병으로, 심하면 발을 절단해야 했어요.

음식은 대체로 열악했어요. 통조림 고기, 비스킷, 잼 등이 주요 식량이었고, 가끔 뜨거운 음식이 제공되기도 했지만, 식기 전에 먹기는 어려웠죠. 물은 귀중한 자원이었고, 종종 오염되어 질병을 유발했어요.

수면도 큰 문제였어요. 밤에는 적의 기습 공격에 대비해 경계해야 했고, 포탄 소리와 총격 소리, 부상자들의 신음으로 제대로 잠을 잘 수 없었죠. 장기간의 수면 부족은 많은 군인의 정신 건강에 악영향을 미쳤어요.

‘참호 일상’은 대체로 지루했어요. 대규모 공격은 간헐적으로 일어났고, 대부분의 시간은 경계 근무, 참호 보수, 무기 청소, 편지 쓰기 등으로 보냈죠. 이런 지루함 속에서 군인들은 유머, 노래, 도박, 술 등으로 스트레스를 해소했어요. 그러나 평화로운 시간은 포격이나 공격으로 깨질 수 있었어요.

특히 ‘넘어가기going over the top’는 참호에서 나와 ‘무인지대’를 가로질러 적의 참호를 공격하는 것으로, 이때 많은 병사가 기관총 사격에 희생되었어요. 레마르크의 소설에서 생생하게 묘사된 것처럼, 가스 공격도 공포스러웠어요. 처음에는 염소 가스가, 나중에는 더 치명적인 겨자 가스와 포스겐 가스가 사용되었죠. 가스 마스크가 보급되었지만, 완벽한 보호를 제공하지는 못했어요.

이런 환경 속에서 많은 군인이 ‘참호 신경증’ 또는 ‘포탄 충격’이라 불리는 정신적 외상을 겪었어요. 오늘날로 치면 외상 후 스트레스 장애PTSD에 해당하는 것으로, 떨림, 악몽, 감정 마비, 공포 발작 등의 증상이 나타났죠. 당시에는 이것이 제대로 이해되지 못해, 많은 병사가 ‘겁쟁이’나 ‘나약한 자’로 낙인찍히고 적절한 치료를 받지 못했어요.

군인 사이의 유대감과 동료애는 이런 극한 상황에서 생존하는 데 중요한 요소였어요. 《서부전선 이상 없다》에서도 파울과 친구들 간의 깊은 우정이 중요한 주제로 등장하죠. 그들은 함께 배고픔을 나누고, 위험에서 서로 보호하고, 죽어가는 동료를 위로했어요.

제1차 세계대전은 인류 역사상 처음으로 산업화된 대량 살상 무기가 본격적으로 사용된 전쟁이었어요. 이전의 전쟁에서 개인의 용맹이나 기술이 중요했다면, 이제는 기계화된 무기 앞에서 개인은 무력했죠. 레마르크의 소설에 묘사된 것처럼, 군인들은 자신들이 단지 '전쟁 기계'의 부품에 불과하다고 느꼈고, 이는 큰 절망감을 안겨주었어요.

반전 문학과 '잃어버린 세대'

《서부전선 이상 없다》는 20세기 중요한 반전 문학 작품 중 하나로 평가받고 있어요. 이 소설은 제1차 세계대전 이후 등장한 '잃어버린 세대'의 환멸과 상실감을 강렬하게 표현하고 있죠.

'잃어버린 세대'란 제1차 세계대전을 겪은 젊은 세대를 가리키는 말이에요. 이 용어는 미국 작가 거트루드 스타인이 처음 사용했다고 알려져 있는데, 전쟁의 경험으로 인해 기존의 가치관이 무너지고 삶의 방향을 잃은 세대를 의미하죠. 이들은 전쟁 이전의 이상주의적이고 낭만적인 가치관이 전쟁의 잔혹한 현실 앞에서 무너지는 것을 목격했고, 그 결과 깊은 환멸과 냉소주의에 빠지게 되었어요.

잃어버린 세대의 문학은 또한 전후 사회에 적응하지 못하는 제대 군인들의 소외감과 정신적 상처를 다루기도 했어요. 그들은 전쟁 이전의 삶으로 돌아갈 수 없었고, 민간인들은 그들의 경험을 이해할 수 없었죠.

제1차 세계대전 이전의 문학에서는 종종 전쟁이 영웅적이고 애국적인 행위로 묘사되었어요. 하지만 전쟁을 직접 경험한 작가들은 이런 낭만적 이미지와는 완전히 다른 전쟁의 실상을 그리기 시작했죠. 레마르크의 《서부전선 이상 없다》 외에도, 어니스트 헤밍웨이의 《무기여

잘 있거라》, 윌프레드 오웬과 지그프리트 사순의 시, 앙리 바르뷔스의
《불》등이 이런 반전 문학의 대표작으로 꼽혀요.

반전 문학의 특징은 전쟁의 잔혹함과 무의미함을 사실적으로 묘사
하는 것이에요. 이들 작품에서 전쟁은 영광스럽거나 영웅적인 것이 아
니라, 인간성을 파괴하는 끔찍한 경험으로 그려지고 있죠. 이런 작품
들은 종종 전쟁을 선동하는 정치인, 언론, 교사들에 대한 비판도 담고
있어요.《서부전선 이상 없다》에서 파울과 친구들이 애국심을 고취하
던 선생님 칸토렉에게 느끼는 배신감이 그런 사례죠.

반전 문학은 1920~1930년대 평화 운동에도 영향을 미쳤어요. 그러
나 제2차 세계대전을 막지는 못했다는 점은 아이러니에요.

전쟁과 선전 그리고 민족주의

《서부전선 이상 없다》에서는 '전쟁 선전'과 '민족주의(민족을 정치·
사회·문화 공동체의 기본 단위로 보고, 민족의 통합·독립·발전을 최우선 가치
로 여기는 정치 사상)'가 중요한 주제로 다뤄져요. 소설 속에서 파울과 그
의 친구들은 교사 칸토렉의 선동에 영향을 받아 자원입대했지만, 전쟁
의 현실은 그들이 배운 것과 완전히 달랐죠.

제1차 세계대전은 '총력전'의 개념이 처음으로 등장한 전쟁이었어
요. 총력전은 전투원뿐만 아니라 민간인까지 국가의 모든 자원이 전쟁
에 동원되는 것을 의미해요. 총력전 체제에서 전쟁 선전은 중요한 역
할을 했어요. 각국 정부는 자국민이 전쟁을 지지하고, 적국에 대한 증
오심을 갖도록 대규모 선전 활동을 펼쳤죠.

전쟁 선전의 주요 수단은 포스터, 신문, 영화, 연설 등이었어요. 이러한 매체를 통해 자국은 정의롭고 문명화된 국가로, 적국은 야만적이고 잔인한 국가로 묘사돼요. 예를 들어, 영국과 프랑스의 선전물에서는 독일이 잔혹한 침략자로 그려졌고, 독일의 선전물에서는 영국이 이기적인 제국주의 국가로 묘사되었어요.

특히 학교는 애국심과 민족주의를 고취하는 중요한 장소였어요. 학생들은 역사, 문학, 지리 등의 수업을 통해 자국의 우수성과 애국심을 배웠고, 이것이 나중에 그들이 전쟁에 기꺼이 참여하게 만든 배경이 되었죠.

민족주의는 제1차 세계대전의 중요한 원인이었고, 전쟁 중에 더 강화되었어요. 각국은 자국의 특별함과 우월성을 강조했고, 국가의 이익을 위해 개인이 희생하는 것을 미덕으로 여겼어요. 이런 민족주의적 열정은 전쟁 초기에 많은 젊은이가 열광적으로 전쟁에 참여하게 해요.

전쟁이 끝난 후, 많은 사람은 민족주의적 선전에 속았다는 느낌을 받았어요. 레마르크를 비롯한 '잃어버린 세대' 작가들은 맹목적 애국심과 민족주의에 대해 매우 비판적인 시각을 보였죠. 그들은 이런 이데올로기가 젊은이들을 죽음으로 내몰았다고 생각했어요.

그러나 아이러니하게도, 제1차 세계대전 이후 독일에서는 더 극단적인 민족주의가 등장해요. 패전의 굴욕과 베르사유 조약의 가혹한 조건은 독일 국민 사이에 불만과 분노를 샀고, 이를 배경으로 나치즘과 같은 극우 민족주의가 성장했죠. 나치는 독일의 패배가 '등 뒤의 칼(군대가 아직 패배하지 않았는데 정치인들이 항복했다는 주장)' 때문이라고 선전하며, 더욱 강력한 민족주의적 정서를 불러일으켰어요.

《서부전선 이상 없다》는 이런 역사적 배경을 고려할 때, 반전 소설을 넘어 민족주의와 전쟁 선전의 위험성을 경고하는 작품으로 볼 수 있어요.

23

죄와 벌
살인자가 찾은 구원

하나의 하찮은 범죄가 수천 개의 선한 일로 무마될 수는 없을까?

《죄와 벌》, 도스토예프스키, 민음사, 2012

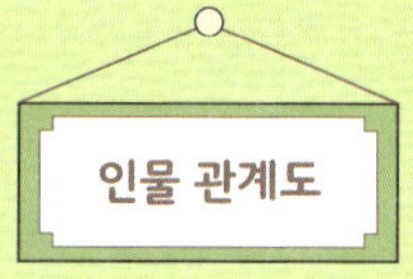

가난한 대학생

라스콜니코프에게
사랑과 영생을 일깨우는 존재

라스콜니코프의
여동생

두냐의 약혼자

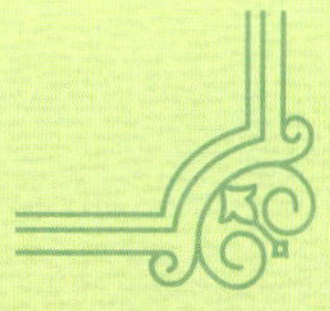

페테르부르크의 더운 여름날, 가난한 대학생 라스콜니코프가 좁고 답답한 다락방에서 괴로워해요. 그는 돈이 없어 대학 공부를 중단했고, 극심한 가난에 시달리고 있었어요. 라스콜니코프는 노파 알료나 이바노브나에게 마지막 재산인 시계를 저당 잡히러 가는데, 이 노파는 고리대금업자로 가난한 사람들의 어려움을 이용해 부당한 이득을 취하는 인물이었죠.

라스콜니코프는 몇 주 동안 자신이 평범한 사람이 아니라 특별한 사람, 즉 '위인'이라면 더 큰 선을 위해 도덕적 법칙을 넘어설 수 있다고 믿고 있었어요. 그는 이런 생각을 시험하기 위해 노파를 살해하기로 결심합니다.

계획대로 라스콜니코프는 도끼를 가지고 노파의 집을 찾아가 그녀를 살해했어요. 하지만 예상치 못하게 노파의 온순하고 순진한 여동생 리자베타가 돌아와 상황을 목격하게 되고, 결국 그녀마저 살해해요. 라스콜니코프는 노파의 돈과 몇 가지 물건을 훔쳐 도망치죠.

라스콜니코프는 범행 직후 극심한 열병과 정신적 혼란에 시달려요.

그는 자기 행동에 대한 죄책감과 공포로 괴로워하면서도, 자신의 '위인' 이론이 틀리지 않았다고 스스로 설득하려 했어요. 이 시기에 그는 술주정뱅이 마르멜라도프를 만나게 되는데, 마르멜라도프의 딸 소냐는 라스콜니코프의 인생에 중요한 인물이 되죠.

한편, 라스콜니코프의 친구 라주미힌과 그의 어머니, 누이 두냐가 페테르부르크에 도착해요. 두냐는 루진이라는 거만한 남자와 약혼했는데, 이는 가족의 재정 상황을 돕기 위한 결정이었어요. 라스콜니코프는 이에 격렬히 반대하고, 결국 루진의 진짜 성격이 드러나면서 두냐는 그와 파혼해요.

이 모든 시간 동안, 수사관 포르피리는 라스콜니코프를 살인 용의자로 의심하고 그를 심리적으로 압박해요. 포르피리는 직접적인 증거 없이도 라스콜니코프의 죄를 알아차리고, 그에게 자백하도록 유도하죠.

마르멜라도프가 사고로 죽은 후, 라스콜니코프는 소냐를 더 자주 만나요. 소냐는 가족을 부양하기 위해 매춘부가 되었지만, 신앙심이 깊은 인물이에요. 라스콜니코프는 결국 소냐에게 자신의 범죄를 고백하고, 소냐는 그에게 구원을 받으려면 자수하고 벌을 받아야 한다고 조언했어요.

라스콜니코프는 소냐의 조언에 따라 경찰서에 가서 자수해요. 그는 8년 간의 시베리아 유형을 선고받고, 소냐는 그를 따라 시베리아로 가죠. 라스콜니코프는 시베리아 감옥에서 회개하며 새로운 삶의 가능성을 발견해요. 소냐의 사랑과 신앙으로 영적인 재생의 길에 들어선 것이죠.

소설을 탐구하다

작품의 창작 배경 및 상황

《죄와 벌》은 1866년에 잡지 〈러시아 통보〉에 연재되어 출간된 작품이에요. 이 시기 러시아는 급격한 사회적 변화와 사상적 혼란 속에 있었죠. 1861년에는 알렉산드르 2세 황제가 농노제를 폐지했어요. 이는 러시아 역사의 중요한 전환점으로, 수백 년 동안 이어져 온 봉건적 노예제도가 끝났다는 것을 의미했죠.

하지만 농노제 폐지 이후에도 농민들의 생활은 크게 나아지지 않았고, 도시로 이주한 많은 사람은 가난과 열악한 생활환경에 시달렸어요. 페테르부르크와 같은 대도시는 급속한 도시화로 인한 빈부 격차, 범죄, 알코올 중독 등의 문제가 심각했답니다.

또한 러시아에는 서구의 새로운 사상들이 유입되고 있었어요. 자유주의, 사회주의, 무정부주의, 허무주의 등 다양한 사상이 젊은 지식인 사이에서 활발히 퍼져나갔죠. 특히 1860년대는 '허무주의자'라고 불

리는 젊은 급진파가 등장해 전통적 가치와 권위를 거부하고 과학적 이
성과 개인의 자유를 강조했어요. 이중 일부는 폭력적인 혁명을 통해
사회를 변화시키려 했고, 실제로 1881년에는 알렉산드르 2세가 혁명
가들에 의해 암살되기도 했어요.

도스토옙스키는 이런 급진파의 사상에 비판적이었어요. 그는 젊은
시절 사회주의 서클에 참여했다가 체포되어 사형 선고를 받았지만, 처
형 직전에 감형되어 시베리아로 귀양을 갔어요. 이 경험을 통해 그는
급진적 이상주의의 위험성을 깨닫고, 전통적인 러시아 정교회의 가치
로 돌아갔어요.

《죄와 벌》은 이런 배경 속에서 탄생한 작품이에요. 라스콜니코프의
'위인' 이론은 당시 유행하던 급진적 사상의 극단적 형태를 보여 주는
것이에요.

나폴레옹과 같은 역사적 위인들은 많은 사람의 죽음을 초래했지만,
역사에서 영웅으로 기억된다는 점에서 라스콜니코프는 자신도 '더 높
은 목적'을 위해 살인을 저지를 수 있다고 생각했어요. 하지만 도스토
옙스키는 이런 사고방식이 얼마나 위험하고 비인간적인지를 보여 주
고자 했답니다.

표도르 도스토옙스키(Fyodor Mikhailovich Dostoevsky, 1821~1881):

도스토옙스키는 러시아의 소설가이자 철학자, 저널리스트, 작가로 알려져 있어요.

그는 모스크바에서 군의관의 아들로 태어났어요. 도스토옙스키는 어린 시절부터 아버지의 엄격한 교육을 받았고, 종교적인 환경에서 자랐죠. 10대 시절 그는 어머니를 잃었고, 얼마 후 아버지도 농노들에 의해 살해되는 비극을 경험했어요. 이런 어린 시절의 경험은 그의 작품에서 종종 다루어지는 고통, 죄책감, 구원의 주제와 연결되어 있어요.

작가로 잘 나가던 1849년, 도스토옙스키의 인생은 급격한 전환을 맞게 돼요. 바로 사회주의 서클 '페트라셰프스키 모임'에 참여했다가 체포되어 사형 선고를 받은 것이죠.

그는 처형 직전에 감형되어 시베리아에서 4년간 유배 생활을 했고, 이후 4년간 군 복무를 해야 했어요. 이 경험은 그의 사상과 작품 세계에 깊은 영향을 미쳤답니다.

시베리아에서 돌아온 후, 도스토옙스키는 러시아 정교회의 가치와 전통적인 러시아 민족주의를 중시하게 되었고, 이런 시각은 그의 후기 작품에 큰 영향을 미쳤어요.

1860년대와 1870년대는 도스토옙스키의 창작 활동이 절정에 달한 시기예요. 이 시기에 그는 《죄와 벌》, 《백치》, 《악령》, 《카라마조프가의 형제들》 등 그의 대표작들을 발표했죠. 이 작품들은 인간 영혼의 깊은 탐구, 선과 악의 대립, 신앙과 이성의 갈등, 자유와 책임의 문제 등을 다루며 세계 문학의 걸작으로 인정받고 있어요.

그는 간질병에 시달렸고, 도박 중독으로 인한 재정적 어려움도 겪었어요. 그럼에도 끊임없이 집필 활동을 이어갔고, 심리적 리얼리즘과 철학적 깊이를 갖춘 소설로 문학사에 업적을 남겼어요.

19세기 러시아의 농노제 폐지와 도시 문제

《죄와 벌》의 시대적 배경인 19세기 중반은 러시아 제국은 유럽에서 가장 넓은 영토를 가진 강대국이었지만, 서유럽 국가들보다 경제적, 사회적으로 뒤처져 있었어요.

19세기 초까지 러시아는 여전히 농노제도에 기반한 봉건적 사회였어요. 인구 대부분을 차지하는 농민은 귀족 지주에게 예속되어 있었죠. 도시에는 소수의 상인, 관료, 지식인이 살고 있었고, 귀족 계층은 서유럽 문화와 생활 방식을 모방하는 경향이 있었어요.

1853년부터 1856년까지 러시아 제국과 오스만 제국, 대영제국, 프랑스 제국, 사르데냐-피에몬테 왕국 간에 벌어진 크림 전쟁에서의 패배는 러시아 제국의 약점을 드러냈어요. 알렉산드르 2세 황제는 이런 상황에서 개혁을 시작했고, 그중 가장 중요한 것이 1861년의 '농노제 폐지'였어요.

농노제 폐지로 약 2300만 명의 농민이 법적으로 자유를 얻었지만, 문제는 여전히 남아 있었어요. 농민은 토지를 얻기 위해 막대한 보상금을 지급해야 했고, 이 부담은 수십 년 동안 계속되었던 거예요. 농민은 여전히 '미르'라 불리는 농촌 공동체에 묶여 있었고, 자유로운 이동이나 직업 선택에 제약이 있었어요.

농노제 폐지 이후 많은 농민이 일자리를 찾아 도시로 이주했고, 초기 산업화가 진행되면서 노동자 계층이 형성되기 시작했죠.

하지만 도시의 기반 시설과 주택은 이런 인구 증가를 감당하기에 충분하지 않았고 그 결과 빈민가와 과밀 주거 지역이 확대되었어요. 페테르부르크는 표면적으로는 유럽적인 우아함을 갖춘 도시였지만, 그 이면에는 극심한 빈곤과 사회적 불평등이 존재했어요.

《죄와 벌》에 등장하는 인물 대부분은 이런 도시 빈곤층에 속해요. 《죄와 벌》에서 도스토옙스키는 좁고 지저분한 방, 허름한 술집, 먼지 나는 거리 등을 통해 당시 도시 빈곤층의 열악한 생활환경을 상세히 묘사했어요.

도시 빈곤층이 직면한 주요 문제로는 열악한 주거 환경, 불안정한 고용, 낮은 임금, 질병, 알코올 중독 등이 있었어요. 특히 주거 문제는 심각했는데, 많은 사람이 지하실이나 다락방 같은 비위생적인 공간에서 살았고, 여러 가족이 한 방을 함께 쓰는 경우도 흔했어요. 라스콜니코프의 작은 다락방이나 마르멜라도프 가족의 비좁은 아파트는 이런 현실을 반영하고 있어요.

여성과 아이들의 상황은 더욱 나빴어요. 여성은 공장 노동, 가사 노동, 때로는 매춘과 같은 일을 통해 생계를 유지해야 했고, 아이들은 어린 나이부터 일을 시작해야 했어요. 소냐가 가족을 위해 희생하는 모습이나, 마르멜라도프의 딸 폴리나가 어린 동생들을 돌보는 모습은 당시 빈곤층 여성과 아이들의 현실을 보여 주고 있죠.

도시 빈곤은 범죄와도 연결되었어요. 생존을 위한 절도, 사기, 매춘 등이 빈민가에서는 흔했고, 알코올 중독으로 인한 폭력 사건도 많았죠. 이런 환경은 라스콜니코프와 같은 지식인들에게도 영향을 미쳤어요.

러시아 정부와 사회는 이런 문제들을 해결하지 못했어요. 자선 단체나 교회가 도움을 주었지만, 심각한 도시 빈곤 문제를 해결할 수 없었죠. 이런 상황이 사회에 대한 불만으로 이어졌고, 이후 러시아 혁명의 토대가 되었답니다.

서구 사상 유입과 러시아 지식인의 갈등

19세기 러시아 지식인들은 서구 사상의 유입으로 갈등하고 있었어요. 러시아가 나아갈 방향에 대해 크게 두 진영으로 나뉘었는데, 바로 '서구주의자'와 '슬라브주의자'였죠.

서구주의자는 러시아가 서유럽의 발전된 문명을 따라가야 한다고 주장했어요. 그들은 합리주의, 과학적 사고, 민주주의, 자유주의와 같은 서구의 가치를 수용해야 한다고 주장했고, 러시아의 전통적인 제도와 관습을 뒤떨어진 것으로 보았죠. 대표적인 서구주의자로는 알렉산드르 헤르첸, 비사리온 벨린스키 등이 있었어요.

반면 슬라브주의자는 러시아에는 서구와는 다른 고유한 발전 경로가 있다고 주장했어요. 그들은 정교회 신앙, 농촌 공동체, 차르(황제)에 대한 충성과 같은 전통적인 러시아의 가치를 중시했고, 서구의 물질주의와 개인주의를 비판했죠. 이반 키레옙스키, 알렉세이 호먀코프 등이 대표적인 슬라브주의자였어요.

러시아 문학의 황금기

19세기는 러시아 문학의 황금기로 불려요. 도스토옙스키, 톨스토이와 같은 세계적인 작가들의 깊은 통찰과 사회적 문제의식을 담은 작품들을 통해 러시아 문학이 세계 문학의 중심으로 부상했어요.

톨스토이(1828~1910)는 그의 소설에서 러시아 역사와 사회, 인간의 삶을 총체적으로 그려냈어요. 《전쟁과 평화》, 《안나 카레니나》, 《부활》 같은 그의 대작들은 인간 본성과 사회 구조에 대한 깊은 통찰을 담고 있죠.

이후 그는 종교적, 도덕적 문제에 대해 깊이 사색했고, 비폭력과 소박한 삶을 실천하는 사상가로 변모했어요. 도스토옙스키는 인간 심리의 깊은 곳을 탐구했고, 도덕적·종교적·철학적 질문들을 소설에 형식으로 담았어요. 《죄와 벌》, 《백치》, 《악령》, 《카라마조프가의 형제들》과 같은 그의 작품들은 심리적 리얼리즘의 걸작으로 평가받고 있어요.

이렇듯 러시아 작가들은 문학을 인간과 사회의 진실을 드러내는 도구로 여겼어요. 그래서 당대 러시아 사회의 고통과 모순을 생생하게 묘사하는 동시에 인간 존재의 보편적 문제들을 탐구했죠.

러시아 작가들은 서유럽 낭만주의, 현실주의, 자연주의 등의 문학 사조를 소화하면서 러시아적 감수성과 사상을 담아냈어요. 《죄와 벌》은 이런 러시아 문학의 황금기를 대표하는 작품 중 하나예요.

24

자본론
노동자들이여, 단결하라

모든 것이 상품으로 거래되는 자본주의 사회에서는
돈이 전지전능한 신의 지위를 차지했습니다.
모든 것의 꼭대기에 돈이 군림하고,
돈만 된다면 상식 밖의 일도 정당성을 획득합니다.

《원숭이도 이해하는 자본론》, 임승수, 시대의 창, 2016

《자본론》은 독일의 철학자이자 경제학자, 사회 이론가인 카를 마르크스가 쓴 경제학 책이에요. 원래 계획은 총 6권으로 구성하는 것이었지만, 마르크스가 살아있을 때 제1권 '자본의 생산 과정'만 출판되었고, 프리드리히 엥겔스가 마르크스의 사망 후 남겨진 원고를 정리하여 제2권과 제3권을 출판했어요.

《자본론》은 마르크스가 자본주의 경제 체제를 분석하고 비판한 대표적 이론서로, 마르크스가 주장하는 주요 이론을 살펴볼 수 있어요.

제1권에서 마르크스는 '상품'에 대해 분석했어요. 그는 모든 상품에 사용 가치와 교환 가치가 있다고 설명하고, 교환 가치가 그 상품을 생산하는 데 필요한 사회적 노동 시간에 기반한다는 '노동 가치론'을 제시했어요.

이어서 마르크스는 자본주의적 생산 방식의 특징인 잉여 가치의 착취를 설명했어요. 노동자는 노동력을 자본가에게 팔지만, 노동자가 받는 임금은 그가 실제로 생산한 가치보다 적다는 것이죠. 이 차이가 바로 잉여 가치로, 자본가는 이를 통해 이윤을 얻고 자본을 축적한다고 분석했어요. 마르크스는 자본주의적 생산 방식도 분석했어요. 그는 초기 생산 방식, 제조업, 협동, 기계화, 대공업으로 이어지는 변화를 설명했죠. 특히 그는 기술 발전이 노동자의 상황을 개선하기보다는 오히려 더 착취하는 방향으로 이용된다고 주장했어요.

제2권에서는 자본의 순환 과정을 분석했어요. 마르크스는 자본이 화폐 자본, 생산 자본, 상품 자본의 형태로 순환하면서 확대·재생산된다고 설명했어요. 또한 사회적 총자본의 재생산과 유통에 관한 이론을 발전시켰어요.

제3권에서는 자본주의의 전체적인 과정을 분석했어요. 마르크스는 이윤율 저하 경향, 지대, 이자, 상업 자본 등에 관한 이론을 전개했고, 자본주의 경제가 주기적인 위기에 빠질 수밖에 없는 이유를 설명했죠.

《자본론》의 핵심 주장 중 하나는 자본주의가 자체 모순 때문에 결국 붕괴하고, 사회주의와 공산주의 사회로 대체될 것이라는 예측이었어요. 마르크스는 자본의 집중, 이윤율 저하, 경제 위기의 심화, 노동자 계급의 혁명적 의식 성장이 결국 자본주의의 종말을 가져올 것이라고 예상했죠.

이 책은 경제학 저서를 넘어, 역사, 사회학, 철학을 아우르는 종합적인 사회 이론을 담고 있어요. 마르크스는 경제 구조가 사회의 다른 모든 영역에 영향을 준다고 보았던 것이죠.

소설을 탐구하다

작품의 창작 배경 및 상황

마르크스는 《자본론》을 집필하기 위해 20년간 경제학·역사·기술 발전 등 방대한 자료를 분석하며 연구했죠.

《자본론》은 19세기 중반, 산업혁명이 본격화되고 자본주의가 급속히 발전하던 시기에 쓰였어요. 공장 시스템이 확립되고, 노동자 계급이 형성되었으며, 도시화가 진행되었죠.

하지만 이런 발전과 함께 심각한 사회 문제들도 나타났어요. 노동자들은 열악한 노동 환경과 저임금, 불안정한 고용 상태에 시달렸고, 빈부 격차는 점점 커졌죠.

1848년 유럽 전역에서 혁명이 일어났고, 마르크스와 엥겔스는 《공산당 선언》을 발표했어요. 이 책을 통해 그들은 자본주의 생산 방식의 발생과정, 자본주의 착취의 본질, 자본주의의 모순, 자본주의 멸망의 불가피성을 설명하고 노동자 계급이 새로운 사회를 건설할 필요성과 혁명 방안을 제시했어요.

하지만 이 혁명 대부분이 실패로 끝났고, 마르크스는 프로이센 정부의 추방령으로 인해 독일을 떠나 런던에 정착하죠. 이런 경험은 마르크스가 혁명적 변화를 위한 더 체계적인 이론적 기초의 필요성을 느끼게 했고, 이것이 《자본론》을 집필하게 된 배경 중 하나였어요.

당시 주류 경제학은 애덤 스미스, 데이비드 리카도와 같은 고전 경제학자들의 영향을 받은 자유주의 경제학이었어요. 이들은 시장의 자율적 조정 능력과 '보이지 않는 손(개인의 사사로운 영리활동이 사회 전체의 공적 이익을 증진시킨다는 의미)'의 원리를 믿었고, 정부의 개입 없는 자유시장을 옹호했죠. 마르크스는 이런 고전 경제학의 이론을 비판했어요.

《자본론》제1권이 출간된 1867년은 프로이센과 오스트리아 사이의 전쟁이 끝나고, 독일이 통일되던 시기였어요. 또한 노동자 운동이 점차 조직화되던 때로, 1864년에는 마르크스가 참여한 '국제노동자협회'가 설립되었죠.

《자본론》은 출간 직후에는 큰 주목을 받지 못했지만, 점차 노동운동과 사회주의 운동의 이론적 기초로 인정받기 시작했어요. 특히 1917년 러시아 혁명 이후, 이 책은 사회주의 국가들의 공식 이념인 마르크스-레닌주의의 핵심이 되었죠.

20세기 내내 《자본론》은 자본주의 체제를 비판하는 가장 중요한 이론적 근거가 되었고 많은 지식인, 정치 지도자들에게 영향을 미쳤답니다.

카를 마르크스(Karl Marx, 1818~1883):

마르크스는 독일의 철학자이자 경제학자, 사회학자, 혁명가로, 근대 사회주의와 공산주의 이론의 창시자예요.

그는 본대학과 베를린대학에서 법학·역사학·철학을 공부했어요. 특히 헤겔 철학의 영향을 크게 받았고, '청년 헤겔파'라는 진보적 지식인 그룹의 일원이 되기도 했어요.

마르크스는 학업을 마치고 〈라인 신문〉의 편집자로 일했는데, 그의 급진적인 글들로 신문은 검열 받고 결국 폐간되었어요.

이후 그는 파리로 이주했고, 그곳에서 프리드리히 엥겔스를 만나 평생의 친구이자 협력자가 되었죠. 파리에서 마르크스는 프랑스 사회주의자들과 교류하면서 자신의 사상을 발전시켰어요.

1845년, 마르크스는 프랑스 정부에 의해 추방되어 브뤼셀로 이주했는데 그곳에서 엥겔스와 함께 《독일 이데올로기》를 집필했어요.

1848년에는 《공산당 선언》을 발표했는데, 이 선언은 "지금까지 모든 사회의 역사는 계급투쟁의 역사이다"라는 유명한 문구로 시작하며, 자본주의의 모순과 노동자 계급의 혁명적 역할을 강조했죠.

1848년 유럽 혁명 이후, 마르크스는 다시 추방되어 1849년에 런던으로 망명했어요. 그는 생애의 나머지를 런던에서 보냈는데, 극심한 가난에 시달려 엥겔스의 재정적 지원에 의존했어요. 그러나 그는 저술과 연구를 멈추지 않았고, 경제학 연구에 몰두했어요.

마르크스의 사상은 그가 죽은 뒤 더 큰 영향력을 발휘했어요. 그의 이론은 20세기의 사회주의 혁명과 노동운동에 이론적 기초가 되었고, 사회학, 경제학, 역사학, 철학 등 다양한 학문 분야에 영향을 미쳤어요.

자유주의와 사회주의의 등장

19세기에는 자유주의와 사회주의라는 두 가지 중요한 정치·경제 사상이 발전하고 대립했어요. 이 두 사상은 산업혁명과 프랑스 혁명이라는 역사적 변화 속에서 등장했고, 이후 세계사의 흐름에 큰 영향을 미쳤죠.

자유주의는 17~18세기 계몽주의에 뿌리를 두고 있어요. 존 로크, 애덤 스미스, 제러미 벤담, 존 스튜어트 밀과 같은 사상가들에 의해 발전된 사상으로, 개인의 자유와 권리를 최우선 했어요. 경제적 자유주의는 시장의 자율성, 사유재산권, 자유무역, 제한적인 정부 개입을 강조했고, 정치적 자유주의는 입헌주의, 법치주의, 시민의 권리와 자유를 중시했어요.

19세기 전반, 자유주의는 유럽의 지배적인 사상이 되었어요. 특히 영국에서는 공장법, 곡물법 철폐, 선거권 확대와 같은 자유주의적 개혁이 이루어졌고, 미국에서도 자유주의 원칙이 헌법과 정치 체제의 기초가 되었어요.

한편, 사회주의는 산업혁명이 가져온 사회적 문제들에 대한 반응으로 등장했어요. 공장 시스템의 발전으로 노동자 계급이 형성되었지만, 그들은 열악한 노동 환경, 저임금, 불안정한 고용 상태에 시달렸죠. 이런 상황 속에서 사회주의 사상가들은 기존 자본주의 체제에 대한 비판과 대안을 제시하기 시작했어요.

초기 사회주의 사상가들은 협동조합, 공동체 실험, 노동자 권리 옹호 등을 통해 사회 개혁을 추구했죠. 이들은 후에 '공상적 사회주의자'로 불리게 되었어요.

마르크스와 엥겔스는 이런 초기 사회주의를 '과학적 사회주의'로 발전시켰어요. 그들은《공산당 선언》을 통해 자본주의의 발전 과정을 설명하고 자본주의가 갖고 있는 모순으로 인해 계급투쟁이 일어날 수밖에 없다고 분석했고, 노동자 계급이 혁명을 통해 사회주의 사회를 건설할 것으로 생각했어요.《자본론》은 이런 마르크스의 분석을 경제학적으로 더욱 깊이 발전시킨 책이었어요.

19세기 후반부터 20세기 초반까지, 자유주의와 사회주의는 첨예하게 대립했어요. 자유주의자들은 사회주의가 개인의 자유와 사유재산권을 위협한다고 보았고, 사회주의자들은 자유주의가 주장하는 자유가 실제로는 소수의 자본가에게만 해당하는 것이라고 비판했죠.

이런 두 사상의 대립은 20세기 내내 계속되었고, 냉전 시대에는 미국을 중심으로 한 자유주의 진영과 소련을 중심으로 한 사회주의 진영의 대립으로 확대되었어요. 그러나 점차 양측이 혼합적인 형태로 발전했답니다.

산업혁명과 자본주의, 노동운동의 발전

산업혁명의 많은 문제 상황에 대응하여 노동자들은 점차 자신들의 권리를 위해 뭉치기 시작했어요. 초기에는 기계 파괴 운동인 러다이트 운동이 일어났지만, 점차 체계적인 노동 운동으로 발전해 노동조합이 결성되었고, 파업과 같은 집단행동을 통해 노동 조건 개선을 요구하기도 했어요. 영국에서는 차티스트 운동이 일어나 선거권을 요구했고, 노동시간 단축, 공장법 제정 등의 개혁도 이루어졌어요.

프랑스에서는 1871년에 노동자가 중심이 되어 파리 민중이 저항하고, 그 후 선거에서 혁명파가 승리를 거둬 정부를 구성했던 파리 코뮌(1871년 3월 18일부터 5월 28일까지 프랑스 파리 일대의 사회주의인 코뮌 체제를 기반으로 70일 간 존속했던 정권. 노동자 계급이 세운 세계 최초의 민주적이고 혁명적인 자치 정부라는 평가)을 통해 노동자는 자기의 정치적 요구를 표현했어요. 독일에서는 사회민주당이 성장하여 노동자 계급의 정치 세력화가 진행되었고요.

마르크스와 엥겔스는 이런 노동 운동에 이론적 기초를 제공했어요. 그들은 노동자 계급(프롤레타리아트)이 자본가 계급(부르주아지)에 의해 착취당하고 있다고 분석했고, 노동자가 단결하여 혁명을 일으켜야 한다고 주장했어요.

19세기 말부터 20세기 초까지, 노동 운동은 더 조직화·정치화되었어요. 많은 국가에서 사회주의 정당이 설립되었고, 노동조합의 합법적 지위가 인정되었으며, 8시간 노동제, 최저임금제, 사회보험 등의 노동자 권리가 점진적으로 확보되었어요.

그러나 사회주의 운동 내에서도 개혁주의와 혁명주의 사이의 분열이 일어났어요. 에두아르트 베른슈타인과 같은 수정주의자들은 마르크스의 혁명 이론을 비판하고, 민주적 절차를 통한 점진적 개혁을 주장했죠. 반면 레닌과 같은 혁명주의자들은 프롤레타리아 혁명의 필요성을 계속 강조했어요.

결국 1917년 러시아 혁명은 세계 최초의 사회주의 국가인 소비에트 연방의 수립으로 이어졌고, 이는 마르크스주의 이론이 실제 정치 체제로 구현된 첫 사례였어요. 그러나 소비에트 모델은 마르크스가 예상한 것과는 다른 방향으로 발전했고, 스탈린 시대에는 억압적인 전체주의 체제로 변질되었답니다.

현대 경제 체제의 다양한 형태

20세기를 거치면서 자유주의와 사회주의는 각각 다양한 형태로 발전하고 변화했어요. 순수한 형태의 자유주의나 사회주의보다는, 두 이념의 요소를 혼합한 다양한 경제 체제가 세계 각국에서 발전했죠.

자유주의 진영에서는 고전적 자유주의가 20세기 초 대공황을 겪으면서 한계를 드러냈어요. 이에 대응하여 '케인스주의'가 등장했는데, 이는 정부의 적극적인 경제 개입으로 경기 변동을 조절하고 완전 고용을 달성하자는 이론이었죠.

제2차 세계대전 이후 많은 서구 국가는 케인스주의 정책을 채택하여 '혼합 경제' 모델을 발전시켰어요. 미국에서는 루스벨트 대통령이 경제 대공황을 해결하기 위해 정부가 적극 개입하는 '뉴딜 정책'을 시행했고, 유럽에서는 전쟁 후에 보편적 의료, 교육, 복지 서비스를 제공하는 '사회적 시장 경제' 모델이 구축되었어요.

1970년대부터는 신자유주의가 부상했어요. 마거릿 대처와 로널드 레이건으로 대표되는 이 경향은 정부 규제 완화, 민영화, 시장 개방, 복지 축소 등을 통해 더 자유로운 시장 경제로 돌아가자는 주장이었죠. 신자유주의는 세계화의 가속화와 함께 1980~1990년대 전 세계적으로 확산되었어요.

사회주의 진영에서도 다양한 형태가 발전했어요. 소련 모델은 국가가 모든 생산 수단을 소유하고 중앙 계획에 따라 경제를 운영하는 방식이었죠. 중국은 1978년 이후 '중국 특색의 사회주의'라는 이름으로 시장 요소를 대폭 도입하면서도 공산당의 정치적 통제는 유지하는 독특한 모델을 발전시켰어요.

유럽의 많은 국가는 혁명적 사회주의 대신 민주적 절차를 통한 점진적 개혁을 추구하는 사회민주주의 노선을 택했어요. 스웨덴, 노르웨이 등 북유럽 국가들은 높은 수준의 복지와 강한 노동조합, 적극적인 소득 재분배 정책을 통해 '북유럽 모델'을 구축했죠.

1989~1991년 소련과 동유럽 사회주의 국가들의 붕괴는 냉전의 종식과 함께 자본주의의 승리로 여겨졌어요. 많은 학자는 자유민주주의와 시장경제가 인류의 최종적인 정치·경제 체제가 될 것으로 예측했죠.

그러나 세계화와 신자유주의의 확산은 새로운 문제들을 야기했어요. 불평등의 심화, 금융 위기, 환경 문제, 노동의 불안정성 증가 등의 문제점들이 나타났고, 이는 2008년 글로벌 금융 위기를 계기로 더 뚜

럿해졌어요. 이후 많은 학자와 정치인들이 신자유주의의 한계를 지적하고, 새로운 경제 모델의 필요성을 주장하기 시작했어요.

오늘날 세계 각국의 경제 체제는 순수한 자유주의나 사회주의보다는 다양한 혼합 형태를 보이고 있어요. 미국은 여전히 시장 중심적이지만 사회 안전망을 갖추고 있고, 유럽은 더 강한 복지 체제를 유지하고 있으며, 중국은 국가 주도의 자본주의 모델을 발전시키고 있어요. 각국은 자국의 역사적, 문화적, 정치적 맥락에 맞게 자유주의와 사회주의의 요소를 독자적으로 결합하고 있답니다.

마르크스주의의 영향과 비판

마르크스의 이론은 20세기 세계사에 지대한 영향을 미쳤어요. 그의 사상은 정치 운동, 혁명, 국가 체제, 학문, 예술 등 다양한 영역에서 큰 영향력을 발휘했죠. 정치적으로는 1917년 러시아 혁명의 이념적 기초가 되었고, 이후 소련, 중국, 쿠바, 베트남 등 여러 국가에서 공산주의 혁명이 일어났어요.

마르크스주의는 제국주의에 대항하는 민족 해방 운동과 제3세계 혁명 운동에도 큰 영향을 미쳤어요. 학문 분야에서는 경제학, 사회학, 역사학, 철학, 문학 비평 등 다양한 분야에서 마르크스주의 방법론이 활용되었고, 문화와 예술 분야에서는 사회주의 리얼리즘이 나타나고 많은 작가, 예술가, 지식인이 마르크스주의적 관점에서 작품 활동을 했어요.

그러나 마르크스주의는 이론적으로나 실천적으로나 많이 비판받기도 했어요. 경제학적으로는 마르크스의 노동 가치론과 잉여 가치론, 이윤율 저하 경향 법칙 등이 논쟁의 대상이 되었고, 정치적으로도 민주주의와 인권을 충분히 강조하지 않았다는 비판을 받았어요. 특히 스탈린 시대 소련, 마오쩌둥 시대 중국, 폴 포트의 캄보디아 등에서 벌어진 대규모 인권 침해와 억압은 마르크스주의를 추구한다는 국가들의 실패를 보여 주는 사례로 언급되고 있죠.

마르크스는 자본주의가 내부 모순으로 인해 붕괴하고 사회주의로 대체될 것으로 예측했지만, 자본주의는 다양한 형태로 적응하고 발전했어요. 게다가 사회주의 혁명은 마르크스가 예상한 선진 산업국가가 아니라, 러시아나 중국 같은 농업 중심 국가에서 일어났답니다.

오늘날 마르크스주의는 재해석되고 있어요. 특히 2008년 글로벌 금융 위기 이후, 자본주의의 불안정성과 불평등에 대한 마르크스의 분석이 다시 주목받기 시작했죠. 《자본론》이 출간된 지 150년이 넘었지만, 마르크스가 제기한 질문들—노동과 자본의 관계, 경제적 불평등, 사회 정의, 인간 소외 등—은 여전히 현대 사회의 중요한 쟁점으로 남아 있답니다.

25

위대한 개츠비
사랑일까? 집착일까?

누구든 남을 비판하고 싶을 때면 이 점을 명심하여라.
이 세상 사람들이 다 너처럼 유리한 입장에 놓여 있지는
않다는 것을 말이다.

《위대한 개츠비》, F. 스콧 피츠제럴드, 민음사, 2009

수수께끼 갑부   개츠비의 이웃

톰의 불륜녀   데이지의 남편   닉의 사촌 누나

《위대한 개츠비》는 1922년 여름, 뉴욕을 배경으로 한 이야기예요. 이야기의 화자인 닉 캐러웨이는 예일대학을 졸업한 뒤 사촌 누나인 데이지와 그녀의 남편 톰 뷰캐넌이 있는 뉴욕 교외의 이스트 에그라는 지역으로 이사해요.

톰은 부유한 집안 출신으로 거만하고 강압적인 성격의 인물이에요. 그곳에서 닉은 미스터리한 골프 선수 조던 베이커를 만나고, 톰이 머틀 윌슨이라는 여자와 불륜 관계임을 알게 돼요. 머틀은 뉴욕과 웨스트 에그 사이의 '잿빛 지대'에서 주유소를 운영하는 조지 윌슨의 아내였죠.

한편, 닉의 이웃인 개츠비는 매주 토요일마다 호화로운 파티를 열지만, 정작 본인은 거의 모습을 드러내지 않아요. 그로 인해 개츠비가 독일의 스파이였다거나, 살인을 저질렀다는 등의 소문이 생겨나죠. 어느 날 닉은 개츠비의 파티에 초대받고, 그곳에서 마침내 개츠비를 만나게 돼요.

닉은 점차 개츠비와 친해지고, 개츠비는 닉에게 데이지와의 과거를 털어놓아요. 개츠비와 데이지는 제1차 세계대전 전에 사랑에 빠졌지만, 가난한 군인이었던 개츠비가 전쟁에 나간 사이 데이지는 부유한 톰과 결혼해 버려요. 개츠비는 데이지를 잊지 못하고, 그녀와 재회하기 위해 부를 쌓고 웨스트 에그에 집을 마련한 것이었어요.

닉은 개츠비의 부탁으로 데이지를 집으로 초대해 개츠비와의 재회를 주선해요. 처음에는 어색했지만, 곧 그들은 과거의 감정을 되살리고 비밀 연애를 시작하죠. 개츠비는 데이지가 톰과의 결혼이 실수였다고 말하고 자신과 함께 떠나기를 바랍니다.

더운 여름날, 닉, 개츠비, 조던, 톰, 데이지는 뉴욕 시내의 호텔에서 만나게 돼요. 그곳에서 톰은 개츠비의 과거를 캐내기 시작하고, 개츠비가 부츠레깅(금주법 시대 불법 술 판매)으로 돈을 번 것이라고 주장해요. 개츠비와 데이지의 관계를 의심하던 톰은 곧 그들의 사랑을 알아차리고, 격렬한 대립이 벌어지죠. 결국 데이지는 개츠비보다 톰을 선택하게 되고, 개츠비의 꿈은 무너져요.

그날 저녁, 개츠비와 데이지는 톰의 차를 몰고 집으로 돌아가는 도중 머틀을 치어 죽여요. 실제로 운전한 것은 데이지였지만, 개츠비는 데이지를 보호하기 위해 자신이 운전했다고 하죠. 톰은 머틀의 남편 조지에게 차의 주인이 개츠비라고 말하고, 복수심에 불탄 조지는 개츠비를 찾아가 그를 죽인 뒤 자살해요.

개츠비의 장례식에는 닉과 개츠비의 아버지, 그리고 한때 개츠비의 파티에 왔던 한 사람만이 참석해요. 데이지와 톰은 연락도 없이 떠나버렸죠. 환멸을 느낀 닉은 동부를 떠나 중서부로 돌아가기로 결심해요. 이야기는 닉이 개츠비의 꿈과 희망, 그리고 그 모든 것이 어떻게 무너졌는지에 대한 고찰로 마무리되죠.

Q. 개츠비는 '아메리칸드림'을 추구하는 인물이죠. 1920년대 미국에서 '아메리칸드림'은 어떤 의미였을까요? 《위대한 개츠비》에 등장하는 1920년대 미국의 물질적 풍요와 화려함의 이면에는 무엇이 있었을까요?

소설을 탐구하다

작품의 창작 배경 및 상황

《위대한 개츠비》는 제1차 세계대전 이후 미국의 '재즈 시대' 또는 '광란의 20년대'라 불리는 때를 배경으로 해요.

1920년대 미국은 경제적 번영과 문화적 변화가 급속도로 일어나던 시기였어요. 1차 세계대전이 끝난 후 미국 경제는 크게 성장했고, 주식 시장은 호황이 계속되었으며, 많은 사람이 전례 없는 부를 누렸죠. 대량 생산 기술의 발전으로 자동차, 라디오, 전화 같은 새로운 소비재들이 보통 사람들도 구입할 수 있게 되었고, 도시에 점점 높은 빌딩이 채워졌어요.

사회적·문화적으로도 큰 변화가 있었는데, 특히 1920년부터 1933년까지 시행된 '금주법(술의 제조와 판매를 금지한 법)'은 불법 주점과 부츠레깅이라는 불법 주류 판매 활동을 성행하게 했고, 범죄 조직의 성장을 촉진했어요.

젊은 세대는 기존의 도덕적 규범에 도전하며 더 자유로운 생활 방식을 추구했고, '플래퍼'라 불리는 새로운 여성상도 등장했어요. 플래퍼는 여성의 참정권이 인정되고, 미국의 경제 호황이 이어지면서 화려한 소비를 기반으로 등장한 여성 계층이었죠.

피츠제럴드 자신도 이런 시대의 상징적 인물이었어요. 그는《낙원의 이쪽》이라는 첫 소설의 성공으로 일약 유명 작가가 되었고, 아내 젤다와 함께 화려한 파티와 사교 생활을 즐기며 '재즈 시대'의 대표적 커플로 알려졌죠.

하지만 그는 동시에 이런 시대의 화려함의 이면에 있는 공허함과 도덕적 퇴폐를 예리하게 관찰했고, 이를《위대한 개츠비》에 담아냈어요. 피츠제럴드는 이 소설을 프랑스 리비에라에서 집필했는데, 유럽에서 미국을 멀리서 바라보면서 자국의 문화와 가치관에 대해 더 깊이 성찰할 수 있었다고 해요. 특히 부와 계급, 사랑과 꿈, 환멸과 같은 주제에 관심을 가졌고, 이를 개츠비라는 인물을 통해 나타냈죠.

《위대한 개츠비》는 출간 당시에는 상업적으로 크게 성공하지 못했지만 제2차 세계대전 이후 재평가되기 시작했고, 오늘날에는 미국 문학의 고전이자 20세기 가장 위대한 소설 중 하나로 평가받고 있답니다.

프랜시스 스콧 키 피츠제럴드(Francis Scott Key Fitzgerald, 1896~1940):

피츠제럴드는 미국의 소설가이자 단편 작가로 알려져 있어요.

그는 제1차 세계대전에 참전하기 위해 군에 입대했는데, 군 훈련소에서 젤다 세이어를 만나요. 그녀는 피츠제럴드가 작가로서 성공한 후인 1920년에 그와 결혼했는데 이들 부부는 뉴욕, 파리, 리비에라 등지에서 화려한 파티와 사교 생활을 즐기며 시대의 아이콘이 되었어요.

그러나 화려한 겉모습과 달리, 피츠제럴드 부부의 삶은 점차 어두워졌어요. 작가로서의 성공에도 그는 경제적 어려움에 자주 시달렸고, 알코올 중독 문제가 심해졌고, 젤다는 정신 질환으로 여러 차례 요양원에 입원했어요. 그렇게 그들의 결혼 생활은 점점 더 불안정해졌어요.

1930년대에 피츠제럴드의 인기는 하락했고, 그는 생계를 위해 할리우드에서 각본가로 일하기도 했어요. 그곳에서 그는 마지막 미완성 소설 《마지막 거물》을 집필하기 시작했지만, 1940년 12월 21일, 심장마비로 44세의 나이에 세상을 떠났어요.

그의 사망 후 그의 작품들은 재평가되었는데, 특히 《위대한 개츠비》는 '아메리칸드림'의 빛과 그림자, 1920년대 미국 사회의 모습을 탁월하게 그려낸 걸작으로 인정받게 되었어요. 오늘날 피츠제럴드는 20세기 미국 문학의 중요한 작가로 평가받고 있답니다.

번영과 변화의 시대

《위대한 개츠비》의 배경이 되는 1920년대 미국은 경제적인 황금기였어요. 전쟁 중에 발전한 대량 생산 기술이 민간 산업에 적용되면서 생산성이 크게 향상되었고, 자동차, 냉장고, 라디오 같은 소비재들이 사람들의 생활을 변화시켰죠.

특히 헨리 포드가 도입한 자동차 생산 방식은 혁명적이었는데, T형 포드는 가격이 계속 내려가 많은 중산층 가정이 자동차를 소유할 수 있게 되었어요. 1929년에는 미국 가정의 약 60퍼센트가 자동차를 소유했답니다. 자동차의 보급으로 여행이 쉬워지 면서 관광 산업도 발전했어요. 주식 시장도 크게 성장했어요. 많은 사람이 끝없는 번영을 믿으며 돈을 빌려서라도 주식에 투자하려고 했어요.

도시화도 빠르게 진행되었어요. 젊은이들이 일자리와 새로운 생활 방식을 찾아 농촌에서 도시로 이주했고, 뉴욕, 시카고, 디트로이트 같은 도시들은 급속도로 성장했죠. 마천루가 도시의 스카이라인을 바꾸어 놓았고, 도시 생활은 더욱 현대적이고 역동적으로 변모했어요.

문화 면에서는 재즈 음악이 이 시대의 상징이 되었어요. 미국의 1920년대를 '재즈 시대'라고도 하는데, 이는 당시 인기를 끌었던 음악 장르인 재즈에서 따온 말이에요. 재즈 음악은 이 시대의 정신을 가장 잘 표현하는 문화적 형식이었어

요. 뉴올리언스에서 시작된 재즈는 시카고, 뉴욕 등 북부 도시로 퍼져 나갔고, 흑인 음악이던 재즈가 백인 청중들에게도 인기를 얻게 되었지요. 루이 암스트롱, 듀크 엘링턴, 벡시 스미스 같은 뮤지션이 활약했고, 새로운 춤 스타일도 유행했어요.

이 시기는 전통적인 가치관에서 벗어나 더 자유롭고 현대적인 생활 방식이 등장한 문화적 변혁기였어요. 패션도 변화를 겪었어요. 여성의 헤어스타일은 짧아졌고(보브컷), 허리를 조이는 코르셋이 사라지고 더 간편하고 편안한 스타일이 유행했죠. 플래퍼로 대표되는 젊은 여성은 짧은 치마, 스타킹, 화려한 액세서리를 착용하며 이전 세대와 다른 자유로운 모습을 보였어요.

새로운 기술과 대중 매체의 발달은 이 시대의 문화 변화에 큰 영향을 미쳤어요. 라디오의 보급으로 전국의 사람들이 같은 음악, 같은 뉴스를 들을 수 있게 되었고, 영화 산업의 발전으로 할리우드가 부상하면서 찰리 채플린, 버스터 키튼 같은 무성 영화 스타들이 탄생했죠. 잡지와 신문의 발행 부수도 많이 증가했고, 광고 산업은 새로운 소비 욕구를 창출했어요.

《위대한 개츠비》에는 이런 재즈 시대의 문화적 특징들이 생생하게 묘사되어 있어요. 개츠비의 파티는 당시 유행하던 사교 문화를 보여

주고, 댄서들, 음악가들, 영화배우, 브로드웨이 제작자 등 다양한 인물이 등장해요. 데이지와 조던 같은 여성 캐릭터들은 당시 젊은 여성의 모습을 반영하고 있고, 자동차와 전화 같은 새로운 기술이 생활에 중요한 역할을 하죠.이런 번영과 변화 이면에는 어두운 측면도 있었어요. 1920년부터 시행된 금주법은 의도와 달리 불법 주점과 부츠레깅을 성행하게 했고, 알 카포네 같은 갱스터의 세력이 확장되는 계기가 되었죠. 인종 차별은 여전히 심각했고, KKK와 같은 백인 우월주의 단체가 활동했답니다.

《위대한 개츠비》는 이런 시대의 모습을 반영하고 있어요. 이 소설에 등장하는 파티, 술, 재즈 음악은 제1차 세계대전 이후의 환멸과 상실감을 잊기 위한 도피처이기도 했어요. 재즈 시대는 1929년 10월 주식 시장의 붕괴와 대공황의 시작과 함께 갑작스럽게 끝나게 돼요.《위대한 개츠비》는 재즈 시대에 표면적인 번영 이면에 자리한 공허와 부패가 드러나면서, 당대 '아메리칸드림'이 어떻게 변질되었는지를 잘 보여주는 작품이에요.

금주법과 그 영향

1920년대 미국 사회를 이해하는 데 중요한 요소 중 하나가 금주법이에요. 1920년부터 1933년까지 시행된 '금주법'은 미국 전역에서 알코올의 제조, 판매, 운송을 금지한 법률이었어요.

금주법은 여러 사회 개혁 운동, 특히 미국 기독교 여성 절제 동맹과 같은 단체들의 노력으로 시행되었어요. 이들은 술이 가정 폭력, 빈곤,

범죄 등 다양한 사회 문제의 원인이 된다고 보았고, 술의 금지가 더 나은 사회를 만들 것이라고 믿었죠.

그러나 금주법은 예상과 달리 많은 부작용을 낳았어요. 법이 시행된 후에도 사람들의 술에 대한 수요는 계속되었고, 이는 불법 주류 시장을 만들게 되었어요.

'스피크이지'라 불리는 비밀 술집들이 전국에 생겨났고, '부츠레깅'이라 불리는 불법 주류 판매 활동이 성행했죠. 이런 불법 활동은 범죄 조직들에 엄청난 수익을 가져다주었고, 알 카포네와 같은 갱스터들이 부상하는 계기가 되었어요.

부패도 심각한 문제였어요. 많은 경찰관과 정치인이 뇌물을 받고 불법 주류 사업을 눈감아주었고, 이는 법에 대한 존중과 신뢰를 크게 훼손시켰어요. 또한 불법으로 제조된 술은 품질 관리가 되지 않아 건강 문제를 일으키기도 했고요.

금주법은 미국인의 사회적 관습과 여가 활동에도 영향을 미쳤어요. 술을 마시는 것이 일종의 저항 행위가 되어서 젊은 세대에게는 반항적이고 멋있는 행동으로 여겨졌어요.

결국 금주법은 1933년에 폐지되었어요. 대공황이 시작되면서 정부는 주류 산업의 부활이 일자리 창출과 세금 확보에 도움이 될 것으로 판단했고, 금주법이 가져온 다양한 사회적 문제도 폐지의 원인이 되었죠.

아메리칸드림과 그 모순

《위대한 개츠비》의 중심 주제는 '아메리칸드림'이에요. 아메리칸드림이란 누구나 열심히 일하고 노력하면 성공할 수 있다는 믿음, 즉 출신 배경과 상관없이 자신의 노력으로 더 나은 삶을 이룰 수 있다는 미국적 이상이에요.

개츠비는 이런 아메리칸드림을 추구한 인물이에요. 그는 가난한 농부의 아들로 태어났지만, 부와 성공을 통해 자신의 사랑 데이지를 얻고자 했죠. 그는 전쟁 영웅이 되고, 엄청난 부를 축적하는 등 아메리칸드림의 성공 사례처럼 보여요.

그러나 피츠제럴드는 개츠비의 이야기를 통해 아메리칸드림의 모순과 한계를 드러냈어요. 개츠비가 추구한 것은 단순한 부가 아니라 데이지의 사랑이었고, 그녀를 얻기 위해 부를 쌓았지만, 결국 그는 데이지의 진정한 사랑을 얻지 못하고 비극적인 죽음을 맞이하는 것으로 결론을 낸 것이죠. 아무리 많은 돈을 벌고 화려한 파티를 열어도, 그가 원했던 진정한 행복을 얻지 못했어요.

소설에서 또 다른 중요한 점은 계급의 장벽이에요. 개츠비가 아무리 부자가 되어도, 톰 뷰캐넌과 같은 '구 부자'들은 그를 진정한 동류로 받아들이지 않았어요. 그들에게 개츠비는 여전히 '신흥 부자'일 뿐이었죠.

톰이 개츠비의 출신을 파헤치고 그가 불법 활동으로 부를 쌓은 것임을 폭로하는 장면은 1920년대 미국 사회의 계급 경계를 잘 보여 주고 있어요. 표면적으로는 누구나 노력하면 성공할 수 있다는 평등한 사회처럼 보이지만, 실제로는 부와 지위가 세대를 거쳐 이어지는 불평등한 사회였죠. 이스트 에그(구 부자들이 사는 지역)와 웨스트 에그(신흥 부자들이 사는 지역)의 구분이 이런 계층 구조를 상징적으로 보여 줘요.

소설은 물질주의가 아메리칸드림을 변질시키는 모습도 그리고 있어요. 원래 아메리칸드림은 단순히 부를 축적하는 것이 아니라 자유, 기회, 자아실현 같은 더 높은 가치를 포함하고 있었어요. 그러나 1920년대에는 이런 이상이 물질적 성공과 소비주의로 변화되고 있었어요. 개츠비의 화려한 저택, 값비싼 옷들, 노란색 자동차는 이런 물질주의를 상징하죠.

마지막 장면에서 닉이 말하는 유명한 구절은 이런 아메리칸드림의 본질을 잘 표현하고 있어요. "개츠비는 저 녹색 불빛을 믿었어요. 해마다 우리 앞에서 물러가는 황홀한 미래를…" 여기서 '녹색 불빛'은 데이지의 부두 끝에 있는 실제 불빛이면서 동시에 개츠비의 꿈과 희망, 그리고 더 넓게는 아메리칸드림 자체를 상징해요.

26

동물농장
모든 동물은 평등하다. 하지만...

모든 동물은 평등하다.
그러나 어떤 동물은 다른 동물들보다 더 평등하다.

《동물농장》, 조지 오웰, 민음사, 2009

인물 관계도

동물농장을
공포정치하는 돼지

나폴레옹을
대변하는 돼지

정년 이후까지 일하다
도살장에 끌려간 말

영국의 한 농장주 존스는 무능하고 무책임하게 농장을 운영하고 있었어요. 이 농장의 동물들은 인간에 의해 착취당하고 있었죠. 어느 날, 죽음을 앞둔 농장의 수퇘지인 메이저 영감이 다른 동물들을 모아 인간의 착취에서 벗어나기 위한 반란의 필요성을 주장해요. 그는 '동물주의'를 주창하며 혁명을 호소했고, 동물들이 인간의 지배 없이 자급자족할 수 있는 세상을 꿈꿔야 한다고 덧붙였어요. 메이저 영감이 죽은 후, 나폴레옹과 스노우볼이 그의 사상을 이어받아 혁명을 준비했어요.

어느 날 존스와 일꾼들이 동물들의 먹이를 제때 주지 않자, 이를 기회로 혁명을 일으켰고 결국 동물들은 존스를 농장에서 몰아내고 농장의 이름을 '동물농장'으로 바꾸어요. 그리고 "모든 동물은 평등하다"라는 이상사회를 만들고자 하죠.

혁명 주체였던 돼지들은 나폴레옹과 스노우볼의 지도 아래 "네 다리는 좋고 두 다리는 나쁘다"라는 구호를 만들고, 다음의 7개 계명을 제정했어요. 1. 두 다리로 걷는 자는 누구든지 적이다. 2. 네 다리로 걷거나 날개를 가진 자는 모두 우리의 친구다. 3. 어떤 동물도 옷을 입어서는 안된다. 4. 어떤 동물도 침대에서 자서는 안 된다. 5. 어떤 동물도 술을 마셔서는 안 된다. 6. 어떤 동물도 다른 동물을 죽여서는 안 된다. 7. 모든 동물은 평등하다.

혁명 후, 동물농장은 잠시 번영을 누려요. 동물들은 모두 땀 흘려 열심히 일했고, 매주 일요회의를 열어 함께 의견을 모았어요. 문맹 퇴치를 위해 학습하고, 모든 동물이 주인의식을 가지고 평등한 이상사화를 만드는 듯했죠.

하지만 스노볼이 제안한 풍차 건설을 문제로 균열이 생기기 시작했어요. 스노볼은 풍차를 돌려 전기를 생산하면 1주일에 사흘만 일하면 된다고 주장했고, 나폴레옹은 당장 시급한 것은 식량 증산이고 풍차 공사에 매달리면 모두 굶어 죽을 것이라고 주장했어요. 결국 나폴레옹은 자신이 어릴 때부터 기르던 개 9마리를 이용해서 승리하고 스노볼은 숙청되고 말아요.

나폴레옹이 권력을 잡으면서 동물농장은 변하기 시작했어요. 나폴레옹은 간교한 스퀼러를 대변자로 내세웠고, 스퀼러는 기억력이 나쁜 동물들에게 진실은 잊게 하고 나폴레옹의 좋은 점만 부각시켰어요. 무서운 개 9마리를 앞장세워 불만을 이야기하지 못하고 하면서 독재 체제를 구축했어요. 그 결과 일요회의가 폐지되고 나폴레옹이 모든 일을 결정하게 되었죠. 나폴레옹은 스노우볼이 주장했던 '풍차 건립'을 자신의 계획으로 탈바꿈해서 동물들을 현혹시키고 가혹한 노동을 강요하기 시작했어요. 자신의 독재 권력에 불만이 있는 동물이 생기면 첩자를 몰아 숙청하고, 작업량을 늘리고 식량 배급은 줄이면서 나폴레옹과 함께 권력을 얻은 돼지들은 점점 게을러져요. 혹시 동물들이 다른 마음을 먹을까 봐 '인간이 다시 쳐들어온다', '동물농장에서 쫓겨난 스노볼이 개입했다'라고 조작하면서 공포정치를 일삼았어요.

"네 다리는 좋고 두 다리는 나쁘다"라던 구호는 어느새 "네 다리는 좋고 두 다리는 더욱 좋다"는 구호로 바뀌었고, 마침내 돼지들은 인간처럼 두 다리로 서서 채찍을 들고 동물들을 감시했어요. 당나귀 벤저민은 무심하게 그들의 행태를 지켜보았어요. 반항하지도, 적극적으로 순응하지도 않던 벤저민은 인간을 쫓아낼 때도 크게 동조하지 않았죠. 반면 글을 읽지 못하지만, 힘이 셌던 말 복서는 그들이 안락한 미래를 제공해 줄 것이라며 묵묵히 자기 일을 해 나갔어요. 하지만 돼지들은 복서에게 정년 이후까지 일을 시켰고, 결국 복서는 병을 얻어 일을 할 수 없게 돼요. 나폴레옹은 복서를 치료하기 위해 다른 곳으로 옮긴다고 설명하며 차를 태워 보내는데, 글을 읽을 수 있었던 벤저민만은 복서가 도살장으로 가고 있다는 것을 알고 처음으로 분노하죠.

동물농장의 규칙들은 변질되어 갔어요. 돼지들은 존스가 살던 집으로 이사하고 침대에서 자며 옷을 입기 시작했고, 농장의 저택에서는 돼지와 인간들이 함께 어울려 술도 마시게 되었어요. 바깥에서 창 너머로 이 광경을 들여다보던 동물들은 돼지와 인간이 술에 취해 인간의 소리인지, 돼지의 소리인지 분간할 수 없는 말을 하는 지경이 되었고 "돼지는 사람으로 보이고, 사람은 돼지처럼 보인다" 하며 절망에 빠졌답니다.

Q. 《동물농장》에서 나폴레옹 대신 스노볼이 권력을 잡았더라면, 동물
농장은 달라졌을까요?

소설을 탐구하다

작품의 창작 배경 및 상황

《동물농장》은 동식물이나 기타 사물을 의인화하여 쓴 우화소설이예
요. 인간의 착취에서 벗어나 혁명을 이루고 이상사회를 건설한 동물농
장이 변질되는 모습을 통해 사회주의 혁명 전후 러시아 상황, 스탈린
독재정치가 심화되면서 사회주의 초기 이념이 변질된 것을 풍자하고
있어요.

《동물농장》의 등장인물이 풍자하는 실제 인물은 다음과 같아요.

메이저 영감 = 칼 마르크스 (동물들이 노예 생활을 거부하고 인간들에게 투쟁할 것
을 처음 주장)

농장주 존스 = 러시아 황제 니콜라이 2세

독재자 나폴레옹 = 스탈린

경쟁자 스노볼 = 트로츠키

스퀼러 = 스탈린의 여론조작 기관

개들 = 소련 비밀경찰

복서 = 공산정권에 비판도 할 줄 모르고 일만 하는 우매한 노동계급

윔퍼 = 소련 체제를 찬양한 서구 지식인들

책 속의 '동물 학살'과 '외양간 전투'도 실제 스탈린 시대의 대숙청과 연합군 침공 등과 연결해서 생각할 수 있죠.

나폴레옹은 스노볼을 몰아낸 후 점차 권력욕을 드러내며 처음에 정했던 계명을 하나씩 바꾸고 조작하기 시작해요. 처음 정했던 계명이 바로 사회주의 기초 원리였죠.

결국 나폴레옹과 돼지 계급은 지배계급으로 상승하고, 다른 동물들은 인간 존스가 지배했던 시절로 돌아가요. 돼지들은 인간처럼 걷고, 옷을 입고, 신문을 읽다가 마지막에는 인간과 돼지들이 함께 어울려요. 누가 돼지인지, 누가 인간인지 구별할 수 없는 상황으로 마무리하며, 조지 오웰은 스탈린의 공산주의의 실패를 풍자하죠.

지은이 알아보기

조지 오웰(George Orwel, 1903~1950):

오웰은 인도에서 하급 관리의 아들로 태어났어요. 그는 학창 시절 상류층과의 계급 차이를 뼈저리게 실감했고, 이런 환경이 그에게 큰 영향을 끼쳤어요. 오웰은 졸업 후 대학 진학을 포기하고 1922년부터 5년간 미얀마에서 대영제국 경찰로 근무했는데 식민 체제와 제국주의 경찰로서 해야 하는 일에 실망감을 느껴 모든 것을 버리고 영국으로 돌아와요. 이후 파리와 런던에서 부랑자 생활을 하면서 영국 노동자들의 삶에 관한 조사 활동에 참여했어요. 이를 토대로 1933년에 첫 소설 《파리와 런던의 밑바닥 생활》을 펴냈죠.

스페인 내전에도 참가했던 오웰은 전체주의와 독재에 반대하는 입장을 취했어요. '마르크스주의 통일노동당'이 조직한 민병대에 가담해 파시스트 정권에 대항해 싸우기도 했죠. 그는 열심히 일하는 노동자 계층이 대접받지 못하는 자본주의와 전체주의의 모순과 불합리성을 강하게 비판한 사회주의자였어요. 그래서 영국 정부로부터 위험한 사상을 가진 좌파 인사로 분류되어 감시받았어요.

오웰은 제2차 세계대전 직후인 1945년에 러시아 혁명과 스탈린의 배신을 우화로 그린 《동물농장》으로 일약 명성을 얻게 돼요. 또 전체주의의 종말을 묘사한 디스토피아 소설 《1984》를 출간했는데, 《1984》는 오웰을 20세기 최고의 영향력 있는 작가로 만들어 주었어요.

오웰은 폐결핵으로 47세의 나이로 세상을 떠났어요.

러시아 혁명의 배경

19세기 초반, 산업혁명과 시민혁명으로 서유럽의 여러 나라가 발전하고 있던 것에 비해 러시아는 발전이 더뎠어요. 도시와 상업이 거의 발달하지 않았고 국민 대부분이 농노였기에 경제적으로도 뒤처져 있었고, 시민혁명을 이끌 부르주아 계층이 없어서 정치적으로도 뒤처진 상태였죠. 차르 알렉산드르 2세는 농노 해방, 지방 의회, 학교 설립, 군대 개혁 등을 통해서 이런 러시아를 개혁하고자 했지만 암살당하고 말았어요.

그 후 러시아는 차르 전제 정치를 강화하면서 개혁의 시계가 거꾸로 돌아갔죠. 이런 상황에서 러시아는 러일 전쟁에서 패배하면서 전쟁 비용과 기근 등으로 경제적으로 더 어려워지고 국제적 위상도 많이 낮아졌어요. 정부에 대한 불만이 들끓기 시작했고 노동자들은 낮은 임금과 가혹한 노동 환경을 개선하고자 파업과 시위를 이어갔죠.

1905년 1월 9일 일요일, 노동자들은 차르 니콜라이 1세에게 자신들의 입장을 전하고자 겨울 궁전으로 행진했어요. 그런데 평화적인 시위에 근위대의 총칼이 겨누어졌고, 많은 노동자가 다치거나 죽었어요. 그래서 이날을 '피의 일요일'이라 해요. 이 사건으로 러시아 국민은 큰 충격을 받았어요. 당시 러시아인은 차르를 부모나 신의 대리자로 생각했기에 차르에 대한 배신감이 아주 컸죠. 전국적으로 파업과 시위가 이어졌고, 이에 니콜라이 2세는 국민 투표로 의회를 만들고 언론의 자유를 주겠다고 약속했어요.

하지만 이 개혁 약속은 지켜지지 않았고, 니콜라이 2세는 1914년 제1차 세계대전이 터지자 서둘러 전쟁에 뛰어들었어요. 내부의 혁명 열기를 밖으로 분산시켜 혁명을 잠재우기 위해서였지만, 차르의 기대와는 달리 러시아군은 패전을 거듭했어요.

전쟁에 모든 것을 쏟아부으니 국내에는 식량과 물자가 턱없이 부족했고, 노동자의 파업과 시위도 계속되었어요. '빵과 평화, 토지와 자유'라는 구호는 전국에 울려 퍼졌고, 차르 정부와 싸우면서 노동자, 농민, 병사는 자기들의 대표 기관인 '소비에트'를 결성하였어요.

마침내 1917년 3월 8일, 생활고를 견디지 못한 러시아 민중은 왕궁으로 몰려들었어요. 차르가 이들을 진압하라 명령했지만, 전쟁에 지친 병사들까지 혁명 세력의 편에 서면서 결국 니콜라이 2세는 쫓겨났고 러시아 제국이 무너지며 임시 정부가 세워졌어요. 이것이 2월 혁명입니다.

레닌의 볼셰비키혁명(10월 혁명)

임시 정부는 당장 전쟁을 멈추었으면 하는 민중의 염원을 외면하고 전쟁을 계속한다는 결정을 내렸어요. 3월 혁명이 끝난 후 오랜 망명 생활 후 러시아로 돌아온 레닌은 임시 정부를 맹렬히 비난했어요. 레닌은 부르주아의 욕심 때문에 계속 일어나는 전쟁을 즉각 중단되어야 하고, 부르주아가 주도하는 정부 해체, 노동자와 농민이 국가의 주인이 되는 러시아가 되어야 한다고 외쳤죠. 민중은 레닌의 주장을 지지했고, 레닌의 지도 아래 혁명을 일으켰어요. 임시 정부는 무너졌고, 새롭게 수립된 혁명 정부는 '평화에 대한 포고'와 '토지에 대한 포고'를 발표하여 전쟁 중지와 토지 사유의 폐지를 선언, 세계 최초로 '노동자, 농민의 정부'를 내세운 사회주의 국가가 탄생했어요. 이 혁명이 바로 '볼셰비키혁명'입니다.

러시아의 내전과 소련 탄생

10월 혁명이 성공했지만 혁명 정부 앞에는 더 험난한 가시밭길이 기다리고 있었어요. 혁명에 반대하는 귀족과 지주, 자본가들이 반혁명군을 만들어 격렬히 저항했고, 사회주의가 유럽으로 번지는 것을 두려워한 자본주의 열강도 군대를 직접 파견하여 반혁명 세력을 지원했기 때문이에요.

러시아 각지에서 내전이 일어났어요. 혁명과 토지를 지키기 위하여 들고 일어난 노동자, 농민, 병사들은 치열한 격전 끝에 마침내 1920년 반혁명 세력을 물리칠 수 있었지만, 제1차 세계대전과 잇따른 내전으로 러시아의 산업 시설은 폐허가 되었고, 기름진 땅은 황무지로 변했어요.

이런 어려움을 극복하기 위하여 혁명 정부는 시장 경제를 일부 인정하는 신경제 정책을 시행하였고, 레닌은 러시아 내부의 소수 민족에게 자치권을 주어 사회주의 국가를 세우면서 연방을 만들기로 했어요. 1922년 '소비에트 사회주의 공화국 연방', 즉 '소련'이 탄생한 것이죠.

레닌은 각 나라의 사회주의자들을 연결하는 '코민테른'을 건설하여 혁명의 세계화에 나섰어요. 코민테른은 제국주의에 반대하는 노동 운동과 식민지 해방 운동을 지원하여 사회주의가 전 세계로 확산되는 데 큰 영향을 끼쳤어요.

스탈린 집권

레닌이 죽은 뒤에 집권한 스탈린은 강력한 계획 경제를 실시하여 군수 산업을 비롯한 중공업과 농업을 발전시키면서 경제를 성장시켰어요. 과잉 생산이 있을 수 없는 경제 체제였기 때문에 세계 대공황의 여파도 비껴갈 수 있었죠. 하지만 스탈린이 이끈 소련 정부는 개인의 자유를 그 자체를 말살하고 모든 세력을 폭력으로 억눌렀어요. 공산당이 모든 권력을 쥐고 있는 일당 독재 체제로 변했기에 더 포악한 독재가 판을 치게 되었어요.

그 첫 번째 희생자는 혁명의 일등 공신 트로츠기였어요. 트로츠키는 레닌과 함께 10월 혁명을 주도했고 레닌 이후 후계자가 될 가능성이 높았던 인물이에요. 하지만 스탈린과의 권력 투쟁에서 진 뒤 당에서 쫓겨났으며 스탈린이 보낸 자객 손에 의해 죽임을 당했어요.

1928년부터 1930년대에 걸쳐 농촌을 사회주의 집단농장으로 바꾸

는 과정에서 농민 수백만 명이 단지 '땅을 남보다 많이 가지고 있다는
이유'만으로 죽임을 당하기도 했어요. 비슷한 시기에 이루어진 대숙청
때에는 대부분의 혁명 영웅이 목숨을 잃었죠. 스탈린은 소비에트 연방
의 유일무이한 독재자로 군림했어요.

27

1984

빅 브라더, 보고 있나?

과거를 지배하는 자는 미래를 지배한다.
현재를 지배하는 자는 과거를 지배한다.

《1984》, 조지 오웰, 민음사, 2007

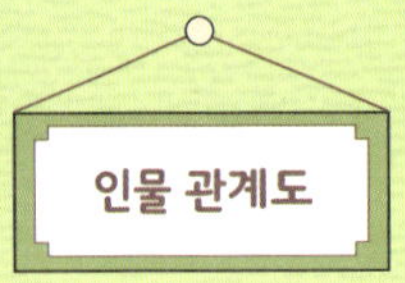

진리부 당원

윈스턴의 연인

당 지도자

내부 당원

1984년, 주인공 윈스턴 스미스는 초강대국인 오세아니아의 수도인 에어스트립 원에 살고 있었어요. 그는 진리부에서 일하는 평범한 당원으로, 그의 일은 과거의 신문과 문서들을 현재 당의 정책에 맞게 수정하는 것이지요. 오세아니아는 '잉솔(영국 사회주의)'이라는 이념을 따르는 전체주의 국가로, 빅 브라더라는 지도자의 얼굴이 모든 곳에 붙어 있었어요.

이 사회는 세 개의 계층으로 나뉘어 있었는데 상류층인 내부 당원, 중간층인 외부 당원(윈스턴이 속한 계층), 그리고 하층민인 프롤레타리아트가 그것이었죠. 당원들의 삶은 텔레스크린이라는 양방향 모니터를 통해 항상 감시받았고, 사상 경찰이 반체제적 생각을 가진 사람들을 색출해 냈어요. 오세아니아는 항상 다른 두 초강대국인 이스타시아와 유라시아 중 하나와 전쟁 중이며, 이 전쟁 상태가 국민을 통제하는 수단이 되고 있었어요.

윈스턴은 비밀리에 당과 빅 브라더에 대한 불만을 품고 있었어요. 그는 당이 역사를 조작하고 있다는 것을 알고 있었고, 일기를 쓰기 시작했는데 이것은 '사상 범죄'로 사형에 처해질 수 있는 행위였어요.

어느 날 윈스턴은 줄리아라는 여성에게 관심을 갖게 돼요. 처음에는
그녀가 사상 경찰의 스파이라고 의심했지만, 후에 그녀도 당에 반감이
있다는 것을 알게 되었고, 두 사람은 비밀 연애를 시작하며, 당이 금지
한 사랑과 개인적 행복을 추구하게 되었어요.

윈스턴과 줄리아는 오브라이언이라는 내부 당원을 만나게 되는데,
그들은 오브라이언이 반체제 비밀 조직인 '형제단의 일원이라고 믿게
돼요. 오브라이언은 그들에게《이론과 실천: 올리가키적 집산주의》라
는 금서를 전해 주죠.

그런데 이 모든 것은 함정이었어요. 윈스턴과 줄리아는 사상 경찰에
의해 체포되고, 그들의 방은 텔레스크린이 숨겨져 있어 그들의 모든
행동이 감시되고 있었다는 것이 밝혀져요. 더 충격적인 것은 오브라이
언이 실제로는 당의 고위 간부로, 체포 작전을 이끈 인물이었다는 거
예요.

체포된 후, 윈스턴은 '사랑의 부'라고 불리는 고문 시설에 감금돼요.
그곳에서 오브라이언은 윈스턴에게 끔찍한 고문과 세뇌를 가해, 오브
라이언은 당의 목표가 권력 자체이며, 인간의 정신을 완전히 지배하는
것이라고 설명해요.

윈스턴이 마지막까지 지키려 했던 것은 줄리아에 대한 사랑이었지
만, 결국 101호실에서 그는 자신이 가장 두려워하는 쥐를 이용한 고문
앞에서 굴복하고 줄리아를 배신하게 돼요.

소설의 마지막 부분에서는 정신적으로 완전히 무너진 윈스턴이 카
페에 앉아 텔레스크린의 뉴스를 바라보며 빅 브라더에 대한 사랑을 느

끼는 것으로 나와요. 그는 결국 완전히 당에 굴복해, 자신의 정체성과
인간성을 상실한 채로 이야기는 끝나요.

Q. 20세기 나치 독일과 스탈린 시대의 소련은 서로 다른 이념(극우 vs 극
좌)을 내세웠지만, 실제 통치 방식에서는 유사했어요. 나치즘과 스
탈린주의가 보여준 전체주의의 주요 특징들은 무엇이었고, 오웰은
《1984》에서 이를 어떻게 극단화해서 표현했나요? 그리고 현대
사회에서 이런 전체주의적 요소들은 어떤 형태로 나타날 수 있을까
요?

소설을 탐구하다

작품의 창작 배경 및 상황

《1984》는 조지 오웰이 1948년에 집필하여 1949년에 출간한 소
설이에요. 이 작품은 오웰이 세상을 떠나기 약 7개월 전에 출판되었고,
그의 마지막 작품이 되었죠.

오웰이 《1984》를 쓰게 된 배경에는 제2차 세계대전과 그 이후의 세
계정세가 큰 영향을 미쳤어요. 전쟁이 끝난 후 세계는 미국 중심의 자
본주의 진영과 소련 중심의 공산주의 진영으로 나뉘어 냉전이 시작되
었고, 오웰은 이런 초강대국들의 대립 구도가 미래에 어떤 세계를 만

들어 낼지 우려했죠.

오웰은 전체를 개인보다 우위에 두고 개인이 전체의 존립과 발전을 위해서만 존재한다는 전체주의에 반대하는 입장을 취했어요. 그는 파시즘에 맞서 스페인 내전에 참전했고, 스탈린 체제의 스파이들이 자신이 속한 부대의 동료들을 숙청하는 것을 목격했죠. 이런 경험은 그가 소련식 공산주의에 대해 비판적 시각을 갖게 했어요. 그는 나치 독일, 파시스트 이탈리아, 스탈린의 소련 등 당시 전체주의 체제들의 공통적 특성을 날카롭게 관찰했고, 그것이 《1984》에 반영되었답니다.

소설의 제목 '1984'는 집필 당시인 1948년의 숫자를 뒤집은 것이라는 설이 있어요. 오웰이 영국 노동당의 정책에 영향을 받았다는 해석도 있는데, 당시 노동당 정부는 전후 영국 사회를 재건하기 위해 중앙집권적인 계획 경제를 추진하고 있었기 때문이죠.

《1984》는 냉전 시대 전체주의 비판의 대표적인 작품이 되었어요. 소설에 등장하는 '빅 브라더', '텔레스크린', '사상경찰', '더블씽크', '뉴스피크'와 같은 개념들은 현대 문화와 정치에도 사용되고 있고, 감시와 억압이 있는 사회를 묘사하는 용어가 되었어요.

《1984》의 메시지는 지금에도 강력한 영향력을 발휘하고 있어요. 디지털 시대의 감시 기술, 정보 조작, 정치적 선전, 개인 자유의 제한 등은 오웰이 경고했던 위험이 다른 형태로 계속되고 있음을 보여 줘요.

지은이 알아보기

조지 오웰(George Orwel, 1903~1950):

오웰은 인도에서 하급 관리의 아들로 태어났어요. 그는 학창 시절 상류층과의 계급 차이를 뼈저리게 실감했고, 이런 환경이 그에게 큰 영향을 끼쳤어요. 오웰은 졸업 후 대학 진학을 포기하고 1922년부터 5년간 미얀마에서 대영제국 경찰로 근무했는데 식민 체제와 제국주의 경찰로서 해야 하는 일에 실망감을 느껴 모든 것을 버리고 영국으로 돌아와요. 이후 파리와 런던에서 부랑자 생활을 하면서 영국 노동자들의 삶에 관한 조사 활동에 참여했어요. 이를 토대로 1933년에 첫 소설 《파리와 런던의 밑바닥 생활》을 펴냈죠.

스페인 내전에도 참가했던 오웰은 전체주의와 독재에 반대하는 입장을 취했어요. '마르크스주의 통일노동당'이 조직한 민병대에 가담해 파시스트 정권에 대항해 싸우기도 했죠. 그는 열심히 일하는 노동자 계층이 대접받지 못하는 자본주의와 전체주의의 모순과 불합리성을 강하게 비판한 사회주의자였어요. 그래서 영국 정부로부터 위험한 사상을 가진 좌파 인사로 분류되어 감시받았어요.

오웰은 제2차 세계대전 직후인 1945년에 러시아 혁명과 스탈린의 배신을 우화로 그린 《동물농장》으로 일약 명성을 얻게 돼요. 또 전체주의의 종말을 묘사한 디스토피아 소설 《1984》를 출간했는데, 《1984》는 오웰을 20세기 최고의 영향력 있는 작가로 만들어 주었어요.

오웰은 폐결핵으로 47세의 나이로 세상을 떠났어요.

전체주의의 등장과 특징

전체주의는 국가가 사회의 모든 측면을 통제하고 개인의 자유와 권리를 국가의 목표에 종속시키는 것을 특징으로, 20세기 초중반에 등장한 정치 체제에요. 《1984》의 오세아니아 사회는 이런 전체주의의 극단적인 형태를 보여 주고 있죠.

전체주의는 제1차 세계대전 이후에 전쟁의 대규모 파괴, 경제적 불안정, 러시아 혁명의 충격, 자유민주주의에 대한 실망 등을 토대로 성장했어요. 대표적인 전체주의 국가로는 스탈린 시대의 소련(1924~1953), 히틀러의 나치 독일(1933~1945), 무솔리니의 파시스트 이탈리아(1922~1943), 그리고 후에 마오쩌둥의 중국(1949~1976) 등이 있어요. 전체주의 체제의 주요 특징은 다음과 같아요.

일당 독재

하나의 정당이 국가를 완전히 지배하고, 반대 세력은 억압받거나 제거돼요. 《1984》에서는 잉솔당이 유일한 정당으로, 어떤 반대도 허용하지 않았죠.

카리스마적 지도자 숭배

전체주의 국가들은 종종 절대적인 권력을 가진 지도자에 대한 숭배 체제를 만들었어요. 스탈린, 히틀러, 무솔리니, 마오쩌둥이 대표적이죠. 《1984》의 빅 브라더도 이런 지도자 숭배의 극단적 형태를 보여 주죠.

공식 이데올로기

전체주의 체제는 모든 것을 설명하고 정당화하는 공식 이데올로기를 가지고 있어요. 나치즘, 파시즘, 공산주의가 그 사례죠. 소설에서는 '잉솔'이 이런 공식 이데올로기의 역할을 해요.

대중 동원과 선전

전체주의 국가들은 대중을 지속적으로 동원하고, 강력한 선전을 통해 국민의 충성심을 유지했어요. 소설 속 '증오 주간'이나 '빅 브라더 찬양' 같은 행사들이 이를 반영하고 있죠.

광범위한 감시와 공포

비밀경찰, 첩자 네트워크, 정치적 숙청 등을 통해 국민을 감시하고 공포 분위기를 조성했어요. 《1984》의 사상경찰과 텔레스크린은 이런 감시 체제의 극단적 형태를 보여 주죠.

정보와 미디어 통제

전체주의 체제는 언론, 교육, 문화, 예술 등 모든 정보 채널을 통제했어요.

소설 속 '진리부'가 이런 정보 통제를 담당하는 기관이죠.

역사의 조작

과거를 지속적으로 재해석하고 조작하여 현재의 정책과 지도자를 정당화했어요. 윈스턴의 일이 바로 이런 역사 조작이었죠.

폭력의 일상화

정치적 반대자나 '불순한' 집단에 대한 폭력, 숙청, 대규모 처형 등이 자행되었어요. '사랑의 부'에서 일어나는 고문과 세뇌가 이런 측면을 보여 주죠.

이런 특징들은 서로 다른 이념을 가진 전체주의 체제들에서 공통으로 나타났어요. 오웰은《1984》를 통해 전체주의의 특징들이 극단으로 치달았을 때 어떤 사회가 될지를 그려 냈던 거예요.

두 얼굴의 전체주의

20세기의 대표적인 전체주의 체제였던 나치 독일과 스탈린 시대의 소련은 서로 다른 듯 비슷했어요. 오웰은 이 두 체제의 특징을 연구하고, 이를 바탕으로《1984》의 오세아니아 사회를 창조했죠.

나치즘은 아돌프 히틀러가 이끈 독일 국가사회주의 노동자당(나치당)의 이념이었어요. 1933년부터 1945년까지 독일을 지배했는데, 나치즘의 핵심 요소는 극단적 민족주의, 인종주의(특히 반유대주의), 반공산주의, 그리고 '생존 공간' 확보를 위한 영토 확장 등이었어요.

히틀러는 총통으로서 절대적인 권력을 행사했고, 나치당은 국가의 모든 측면을 통제했어요. 나치는 강력한 선전기구를 통해 히틀러에 대한 개인숭배를 조장했고, 게슈타포(비밀경찰)와 SS(친위대)를 이용해 반대자들을 탄압했죠. 유대인, 집시, 장애인, 동성애자 등 나치가 '열등하다'라고 판단한 집단들은 박해받았고, 역사상 최악의 대량 학살의 희생자가 되었어요. 이러한 학살을 '홀로코스트'라고 해요.

스탈린주의는 소련의 지도자 이오시프 스탈린(1879~1953)이 1924년부터 1953년까지 시행한 정책과 통치 방식이에요. 스탈린은 마르크스-레닌주의를 자신의 권력 강화에 맞게 해석하고 적용했죠. 그는 급속한 산업화와 농업 집산화를 추진했고, 이 과정에서 수백만 명이 희생되었어요. 스탈린 체제에서는 공산당이 국가를 완전히 지배했고, 스탈린은 '인민의 아버지', '위대한 지도자'로 숭배받았어요. 그는 1930년대 대숙청을 통해 정적과 잠재적 반대자들을 제거했고, NKVD(비밀경찰)는 광범위한 감시와 억압을 통해 공포 분위기를 조성했어요. 그의 통치하에서 '굴라그'라 불리는 강제 노동수용소 시스템이 확장되었고, 수백만 명이 그곳에서 고통받았죠.

두 체제의 가장 중요한 차이점은 이념적 기반이었어요. 나치즘은 인종적 우월성과 민족주의에 기반을 둔 극우 이념이었고, 스탈린주의는 계급투쟁과 세계 혁명을 주장하는 극좌 이념이었죠. 그러나 실제 작동 방식에서는 놀라울 정도로 유사했답니다.

오웰은 《1984》에서 이런 두 체제의 특징을 결합했어요. 오세아니아의 '잉솔'은 사회주의적 용어를 사용하지만, 계급 차별이 심하고 전쟁과 증오를 선동하는 면에서 나치즘과도 유사한 모습을 보여요. 빅 브라더의 이미지는 스탈린과 히틀러 모두에게서 영감을 받았으며, 사상경찰의 감시와 고문 방식은 게슈타포와 NKVD의 방법을 연상시키죠.

소설 속에서 오세아니아, 유라시아, 이스타시아라는 세 초강대국이 끊임없이 전쟁하는 설정도 나치즘과 스탈린주의의 대립, 그리고 이후 냉전 구도를 반영한 것으로 볼 수 있어요. 이런 설정을 통해, 겉으로는 서로 다른 이념을 내세우지만 실제로는 권력을 추구하는 방식이 동일한 전체주의 체제들의 본질을 드러내고자 했답니다.

언어와 역사의 통제

《1984》에서 가장 인상적인 요소 중 하나는 언어와 역사의 통제를 통해 사상을 통제했다는 것이에요. 오웰은 이것이 전체주의 권력의 핵심이라고 보았는데, 실제 역사 속 전체주의 국가들도 이를 적극적으로 활용했죠.

소설 속 오세아니아 정부는 '뉴스피크'라는 새로운 언어를 만들어 사람들의 사고 능력 자체를 제한하려 했어요. 뉴스피크는 단어의 수를 줄이고, 의미를 단순화하며, 정치적으로 위험한 단어들을 제거하는 특징이 있었어요. 예를 들어, '자유'라는 단어는 '정치적 자유' 또는 '지적 자유'와 같은 의미로는 더 이상 사용할 수 없고, 단지 '이 개는 벼룩이 없어 자유롭다'와 같은 물리적 의미로만 사용할 수 있게 되었어요. 이런 언어 통제의 목적은 '사상범죄'를 불가능하게 만드는 것이었어요. 반체제적인 생각을 표현할 단어가 없다면, 그런 생각 자체를 하기 어려워질 것이라고 본 거죠. 실제 역사 속에서도 전체주의 체제들은 언어를 정치적 도구로 활용했어요. 나치 독일에서는 '민족 공동체', '생존 공간' 같은 용어들이 나치 이데올로기를 정당화하는 데 사용되었고, 소련에서는 '인민의 적', '반혁명분자'와 같은 말로 반대자들을 낙인찍고 탄압했죠.

또한 《1984》에서는 역사를 교묘하게 바꿔 이용했어요. 윈스턴이 일하는 진리부의 주요 임무는 과거의 신문, 책, 문서들을 현재 당의 정책에 맞게 수정하는 것이었죠. 예를 들어, 오세아니아가 유라시아와 전쟁하다가 갑자기 이스타시아와 전쟁하게 되면, 모든 역사 기록을 "우리는 항상 이스타시아와 전쟁 중이었다"라고 수정해야 했어요. 이처럼 역사를 조작함으로써 당은 자신의 정책이 항상 옳았다고 주장할 수 있었고, 사람들은 공식 기록과 다른 개인적 기억을 신뢰하지 못하게 되었어요. 이것이 바로 소설에서 자주 등장하는 "과거를 통제하는 자가 미래를 통제하고, 현재를 통제하는 자가 과거를 통제한다"라는 구절의 의미예요. 실제 역사에서도 전체주의 정권은 필요에 따라 역사를 재해석하고 조작했어요. 스탈린 시대의 소련에서는 트로츠키 같은 혁명 지도자들이 숙청된 후 공식 사진이나 문서에서 지워졌고, 그들의 역할과 공헌도 삭제되었죠. 마오쩌둥 시대의 중국에서도 비슷한 역사 조작이 이루어졌어요.

또 다른 중요한 통제 방법은 현실 자체에 대한 인식의 조작이었어요. 소설에서는 이것을 '더블씽크'라고 부르는데, 이는 두 개의 모순된 신념을 동시에 믿는 능력을 말해요. 예를 들어, 당이 어제 초콜릿 배급량을 줄였다고 해도, 오늘 당이 "초콜릿 배급량이 증가했다"라고 말하면, 사람들은 그것을 그대로 받아들여야 했죠. 이런 현실 인식의 조작은 나치 독일의 선전 기술에서도 볼 수 있어요. 괴벨스의 "거짓말도 계속 반복하면 진실이 된다"라는 말은 이런 현실 조작의 본질을 잘 보여 주죠. 소련에서도 가짜 과학이 정치적 이유로 공식 진리로 선포되기도 했어요.

오웰은 《1984》를 통해 언어와 역사, 현실 인식을 통제함으로써 권력이 어떻게 사람들의 생각을 지배하는지를 예리하게 보여 주었어요.

1984의 경고

《1984》가 출간된 지 70년이 넘었지만, 오웰의 경고는 오늘날에도 여전히 유효해요. 특히 현대 기술의 발전으로 소설 속에 묘사된 감시 체제가 점점 더 현실화되고 있다는 우려가 제기되고 있죠.

소설 속 '텔레스크린'은 사람들을 24시간 감시하는 양방향 모니터였어요. 당시에는 공상 과학적 설정이었지만, 오늘날 우리 주변의 스마트 기기들—스마트폰, 스마트 TV, 인공지능 스피커 등—은 텔레스크린과 유사한 기능을 가지고 있어요. 이런 기기들은 우리의 위치, 대화, 검색 기록, 소비 습관 등 다양한 데이터를 수집할 수 있죠.

대규모 감시 시스템도 현실이 되었어요. 많은 도시에 CCTV가 설치되었고, 얼굴 인식 기술의 발달로 개인을 자동으로 식별하고 추적하는 게 가능해졌죠.

빅데이터와 알고리즘을 이용한 개인 맞춤형 정보 제공은 정보의 편향과 '필터 버블' 현상을 초래할 수도 있어요. 이는 사람들이 자신의 기존 견해를 강화하는 정보만 접하게 되어, 다양한 관점을 접할 기회가 줄어드는 현상을 말해요. SNS 알고리즘이 우리에게 보여 주는 콘텐츠는 《1984》의 '진리부'가 하는 일과 유사하죠.

디지털 시대의 '뉴스피크'도 존재한다고 볼 수 있어요. 가짜 뉴스, 딥페이크 기술 등은 진실과 거짓의 경계를 모호하게 해, 사람들이 무엇이 진실인지 판단하기 어렵게 만들고 있어요.

그러나 《1984》의 세계와 오늘날은 차이점도 있어요. 현대 민주주의 사회에서는 다양한 견해와 비판이 허용되고, 언론의 자유와 법치주의가 존재하며, 권력에 대한 견제 장치가 작동하고 있죠. 인터넷과 SNS는 개인을 감시하는 도구가 될 수 있지만, 동시에 권력을 감시하고 비판하는 도구로도 활용될 수 있어요.

그래서 우리는 오웰의 경고를 기억하고, 자유와 민주주의의 가치를 지키기 위해 경계심을 유지하는 것이 중요해요. 기술 자체가 문제가 아니라, 그것이 어떻게 사용되는지, 그리고 그것을 누가 통제하는지가 중요하기 때문에 비판적 사고 능력을 유지해야 해요.

안네의 일기
벽장 속에서도 희망은 자란다

모든 것이 불리하게 돌아가지만
난 사람들의 마음은 아직까지 선한 것이라 믿고 있다.

《안네의 일기》, 안네 프랑크, 문예출판사, 2009

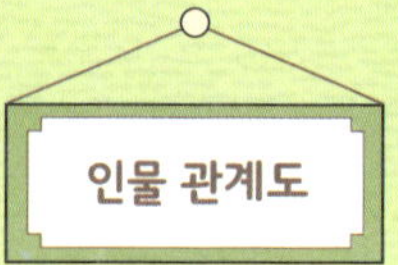

안네의 아버지

안네의 언니

유대인 소녀

안네가 로맨틱한
감정을 느끼는 대상

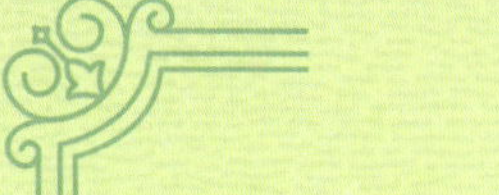

《안네의 일기》는 제2차 세계대전 중 유대인 소녀 안네 프랑크가 쓴 실제 일기를 담고 있어요. 안네는 13세 생일에 빨간 체크무늬 일기장을 선물 받았고, '키티'라는 이름을 붙이고, 친한 친구에게 편지를 쓰듯 대화하는 형식으로 자기 생각과 감정, 일상을 솔직하게 기록했죠.

안네의 가족은 원래 독일에서 살았지만, 히틀러가 집권한 후 유대인 탄압이 심해지자, 네덜란드의 암스테르담으로 이주했어요. 그러나 1940년 5월, 독일군이 네덜란드를 점령하면서 그곳에서도 유대인 탄압이 시작되었죠.

1942년 7월, 안네의 언니 마르고가 독일군 노동수용소로 소환장을 받자, 프랑크 가족은 미리 준비해 둔 비밀 은신처로 숨어들어요. 이 은신처는 안네의 아버지 오토 프랑크가 경영하던 회사 건물 뒤쪽에 있는 '비밀 별관'이었죠. 프랑크 가족(아버지 오토, 어머니 에디트, 안네, 언니 마르고)과 함께 반 펠스 가족(헤르만, 아우구스테, 아들 페터)과 치과의사 프리츠 피퍼가 이 좁은 공간에서 2년 이상 숨어 살았어요.

은신 생활은 매우 힘들었어요. 낮에는 절대 소리를 내거나 움직여서는 안 됐고, 창문을 열거나 불을 켤 수도 없었지요. 화장실도 정해진 시간에만 사용할 수 있었고, 음식과 생필품도 부족했어요. 오토의 회사 직원들인 미프 히스, 빅터 쿠글러, 요한네스 클라이만, 벱 포스콧이 은신자들에게 음식과 물품을 공급하고 외부 소식을 전해주었죠.

좁은 공간에서 갇힌 생활과 긴장된 분위기는 사람들 사이에 갈등을 일으키기도 했어요. 안네는 일기에 어머니와의 갈등, 다른 은신자들과의 마찰, 사춘기의 혼란스러운 감정들을 기록했죠. 특히 성장하면서 느끼는 신체적·정신적 변화와 자신의 정체성에 대한 고민을 진솔하게 표현했어요.

시간이 지나면서 안네는 페터에게 로맨틱한 감정을 느끼기 시작했고, 두 사람은 가끔 다락방에서 이야기를 나누며 가까워졌어요. 그러나 갇힌 환경 속에서 진정한 사랑을 발전시키기는 어려웠고, 나중에 안네는 페터와의 관계에 대해 다시 생각하게 되죠.

은신 생활 중에도 안네는 책을 읽고 공부하며 꿈을 키웠어요. 그녀는 전쟁이 끝나면 작가가 되고 싶다는 희망을 품었고, 자신의 일기를 바탕으로 책을 출판하고 싶어 했죠. 1944년 봄에는 라디오 방송에서 네덜란드 망명 정부 장관이 전쟁 후 일기와 편지 등 전쟁 기록을 수집하겠다는 발표를 듣고, 안네는 일기를 수정하고 정리하기 시작했어요.

그러나 1944년 8월 4일, 누군가의 밀고로 은신처가 발각되었고, 안네와 다른 은신자 모두 체포되었어요. 그들은 먼저 네덜란드의 베스터보르크 수용소로 보내졌다가, 나중에 폴란드의 아우슈비츠-비르케나우 수용소로 이송되었죠. 그 후 안네와 마르고는 독일 베르겐-벨젠 수용소로 옮겨졌고, 그곳에서 1945년 2월 또는 3월, 발진티푸스로 인해 안네는 15세의 나이로, 마르고는 19세의 나이로 세상을 떠났어요. 전쟁이 끝나기 불과 몇 주 전이었죠.

비밀 은신처에 남겨진 안네의 일기와 노트는 미프 히스가 보관했다가, 유일한 생존자인 오토 프랑크에게 전달했어요. 오토는 딸의 일기를 읽고 그녀의 생각과 감정의 깊이에 놀랐고, 안네의 꿈을 이루어주기 위해 일기 출판을 결심했죠. 1947년 네덜란드어로 처음 출판된 이후,《안네의 일기》는 전 세계 70개 이상의 언어로 번역되어 수백만 명에게 읽혔고, 제2차 세계대전과 홀로코스트의 비극을 증언하는 가장 중요한 문서 중 하나가 되었답니다.

Q. 《안네의 일기》는 홀로코스트라(유대인 대학살)는 역사적 비극을 개인의 시선으로 보여 줘요. 역사적 사건을 이해할 때 개인의 이야기가 중요한 이유는 무엇일까요?

소설을 탐구하다

작품의 창작 배경 및 상황

《안네의 일기》는 제2차 세계대전 중 나치의 박해를 피해 숨어 있던 유대인 소녀 안네 프랑크가 쓴 일기예요. 이 일기는 1942년 6월

12일(안네의 13번째 생일)부터 1944년 8월 1일까지, 약 2년 동안 기록되었죠.

안네가 일기를 쓰던 시기는 제2차 세계대전의 한가운데였어요. 1939년 9월 독일의 폴란드 침공으로 시작된 전쟁은 유럽 전역으로 확산되었고, 독일군은 1940년 5월 네덜란드를 점령했죠. 독일의 나치 정권은 '최종 해결책'이라는 이름으로 유럽 전역의 유대인을 체계적으로 학살하는 홀로코스트를 실행하고 있었어요.

《안네의 일기》는 1947년 네덜란드어로 처음 출판되었고, 1952년 영어로 번역되어 미국에서 출판되면서 전 세계적인 주목을 받았어요. 이후 70개 이상의 언어로 번역되어 3천만 부 이상이 팔렸고, 연극, 영화, TV 프로그램으로도 각색되었죠. 암스테르담의 안네 프랑크의 집은 박물관으로 보존되어 매년 수많은 방문객이 찾고 있답니다.

《안네의 일기》는 개인 일기를 넘어, 홀로코스트의 비극을 생생하게 전하는 역사적 증언이자 인류애와 희망의 메시지를 담은 문학 작품으로 평가받고 있어요. 유엔의 전 사무총장 코피 아난은 "이 일기는 희망의 승리를 상징하는 문서"라고 평가했고, 1995년에는 유네스코 세계 기록 유산으로 등재되기도 했답니다.

지은이 알아보기

안네 프랑크(Annelies Marie Frank, 1929~1945):

안네 프랑크는 독일 태생의 유대계 소녀로, 제2차 세계대전 당시 작성한 일기로 전 세계에 알려졌어요. 안네는 1929년 6월 12일 독일 프랑크푸르트암마인에서 오토 프랑크와 에디트 홀랜더-프랑크 사이에서 둘째 딸로 태어났어요. 3살 위인 언니 마르고가 있었죠. 프랑크 가족은 경제적으로 안정된 중산층 유대인 가정이었고, 오토는 은행가 집안 출신으로 제1차 세계대전 때 독일군 장교로 복무했던 애국자였어요.

안네는 약 2년 동안 비밀 별관에서의 긴장되고 제한된 생활을 일기에 기록했어요. 그녀는 성장하는 10대 소녀로서의 고민, 어머니와의 갈등, 첫사랑의 감정, 작가가 되고 싶은 꿈 등을 솔직하게 표현했죠.

안네가 남긴 일기는 그녀의 짧은 생애를 넘어 전 세계인들에게 평화, 관용, 인간애의 중요성을 일깨우는 강력한 메시지가 되었어요. 그녀의 글에는 10대 소녀의 순수함과 예리한 통찰력, 그리고 어떤 상황에서도 희망을 잃지 않는 긍정적인 정신이 담겨 있죠.

제2차 세계대전과 나치 독일

《안네의 일기》의 역사적 배경이 되는 제2차 세계대전(1939~1945)은 인류 역사상 가장 파괴적인 전쟁이었어요. 전 세계 60개국 이상이 참전했고, 약 5000만~8000만 명이 사망했으며, 수많은 도시와 인프라가 파괴되었죠.

제2차 세계대전의 주요 원인 중 하나는 제1차 세계대전 이후 독일에 부과된 가혹한 배상금과 제한이었어요. 이로 인한 경제적 어려움과 민족적 굴욕감은 독일에서 극단적 민족주의가 성장하게 되었고, 1933년 아돌프 히틀러가 이끄는 나치당이 권력을 잡은 후 독일은 재무장하기 시작하고 영토 확장 정책을 펼쳤어요.

1939년 9월 1일, 독일이 폴란드를 침공하면서 전쟁이 시작되었어요. 영국과 프랑스는 폴란드를 지원하기 위해 독일에 선전포고했죠. 독일은 빠르게 폴란드를 정복한 후, 1940년 봄에는 덴마크, 노르웨이, 베네룩스 3국(벨기에, 네덜란드, 룩셈부르크), 프랑스까지 점령했어요. 이로써 거의 전 유럽이 나치의 지배 아래 놓이게 되었어요.

1941년 6월, 독일은 소련을 침공했어요. 같은 해 12월, 일본이 미국의 진주만을 공격하면서 태평양 전쟁이 시작되었고, 이로써 전쟁은 진정한 세계 대전으로 확대되었죠.

그러나 1942~1943년을 기점으로 전세는 연합국(영국, 미국, 소련 등)에 유리하게 바뀌기 시작했어요. 소련은 스탈린그라드 전투에서 독일군을 격퇴했고, 북아프리카와 이탈리아에서도 연합군이 승리를 거두었지요. 1944년 6월 6일에는 '노르망디 상륙작전'을 통해 연합군이 프랑스에 상륙해서 서유럽 전선을 개척했어요. 1945년 5월 8일, 독일이 항복함으로써 유럽에서의 전쟁이 종결되었고, 같은 해 8월 15일 일본의 항복으로 제2차 세계대전이 완전히 끝났어요.

홀로코스트

제2차 세계대전의 가장 충격적인 측면 중 하나는 나치 독일이 자행한 홀로코스트였어요. 히틀러와 나치당은 극단적인 반유대주의를 지향했고, 유대인을 독일의 모든 문제 원인으로 지목했죠. 그들은 유대인을 열등한 인종으로 간주하고, 사회에서 제거하고자 했어요. 1933년 나치가 집권한 후, 유대인에 대한 차별과 박해가 점진적으로 심화되었어요.

1935년 '뉘른베르크법'은 유대인들의 시민권을 박탈했고, 1938년 11월 9~10일 '수정의 밤(독일 나치에 의한 최초의 유대인 학살사건)'에는 유대인 상점과 회당이 대대적으로 공격받았죠. 전쟁이 시작된 후, 나치의 유대인 정책은 더욱 극단화되었어요.

처음에는 유대인을 폴란드 지역의 게토(강제 거주 구역)에 격리했지만, 1941년 중반부터는 체계적인 학살이 시작되어, 유럽 전역에서 체포된 후 강제 수용소로 보내졌어요. 아우슈비츠-비르케나우, 트레블링카, 벨젝, 소비보르, 마이다네크, 헬름노 등의 '죽음의 수용소'에서는 가스실과 화장로를 통해 대량 학살이 이루어졌어요.

많은 유대인이 강제 노동, 질병, 기아, 의학 실험 등으로도 사망했죠. 홀로코스트로 약 600만 명의 유대인이 목숨을 잃었고, 유대인 외에도 집시, 장애인, 동성애자, 정치범 등 수백만 명이 나치에 의해 살해되었어요.

홀로코스트는 현대 역사의 가장 어두운 장 중 하나로, "다시는 이런 일이 일어나지 않게 하자"라는 교훈을 남겼어요. 제2차 세계대전 이후 뉘른베르크 전범 재판이 열려 나치 지도자들이 '인도에 반한 죄'로 처벌받았고, 1948년에는 유엔에서 '제노사이드(집단학살) 협약'이 채택되었어요.

네덜란드 유대인의 역사와 나치 점령기

네덜란드는 종교적 관용으로 유명했어요. 16~17세기 스페인과 포르투갈의 종교 박해를 피해 많은 유대인이 네덜란드로 이주해 왔고, 암스테르담은 '북쪽의 예루살렘'이라고 불릴 정도로 번성한 유대인 공동체가 형성되었죠. 20세기 초까지 네덜란드 유대인은 비교적 안정된 삶을 살고 있었어요. 그들은 약 14만 명으로 네덜란드 인구의 1.5퍼센트 정도였지만, 문화적·경제적으로 중요한 역할을 했죠. 그러나 나치즘의 부상과 함께 그들의 상황은 급변했어요.

1933년 히틀러가 독일에서 권력을 잡자, 약 3만 4000명의 독일 유대인이 네덜란드로 도피했어요. 프랑크 가족도 이때 프랑크푸르트에서 암스테르담으로 이주했죠. 네덜란드 정부는 처음에는 난민을 수용했지만, 경제 대공황의 여파로 1930년대 중반부터는 입국을 제한했어요.

1940년 5월 10일, 독일군이 네덜란드를 침공했고, 5일간의 전투 끝에 네덜란드는 항복했어요. 여왕과 정부는 영국으로 망명했고, 나치 독일은 네덜란드에 군사 정부를 설치했죠. 아르투르 자이스-인콰르트가 총독으로 임명되었고, 그는 네덜란드를 점진적으로 나치화했어요.

처음에는 유대인에 대한 조치가 비교적 완만했어요. 그러나 1941년부터 반유대주의 정책이 본격화되었죠. 유대인은 공공장소 출입이 금지되었고, 특별한 신분증을 소지해야 했으며, 가슴에 노란색 별을 달아야 했어요. 그들의 사업체는 '아리안화(비유대계 독일인에게 강제 이전)'되었고, 자전거, 라디오 등 귀중품은 몰수되었죠.

1941년 2월, 암스테르담에서는 네덜란드 나치당원과 유대인 사이에 충돌이 있었고, 이에 대한 보복으로 독일군은 2월 22~23일 약 425명의 유대인 남성을 체포해 마우트하우젠 수용소로 보냈어요. 이에 항의하여 암스테르담에서 2월 연대 파업이 일어났는데, 이는 나치 점령 하의 유럽에서 유대인을 지지하기 위한 유일한 대규모 대중 시위였죠.

그러나 파업은 독일군에 의해 진압되었고, 유대인에 대한 박해는 계속 심화되었어요. 1942년 7월부터 유대인의 강제 이주와 수용소 이송이 시작되었죠. 노동수용소로 가는 소환장이 발송되었는데, 이는 프랑크 가족이 은신처로 숨어들게 된 직접적인 계기였어요.

네덜란드인 중에는 유대인을 돕기 위해 목숨을 걸고 저항한 사람들이 있었어요. 약 25000~3000명의 유대인이 네덜란드인의 도움으로 숨어 살 수 있었죠. 안네의 가족을 도운 미프 히스, 빅터 쿠글러, 요한네스 클라이만, 벱 포스콧 등도 이런 용감한 저항자들이었죠.

그러나 불행하게도, 네덜란드는 서유럽 국가 중에서 유대인 생존율이 낮은 국가 중 하나였어요. 전쟁 전 약 14만 명이었던 네덜란드 유대인 중 약 10만 2천 명이 살해되었으며, 이는 전체의 73퍼센트에 해당했죠. 이는 프랑스(25퍼센트)나 벨기에(40퍼센트)에 비해 훨씬 높은 비율이었답니다.

이렇게 높은 사망률의 원인으로는 네덜란드의 효율적인 행정 시스템(유대인 등록이 잘 되어 있었음), 평평한 지형(숨기 어려웠음), 국경 통제(탈출이 어려웠음) 등이 지적되었어요. 네덜란드 경찰과 공무원 중 일부가 독일 점령 당국에 협조한 것도 한 요인이었죠.

네덜란드에서는 유대인 구조 외에도 다양한 형태의 저항 운동이 있었어요. '네덜란드 비밀군'과 같은 조직은 독일군에 대한 무장 투쟁을 벌였고, 연합군 조종사의 탈출을 돕기도 했죠. 언론인은 지하신문을 발행하여 나치 선전에 맞섰고, 예술가는 작품을 통해 저항 정신을 표현했어요.

유대인 스스로도 저항 운동에 참여했어요. '유대인 협의회'는 처음에는 나치와 협력했지만, 일부 구성원들은 비밀리에 저항 활동을 했어요. 특히 발터 쥐스킨트와 같은 사람들은 어린이들을 구하기 위한 네트워크를 조직했죠. 그들은 약 600~1000명의 유대인 어린이를 수용소 이송에서 구해내 네덜란드 가정에 숨겨주었어요.

그러나 이런 저항 활동들에도 네덜란드의 유대인 공동체는 홀로코스트로 인해 치명적인 타격을 입었어요. 전쟁 후 돌아온 생존자들은 가족과 친구들을 잃은 슬픔, 재산 몰수로 인한 경제적 어려움, 깊은 트라우마에 시달렸지요. 유대인 생존자는 이스라엘이나 미국으로 이주한 경우가 많고, 오늘날 네덜란드의 유대인 공동체는 전쟁 전에 비해 훨씬 작아졌답니다.

전후 사회와 홀로코스트의 기억

제2차 세계대전이 끝난 후, 홀로코스트의 참상은 전 세계에 충격을 주었어요. 연합군 병사들이 해방시킨 수용소의 끔찍한 광경은 전쟁의 가장 어두운 측면을 드러냈고, 이는 인류 역사의 전환점이 되었지요.

전후 독일은 분단되어 서독과 동독으로 나뉘었어요. 서독에서는 '과거 청산' 과정이 시작되었고, 뉘른베르크 전범 재판을 통해 나치 지도자들이 처벌받았죠. 그러나 이 과정은 완전하지 않았고, 많은 가해자가 책임을 면했어요. 1950~1960년대까지 서독 사회는 홀로코스트에 대해 침묵하는 경향이 있었죠.

1960년대부터 새로운 세대가 이전 세대의 행동에 의문을 제기하기 시작했고, 독일 사회는 점차 나치의 범죄를 더 솔직하게 직면하게 되었어요. 아이히만 재판(나치 정권이 몰락하고 오랜 시간이 지난 뒤에도 전범을 재판정에 세울 수 있다는 사실을 보여 준 재판), 프랑크푸르트 아우슈비츠 재

판(독일 내 아우슈비츠 강제 수용소에서 SS 대원들의 자발적인 살인 및 범죄 행위
에 대한 책임을 물은 재판) 등이 중요한 전환점이 되었죠.

홀로코스트의 기억은 국제 관계와 인권 발전에도 큰 영향을 미쳤어
요. 1948년 유엔은 ‘세계 인권 선언(세상의 모든 인간과 국가가 달성해야 할
인권 존중의 기준을 보인 선언)’과 ‘제노사이드 협약(유대인 학살을 비롯한 집
단학살을 국제법상의 범죄라고 선언한 협약)’을 채택했고, 이것이 현대 국제
인권 체제의 기초가 되었죠. 특히 ‘다시는 이런 일이 일어나지 않게 하
자(Never Again)’는 구호는 국제 사회의 중요한 원칙이 되었어요.

《안네의 일기》는 이런 역사적 인식 변화에 중요한 역할을 했어요.
처음 출판되었을 때는 주로 전쟁의 비극을 보여 주는 보편적인 이야기
로 받아들여졌지만, 점차 홀로코스트 희생자의 목소리로 더 구체적인
역사적 맥락에서 읽히게 되었죠. 오늘날 암스테르담의 안네 프랑크의
집은 매년 백만 명 이상의 방문객이 찾는 중요한 역사적 장소가 되었
어요.

안네 프랑크의 이야기는 홀로코스트를 기억하는 강력한 상징 중 하
나가 되었어요. 그녀의 일기는 통계적 숫자나 추상적 개념으로는 담아
낼 수 없는 인간적인 측면을 보여 주며, 특히 젊은 세대들에게 홀로코
스트의 의미를 전달하는 데 중요한 역할을 하고 있죠. 유엔 전 사무총
장 코피 아난의 말처럼, 안네의 일기는 ‘한 소녀의 목소리지만, 침묵
당한 수백만 목소리를 대변’하고 있어요.

오늘날까지도 홀로코스트의 기억은 인종 차별, 편견, 증오에 맞서는
중요한 동력이 되고 있어요. 안네 프랑크가 일기에 남긴 “나는 여전히

사람들이 본질적으로 선하다고 믿어"라는 말은, 인간성에 대한 깊은 신뢰와 희망의 메시지로서 전 세계 사람에게 영감을 주고 있답니다.

29

페스트
병과 싸우는 것이 인간의 도리

내가 명명백백히 알고 있는 것은,
각자가 페스트를 자기 속에 지니고 있다는 것입니다.

《페스트》, 알베르 카뮈, 민음사, 2011

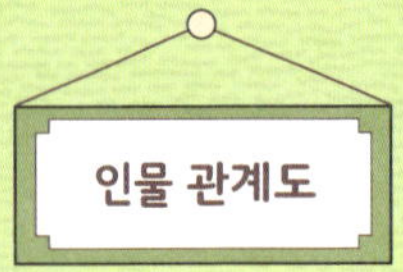

의사

신부

기자

밀수품 거래자

《페스트》는 알제리의 도시 오랑에서 갑자기 발생한 전염병 페스트에 관한 이야기예요. 1940년대, 평범한 항구도시 오랑의 거리에 어느 날 죽은 쥐들이 나타나요. 얼마 지나지 않아 사람들이 고열과 부어오른 림프선, 괴사 등의 증상을 보이며 죽어 갑니다. 이 소설의 주인공은 의사인 베르나르 리유예요. 그는 가장 먼저 전염병의 징후를 알아차리고 도시당국에 경고하지만, 그의 경고는 무시되어요. 점점 더 많은 사람이 병에 걸리자, 마침내 도시 당국은 오랑을 격리하기로 결정하고 도시의 문을 닫아버리죠. 오랑은 외부 세계와 단절된 채, 페스트와 싸워야 하는 상황에 놓여요.

소설은 이런 극한 상황에서 다양한 인물의 반응을 보여 줘요. 의사 리유는 끊임없이 환자들을 돌보며 페스트와 싸우는 인물이에요. 그의 친구인 타루는 자원봉사자들로 구성된 보건대를 조직해 리유를 돕죠. 신부인 파늘루는 처음에는 페스트를 신의 징벌로 해석하지만, 나중에는 이런 관점을 수정하게 돼요. 기자 랑베르는 처음에는 도시를 떠나 파리에 있는 아내에게 돌아가려고 애쓰지만, 나중에는 남아서 사람들

을 돕기로 하죠, 코타르라는 인물은 페스트 상황을 이용해 밀수품 거
래로 돈을 벌기도 해요. 오랑의 시민은 처음에는 충격과 거부감, 절망
에 빠지지만, 점차 새로운 현실에 적응하고 연대감을 형성해요. 봉사
단이 결성되고, 사람들은 서로 도와요. 그러나 전염병은 계속해서 확
산되고, 많은 사람이 목숨을 잃어요. 특히 어린 소년 필립의 고통스러
운 죽음은 리유와 파늘루 사이에서 신의 존재와 선의 문제에 대한 깊
은 대화로 이어져요.

겨울이 되면서 전염병은 정점에 달하지만, 이후 점차 감소하기 시작
해요. 마침내 이듬해 초, 페스트가 물러가고 도시의 문이 다시 열리게
돼요. 사람들은 기뻐하며 축하하지만, 의사인 리유는 페스트균이 완전
히 사라진 것이 아니라 잠시 물러난 것일 뿐이며, 언젠가 다시 돌아올
수 있다고 경고해요. 소설은 인간의 선함은 항상 충분하지 않지만, 그
래도 인간 안에는 찬사보다 경멸할 것이 더 적다는 리유의 깨달음으로
마무리돼요. 《페스트》는 전염병이라는 극한 상황 속에서 인간의 다양
한 반응을 보여 주며, 고통 속에서도 연대와 저항을 통해 인간의 존엄
성을 지켜나가는 메시지를 담고 있어요.

Q. 《페스트》는 대표적인 실존주의 문학 작품이에요. 페스트라는 위기
상황에서 각 인물이 보여 주는 다른 선택들은 이런 실존주의적 관점
을 어떻게 반영하고 있을까요?

소설을 탐구하다

작품의 창작 배경 및 상황

《페스트》는 제2차 세계대전과 나치 독일의 프랑스 점령이라는 역사적 배경 속에서 탄생했죠. 카뮈는 1940년부터 1944년까지 프랑스가 나치 독일에 점령당한 시기를 경험했어요. 그는 프랑스 레지스탕스(저항운동)에 참여했고, 비밀 신문 〈콩바〉의 편집자로 활동하며 나치에 맞섰죠. 이러한 개인적 경험이 《페스트》의 창작에 큰 영향을 미쳤답니다.

표면적으로 《페스트》는 알제리의 한 도시에서 발생한 전염병에 관한 이야기지만, 많은 비평가는 이 소설이 나치 점령하 프랑스를 상징적으로 그린 작품으로 해석해요. 페스트는 파시즘과 나치즘의 상징이고, 도시의 격리는 프랑스의 고립을, 페스트와 싸우는 의사와 자원봉사자들은 레지스탕스 투사들을 상징한다고 볼 수 있죠.

《페스트》는 제2차 세계대전 이후 유럽의 지적·정신적 분위기를 반영하고 있어요. 전쟁의 참상과 홀로코스트와 같은 비인간적 잔혹 행위를 목격한 후에 많은 지식인은 인간성과 문명, 전통적인 가치에 대해 깊은 의문을 품게 되었어요. 이런 배경에서 실존주의 철학이 큰 영향력을 발휘하기 시작했는데, 카뮈의 《페스트》는 이런 실존주의적 사유를 문학적으로 표현한 대표 작품이에요.

《페스트》는 출간 즉시 큰 성공을 거두었고, 2차 대전 이후 유럽의 정신적 상황을 가장 잘 포착한 소설 중 하나로 평가받았어요. 카뮈는 이 작품을 포함한 문학적 업적으로 1957년 노벨 문학상을 수상했죠.

코로나19 팬데믹이 시작된 2020년에《페스트》는 다시 한번 전 세계적으로 많은 독자의 관심을 받았어요. 실제 감염병의 세계적 확산이라는 상황이 소설 속 이야기와 놀랍도록 비슷했고, 카뮈의 작품이 위기 상황에서 인간 경험의 보편적 측면을 잘 포착했기 때문이죠.

지은이 알아보기

알베르 카뮈(Albert Camus, 1913~1960):

카뮈는 프랑스의 소설가이자 에세이스트, 극작가, 철학자예요. 그는 어려운 가정 환경에도 대학 졸업 후 저널리스트로 일하며 글을 쓰기 시작했어요.

카뮈는《반항하는 인간》에서 혁명과 반란의 개념을 탐구했어요. 그는 스탈린주의와 같은 전체주의 체제에 비판적이었는데, 이 때문에 당시 프랑스 지식인 사회에서 주류였던 좌파 지식인들과 갈등을 겪기도 했어요.

카뮈는 1957년, 노벨 문학상을 수상했어요. 수상 연설에서 그는 작가의 역할을 "압제에 반대하고 자유를 지지하는 것"이라고 정의했죠.

카뮈는 1960년 1월 4일, 친구 미셸 갈리마르의 차를 타고 가다 교통사고로 47세의 나이에 세상을 떠났어요. 그의 갑작스러운 죽음은 프랑스와 세계 문학계에 큰 충격을 안겼죠.

카뮈의 철학은 실존주의와 연관되지만, 그 자신은 자기 사상을 '부조리 철학'이라고 불렀어요. 그의 작품은 인간 존재의 의미, 자유와 책임, 반항과 연대의 가치를 탐구하고 있으며, 오늘날까지도 많은 독자들에게 깊은 통찰을 제공하고 있답니다.

실존주의의 등장

《페스트》가 출판된 1947년은 제2차 세계대전이 끝난 직후였어요. 이 전쟁은 인류 역사상 가장 파괴적인 전쟁으로, 약 7000만 명이 목숨을 잃었고, 유럽의 많은 도시가 폐허가 되었죠.

특히 홀로코스트와 히로시마, 나가사키에 투하된 원자폭탄은 인류에게 큰 상처가 되었어요. 전통적인 도덕, 종교, 진보에 대한 믿음이 흔들렸고, 많은 이가 인간의 본성과 문명의 미래에 대해 회의적인 시각을 갖게 되었죠.

"어떻게 이런 잔혹한 행위가 가능했는가?", "이런 세상에서 어떻게 의미를 찾을 수 있는가?"와 같은 질문들이 전후 유럽 지식인 사이에서 널리 퍼지게 되었어요. 이런 배경에서 실존주의 철학이 큰 영향력을 발휘했죠.

실존주의는 20세기 초부터 발전해 온 철학적 흐름이지만, 전쟁 이후 더 퍼지게 되었는데, 실존주의의 핵심은 '존재가 본질에 앞선다'는 것이죠. 이는 인간에게는 미리 정해진 본질이나 운명이 없으며, 자신의 선택,다음에 자유로운 선택을 통해 우리 자신이 어떤 사람이 될지 결정한다는 것이에요.

실존주의 철학은 진정성 있는 자유와 책임을 인식하고 스스로 선택한 가치에 따라 사는 의미를 수반해요. 실존주의자들은 인간이 사회적 관습이나 타인의 기대에 맞추어 사는 것이 아니라, 자신의 선택에 대한 책임 지고, 진정성 있게 살아야 한다고 주장하죠.

《페스트》는 이런 부조리함을 전염병이라는 극한 상황을 통해 보여 주고 있어요. 소설 속 인물들은 불합리하고 예측 불가능한 재앙 앞에서 각자 다른 방식으로 반응하고 선택해요. 리유와 타루와 같은 인물들은 절망적 상황에서도 연대하며 의미를 찾아가죠. 이는 카뮈가 부조리한 세계에 어떻게 대응해야 하는지에 대한 생각을 보여 주는 것이라고 할 수 있어요.

부조리와 반항

카뮈의 철학은 '부조리'와 '반항'이라는 두 가지 핵심 개념을 중심으로 전개돼요.

카뮈가 말하는 '부조리'란 무엇일까요? 인간은 본능적으로 세상에서 의미와 질서, 목적을 찾고자 하지만 이것에 자연은 무관심하며, 삶은 결국 죽음으로 끝나게 돼요. 이처럼 의미를 찾고자 하는 인간의 갈망과 의미 없는 세계 사이의 충돌이 바로 '부조리'예요.

《페스트》에서 갑작스럽게 오랑을 덮친 전염병은 이런 부조리를 상징해요. 전염병은 이유 없이 찾아와 무고한 사람들을 죽이며, 인간의 모든 계획과 희망을 무너뜨리죠. 특히 어린 소년 필립의 고통스러운 죽음 장면은 세상의 불합리함과 잔인함을 극적으로 보여 주고 있어요.

신부인 파늘루는 처음에 페스트를 신의 심판으로 해석하며 의미를 부여하려고 해요. 그러나 필립의 죽음을 목격한 후, 그도 이런 해석의 한계를 느끼죠. 의사인 리유는 이에 대해 "나는 이런 세계 질서에 적응하기를 거부한다"라고 말하며, 부조리한 세계에 대한 반항적 태도를 보여주기도 해요.

카뮈에 따르면, 부조리에 직면한 인간에게는 세 가지 가능한 반응이 있어요. 첫째는 자살로, 이는 부조리를 인정하고 삶을 포기하는 것이지요. 둘째는 종교나 이데올로기와 같은 초월적인 것을 받아들이는 것이고, 세 번째는 부조리를 인정하면서도 '반항'을 통해 그것에 맞서는 것이에요. 카뮈는 세 번째 방법을 제안하고 있어요.

《페스트》에서 이런 '반항'의 태도는 리유, 타루, 랑베르와 같은 인물들에게서 볼 수 있어요. 그들은 페스트의 불합리함과 잔인함을 인정하면서도, 포기하지 않고 계속해서 병과 싸워요. 리유가 "나는 싸우는 것 외에 다른 방법을 모른다"고 말하는 것처럼, 반항은 부조리한 세계 속에서도 인간의 존엄성을 지키는 방법이에요.

카뮈는 연대해서 집단으로 행동하는 것을 중요하게 생각했는데《페스트》에서 다양한 인물이 보건대를 조직하고 함께 페스트와 싸우는 모습은 이런 연대의 중요성을 잘 보여 줘요. 소설의 마지막에 리유가 깨닫는 것처럼, 연대는 부조리한 세계 속에서도 인간이 찾을 수 있는 가장 소중한 가치 중 하나랍니다. 결론적으로, 카뮈는 세계의 부조리를 인정하면서도, 반항과 연대를 통해 인간의 존엄성을 지키고 의미를 창조할 수 있다고 제안해요.

30

아큐정전
정신승리법 궁금해?

'스스로를 경멸하고 업신여기는 데에는'이라는 말을 제외하면,
'첫째가는 사람'이라는 말만 남으니
자기가 세상에서 제일이라고 생각했다.

《아Q정전》, 루쉰, 문학동네, 2011

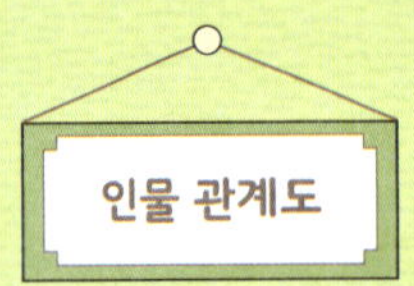

중국 작은 마을에 사는
빈곤한 농민

아큐는 중국 웨이좡이라는 작은 마을에 사는 빈곤한 농민이에요. 그는 가족도 집도 없이 일용직 노동자로 살아가고 있어요. 아큐는 자존심이 강하지만 실제로는 사회의 최하층민으로, 마을 사람들의 조롱과 멸시를 받으며 살고 있어요.

아큐에게는 특이한 심리적 방어 기제가 있어요. 그는 자신이 패배하거나 모욕을 당할 때마다 현실을 부정하고 자신만의 방식으로 상황을 해석해 정신적 승리를 얻는 '정신적 승리법'을 사용해요. 예를 들어, 누군가에게 맞고 나면 "내가 맞은 것은 내 아들에게 맞은 것과 같다"라며 스스로 위로하죠.

《아큐정전》에서 아큐는 여러 사건을 겪어요. 한번은 마을의 유력자인 자오 태에게 조상이 같다고 주장했다가 뺨을 맞고 쫓겨나요. 마을의 젊은 과부를 희롱하다가 마을 사람들에게 매를 맞기도 해요. 그 때마다 그는 자기만의 정신적 승리법으로 마음의 균형을 유지해요.

마을에 신해혁명 소식이 들려오고, 자오 태의 아들은 혁명에 동참해 '혁명당원'이 돼요. 아큐는 혁명이 무엇인지도 제대로 모른 채 "혁명이

오면 나도 여자를 차지할 수 있다"라는 생각에 흥분하지만, 그의 무지함과 어리석음 때문에 혁명파에게도 거부당해요.

이후 자오 태 집에 도둑이 들었다는 소식이 들리고, 아큐는 다른 이들의 소문을 듣고 자기도 도둑질을 시도해요. 그러나 미숙하게 도둑질하다 붙잡히고 말죠. 관리들은 그를 제대로 심문하지 않고, 자신들의 능력을 과시하기 위해 아큐가 혁명당원이라고 조작해요. 결국 아큐는 억울하게 죽음을 맞이해요.

처형 당일, 아큐는 자신이 구경거리가 된 것을 알고 마지막으로 노래를 부르며 존재감을 보여 주고 싶었지만, 그마저도 실패하고 아무도 기억해 주지 않는 죽음을 맞이해요. 처형 후에도 마을 사람들은 그의 죽음에 무관심했고, 그의 존재는 마치 아무 일도 없던 것처럼 잊히죠.

Q. 신해혁명은 《아큐정전》의 아큐와 같은 하층민의 삶에 어떤 변화를 가져왔을까요? 루쉰이 아큐라는 인물을 통해 비판하고자 한 것은 무엇일까요?

소설을 탐구하다

작품의 창작 배경 및 상황

《아큐정전》은 처음에는 〈신청년〉이라는 잡지에 연재되었다가 나중에 루쉰의 소설집《나한》에 포함되었죠.

루쉰이 이 소설을 쓴 시기는 중국 역사의 중요한 전환점이었어요. 1911년 신해혁명으로 2000년 이상 지속된 중국의 봉건 왕조가 무너졌지만, 혁명 이후에도 중국 사회는 여전히 많은 문제를 안고 있었어요. 군벌이 각 지역을 장악하고 있었고, 대다수 평민의 삶은 나아지지 않았죠. 또한 서구 열강과 일본의 침략으로 중국은 반식민지 상태에 놓여 있었어요.

루쉰은 이런 상황에서 중국인의 국민성과 정신 상태를 깊이 고민했어요. 그는 중국이 외부 침략에 제대로 대응하지 못하는 원인이 중국인들의 정신적 문제, 특히 무기력함과 현실 도피적 태도에 있다고 생각했죠.《아큐정전》은 바로 이런 문제의식에서 탄생한 작품이에요.

아큐라는 인물은 당시 중국 하층민의 전형으로, 그의 '정신적 승리법'은 당시 중국인이 현실의 고통과 모순을 직시하지 않고 자기 기만적인 방식으로 도피하는 태도를 상징해요. 루쉰은 이런 아큐의 모습을 통해 중국 사회의 문제점을 비판하고자 했답니다.

이 작품은 처음 발표되었을 때부터 큰 반향을 일으켰어요. '아큐'라는 이름은 현실을 왜곡하고 자기 기만적으로 해석하는 태도를 가리키는 용어로 중국어에 정착했고, 오늘날까지도 '아큐주의'라는 말이 사용되고 있답니다.

루쉰(魯迅, 1881~1936):

루쉰은 중국 현대문학의 아버지라고 불리는 작가이자 사상가예요.

그는 본래 부유한 지식인 집안에서 태어났는데, 어릴 때 가세가 기울었어요. 특히 아버지가 병에 걸려 여러 의사를 찾아다녔지만 제대로 치료받지 못하고 사망한 경험은 루쉰에게 큰 영향을 미쳤어요.

이런 경험 때문에 루쉰은 의학을 공부하고자 했어요. 1902년 일본으로 유학을 떠나 의학을 배웠지만, 한 영상에서 중국인들이 일본군에 의해 처형되는 모습을 보고 충격을 받아요. 더 충격적인 것은 주변에 있던 중국인 동료들이 그 장면을 무관심하게 바라보는 모습이었죠.

이때 루쉰은 '중국인의 병은 신체보다 정신에 있다'라고 깨닫고 의학 공부를 포기한 뒤 문학의 길로 들어섰어요.

그는 1918년, 중국 현대문학의 첫 작품으로 평가받는 단편 소설 〈광인일기〉를 발표했어요. 이 작품에서 그는 유교적 전통 사회를 '사람을 잡아먹는 사회'로 비유하며 강하게 비판했죠.

이후 《아큐정전》, 《고향》, 《축복》 등 여러 소설을 통해 중국 사회의 모순과 중국인의 정신적 문제를 날카롭게 파헤쳤어요.

루쉰은 소설 외에도 수많은 산문과 평론을 썼고, 외국 문학 작품을 중국어로 번역하기도 했어요.

그는 항상 사회의 약자 편에 서서 불의에 맞섰고, 청년들에게 큰 영향을 미쳤어요.

1936년 10월 19일, 루쉰은 55세의 나이로 상하이에서 세상을 떠났어요. 그가 세상을 떠난 후에도 그의 작품과 사상은 중국뿐만 아니라 세계문학에 큰 영향을 미치고 있어요.

청나라 말 중국 사회와 아편전쟁

《아큐정전》의 시대적 배경을 이해하려면 19세기 말~20세기 초 중국 사회의 상황을 알아야 해요. 이 시기 중국은 청 왕조의 지배 아래 있었지만, 내부적으로는 부패와 혼란에 시달리고 있었고, 외부적으로는 서구 열강의 침략에 노출되어 있었죠.

중국이 외세의 침략에 노출되기 시작한 결정적인 사건은 아편전쟁(1839~1842)이었어요. 당시 영국은 중국에 차, 비단 등을 사면서 은을 지급해야 했기 때문에 무역 적자가 커지고 있었어요. 이를 해결하기 위해 영국은 인도에서 생산한 아편을 중국에 팔기 시작했죠. 아편은 중독성이 강한 마약이었기 때문에 중국인들 사이에 아편 중독자가 급증했고, 이 때문에 많은 사회 문제가 발생했어요.

중국 정부는 아편 밀매를 막기 위해 임칙서라는 관리를 광저우에 파견했어요. 그는 아편을 압수하고 소각하는 등 단호하게 조처했지만, 이것이 영국과의 전쟁으로 이어졌죠. 무기와 군사 기술에서 앞선 영국은 중국을 쉽게 이겼고, 결국 1842년 난징조약을 맺게 됐어요.

난징조약으로 중국은 홍콩을 영국에 할양하고, 다섯 개의 항구(광저우, 샤먼, 푸저우, 닝보, 상하이)를 개방해야 했으며, 거액의 배상금을 지급해야 했어요. 외국인에게 치외법권(자국법의 적용을 받는 권리. 영국인이 중국에서 죄를 저질러도 중국에서 판결받지 않는 것)을 인정해야 했죠. 이 조약은 중국에 굴욕적인 '불평등 조약'이었고, 이후 다른 서구 열강들도 비슷한 조약을 중국에 강요했어요. 2차 아편전쟁(1856~1860) 이후 중국은 더 많은 항구를 개방하고 더 큰 배상금을 지급해야 했어요. 외국인들은 중국에서 특권을 누리며 살았고, 중국은 점점 더 '반식민지' 상태로 전락했죠.

이런 상황에서 중국 내부에서는 개혁의 필요성을 절감하게 됐어요. 1898년에는 '변법자강'(變法自強: 제도를 바꾸고 스스로 강해진다)이라는 개혁운동이 펼쳐지기도 했지만, 103일 만에 서태후와 보수파에 의해 좌절됐어요. 이런 사건들이 중국인들, 특히 지식인에게 깊은 상처와 좌절감을 안겨 주었죠.

《아큐정전》의 배경이 되는 마을 웨이좡은 이런 혼란스러운 중국 사회의 축소판이라고 볼 수 있어요. 자오 태로 대표되는 지배층은 여전히 권력을 유지하고 있고, 아큐와 같은 하층민은 무지와 가난 속에서 살아가고 있죠. 이런 사회에서 아큐의 '정신적 승리법'은 현실의 고통을 견디기 위한 하나의 방편이었을지도 몰라요.

신해혁명과 그 영향

신해혁명은 1911년(신해년)에 일어난 혁명으로, 2000년 이상 지속된 중국의 황제 체제를 무너뜨리고 공화정을 수립한 역사적 사건이에요.

쑨원

신해혁명의 주요 인물은 쑨원이었는데, 그는 1894년에 중국의 개혁을 목표로 흥중회라는 혁명 단체를 조직했고, 이후 1905년에는 더 큰 혁명 단체인 중국동맹회를 창립했어요. 쑨원은 '삼민주의'라는 정치 이념을 제시했는데, 이는 민족(민족의 독립), 민권(국민의 자유와 평등), 민생(국민의 경제적 평등)을 강조하는 내용이었죠.

혁명의 직접적인 계기는 정부의 철도 국유화 정책에 반발한 쓰촨성의 시위였어요. 1911년 10월 10일, 우창에서 근대식 군대의 병사들이 봉기했고, 이것이 전국적인 혁명으로 확산됐어요. 각 지방에서 청 왕조로부터의 독립을 선언하기 시작했고, 12월에는 쑨원이 귀국해 다음 해 1월 1일 중화민국의 임시 대총통(대통령)으로 취임했죠.

쑨원, 위키백과

그러나 혁명 세력은 북방의 강력한 군벌인 위안스카이의 지원이 필요했어요. 위안스카이는 청 정부의 최고 실권자였지만, 권력을 얻기 위해 청 왕조를 배신하고 혁명파와 협상을 벌였죠. 결국 쑨원은 위안스카이에게 대총통 자리를 넘겨주는 조건으로 청 황제(푸이, 선통제)의 퇴위를 끌어냈어요. 1912년 2월 12일, 청의 마지막 황제가 퇴위함으로써 중국의 황제 제도는 공식적으로 종료됐죠.

그러나 신해혁명 이후 중국 사회는 혁명가들이 꿈꾸던 모습과는 거리가 멀었어요. 위안스카이는 독재 권력을 강화했고, 1915년에는 스스로 황제가 되려고 시도했어요. 쑨원과 혁명파는 이에 반발해 '제2혁명'을 일으켰지만 실패했어요. 위안스카이가 1916년에 사망한 후, 중국은 각 지역 군벌이 권력을 장악하는 '군벌 할거' 시대로 접어들었죠.

이런 상황에서 대다수 중국 인민, 특히 농민의 삶은 크게 나아지지 않았어요. 《아큐정전》에서 묘사된 것처럼, 신해혁명은 농촌 마을에 소문으로만 들려오고, 지배층이 바뀌었을 뿐 일반 민중의 삶에는 큰 변화가 없었죠. 이것이 바로 루쉰이 《아큐정전》을 통해 비판하고자 했던 현실이었어요.

신해혁명의 실패는 중국 지식인에게 큰 충격을 안겨 주었고, 이후 더 급진적인 변화를 모색하게 했어요. 1919년의 5·4 운동은 일본의 중국 침략에 반발해 일어난 학생 시위였지만, 동시에 중국 사회의 근본적인 변화를 요구하는 문화 운동이기도 했죠. 이 시기에 루쉰을 비롯한 많은 작가가 문학을 통해 중국 사회의 문제를 비판하기 시작했어요.

결국 신해혁명은 중국의 황제 체제를 무너뜨렸다는 점에서 큰 의미가 있지만, 중국 사회의 근본적인 변화를 끌어내지는 못했답니다. 그 실패는 이후 중국 공산당의 성장과 1949년 중화인민공화국 수립으로 이어지는 중요한 배경이 되었어요.

5·4 운동과 중국 현대문학의 탄생

5·4 운동은 1919년 5월 4일 베이징의 대학생들이 일으킨 시위에서 시작됐어요. 1차 세계대전 후 베르사유 평화회의에서 중국의 이익(독일이 중국 산둥성에서 가졌던 권익)이 일본에 넘어가기로 결정되자, 이에 분노한 학생들이 시위를 한 것이죠. 처음에는 일본 제국주의에 대한 반대와 외교적 굴욕에 대한 분노였지만, 곧 중국 사회 전반에 대한 비판과 개혁 요구로 확대됐어요.

5·4 운동은 단순한 정치 시위가 아니라 광범위한 문화 운동이기도 했어요. 이 운동의 슬로건은 '과학(과학적 사고)'과 '민주(민주주의)'였고, 전통적인 유교 문화와 가치관에 대해 비판했어요. 특히 젊은 지식인들은 중국의 전통문화가 중국을 약하게 만들었다고 생각했고, 서구의 새로운 사상(자유주의, 개인주의, 과학, 민주주의 등)을 적극적으로 받아들이고자 했죠.

신문화 운동의 중요한 특징 중 하나는 언어 개혁이었어요. 전통적으로 중국의 문어(고전 중국어)는 일반 사람이 이해하기 어려웠고, 소수의 교육받은 엘리트만 사용할 수 있었어요. 신문화 운동가들은 '백화문(구어체 중국어)'을 문학과 교육에 도입해 대중도 쉽게 이해할 수 있는 문화를 만들고자 했어요.

이런 문화적 배경에서 중국 현대문학이 탄생했어요. 루쉰의 첫 작품 《광인일기》는 백화문으로 쓴 중국 최초의 현대소설로 평가받고 있어요. 이 작품에서 그는 유교 전통을 '사람을 잡아먹는' 문화로 신랄하게 비판했죠. 이후 루쉰은 《아큐정전》을 비롯한 여러 작품에서 중국인의 국민성과 사회 문제를 깊이 파헤쳤어요.

5·4 운동과 신문화 운동은 단기적으로는 성공하지 못했지만, 중국 사회와 문화에 깊은 영향을 미쳤어요. 특히 백화문의 도입과 현대문학의 탄생은 중국 문화사의 중요한 전환점이 되었지요. 루쉰의《아큐정전》은 이런 시대의 산물이며, 당시 중국 사회의 모순과 중국인의 정신적 문제를 날카롭게 포착한 작품이랍니다.

5·4 운동은 정치적으로도 큰 영향을 미쳤어요. 많은 젊은 지식인이 더 급진적인 변화를 원했고, 그중 일부는 마르크스주의와 사회주의에 관심 두게 됐어요. 1921년, 5·4 운동의 영향 아래 중국 공산당이 창당되었죠. 루쉰은 공산당원은 아니었지만, 진보적인 문학 운동에 참여했고 사회주의 사상에 공감했어요.

신문화 운동은 여성 해방 운동과도 연결되었어요. 전통적인 중국 사회에서 여성들은 많은 억압과 차별을 받았어요. '전족(여성의 발을 묶어 작게 만드는 풍습)'이나 조혼, '세 종속(남자아이일 때는 아버지에게, 결혼 후에는 남편에게, 남편이 죽으면 아들에게 종속)'의 유교 가치관은 여성의 자유를 크게 제한했죠. 신문화 운동가들은 이런 관습을 비판하고 여성의 교육권과 자유를 주장했어요.

5·4 운동 시기에 탄생한 중국 현대문학은 이후 중국 문학의 방향을 크게 바꾸었어요. 백화문의 사용은 일반화되었고, 문학은 단순한 예술이 아니라 사회 비판과 개혁의 도구로 인식되었죠. 루쉰을 비롯한 5·4 세대 작가들은 이후 중국 작가들에게 큰 영향을 미쳤답니다.